मीरज़ाफ़र

एवं अन्य नाटक

मीरज़ाफ़र
एवं अन्य नाटक

व्रात्य बसु

अनुवाद

प्रतीक सिंह
अंबर कुमार चौधरी
गोस्वामी जैनेंद्र कुमार भारती

राजकमल प्रकाशन

ISBN : 978-93-93768-09-4

मूल्य : ₹695

पहला संस्करण : 2022

प्रकाशक : राजकमल प्रकाशन प्रा. लि.
1-बी, नेताजी सुभाष मार्ग, दरियागंज
नई दिल्ली-110 002

शाखाएँ : अशोक राजपथ, साइंस कॉलेज के सामने, पटना-800 006
पहली मंजिल, दरबारी बिल्डिंग, महात्मा गांधी मार्ग, प्रयागराज-211 001
36 ए, शेक्सपियर सरणी, कोलकाता-700 017

वेबसाइट : www.rajkamalprakashan.com
ई-मेल : info@rajkamalprakashan.com

मुद्रक : बी.के. ऑफसेट
नवीन शाहदरा, दिल्ली-110 032

MIRJAFAR EVAM ANYA NATAK
Play by Vratya Basu
Translated by Pratik Singh, Ambar Kumar Chaudhary,
Goswami Jainendra Kumar Bharti

हिन्दी रंगमंच के सभी नाट्य-निर्देशकों को

भूमिका

सुविख्यात हिन्दी प्रकाशन संस्था राजकमल प्रकाशन ने मेरे द्वारा लिखे गए नाटकों को प्रकाशित कर पाठक-वर्ग तक पहुँचाने का निर्णय लिया है। राजकमल प्रकाशन से प्रकाशित यह मेरी तीसरी पुस्तक है। इस पुस्तक में संकलित नाटक हैं—'क्रेउसा द क्वीन', 'मीरज़ाफ़र', 'अनुशोचना', 'अन्तिम रात', 'एक दिन अलादीन' एवं 'इला गुढ़ैषा'।

यह पुस्तक मेरे नाटकों को हिन्दीभाषी पाठकों के विपुल वर्ग तक पहुँचाएगी और उनके मानस-पटल पर नाटकों का प्रभाव छोड़ जाएगी—ऐसी मेरी आशा है। देश के विभिन्न भागों में इन नाटकों का मंचन हो तो मुझे बहुत अच्छा लगेगा। प्रसंगत: उल्लेखनीय है कि 'अन्तिग रात' नाटक के अलावा शेष सभी नाटकों का मंचन बांग्ला भाषा में हुआ है। इसीलिए और अधिक भारतीय दर्शकों तक इन्हें पहुँचाने की आशा लेकर ही यह प्रयास है।

राजकमल प्रकाशन एवं उसके कर्णधार श्री अशोक महेश्वरी जी के प्रति मेरा विशेष आभार। धन्यवाद ज्ञापित करता हूँ मैं, डॉ. गोस्वामी जैनेंद्र कुमार भारती, डॉ. अंबर कुमार चौधरी एवं श्री प्रतीक सिंह के प्रति जिन्होंने अपने सश्रम प्रयास द्वारा इस कृति का अनुवाद कार्य सम्पन्न किया है। सकल ऊर्जाओं के सम्मिलित प्रयास से प्रकाशित नाटकों की यह पुस्तक पाठक वर्ग का स्नेह और समर्थन पाएगी—ऐसी मेरी विनीत आशा है।

शुभस्तु!

—व्रात्य बसु

अनुक्रम

क्रेउसा द क्वीन

अनुवाद : *प्रतीक सिंह*

पात्र

जेथास	क्रोनस
अनुभवी उपदेशक	जनता-दल
आउन	क्रेउसा*
दानाउस	डफनिस
एजीपतास	ल्याचेसिस
ओरियन	क्लोदो
लायार वादक गायक	एट्रोपस
ग्लोकस	पैथिया
पेट्रोक्लस	महिला-दल

* क्रेउसा—एथेंस की रानी

[एथेंस नगरी का राजमहल। राजमहल की सीढ़ी सामने आँगन में उतर आई है। तीन प्रवेशपथ हैं—दाहिने, बाएँ एवं महल के विपरीत ओर। इस भाग में जनता उपस्थित है। साथ ही प्रवीण उपदेशक भी हैं। बिगुल की आवाज आती है। राजा जेथास बाहर आ जाते हैं।]

जनता : राजा, राजा, राजा।

जेथास : हे मेरे पुत्रो! हे मेरे प्रजावृन्द, प्राचीन एथेंस के सभी नव युवक। आज मैंने तुम लोगों को यहाँ स्मरण किया है, इसका कारण यह है कि मैं तुम लोगों से कुछ बातें कहना चाहता हूँ। तुम लोग मेरी बातें ध्यान से सुनो। केवल तुम लोग ही नहीं बल्कि तुम लोगों के हाथ में ऊन में लिपटी वह जैतून की शाखा, सिर पर जैतून के पत्तों का मुकुट, चारों ओर से उठने वाली अगरबत्ती की सुगंधी अर्थात हमारे चहुँ ओर उपस्थित जड़ और चेतन जगत मेरी बात सुनो। मैं तुम लोगों को आज एक अच्छी सूचना देना चाहता हूँ। हे अनुभवी उपदेशक पुरोहित क्या तुम पहले अनगिनत जनता के प्रतिनिधि के रूप में मुझसे कुछ कहना चाहोगे?

अनुभवी उपदेशक : हे मेरे राजा जेथास, हम लोग जानते हैं कि आज आप डेल्फी के मन्दिर में गए थे। इलिसास नदी के किनारे स्थित बोरियास[1] के मन्दिर के सामने वाले आँगन से होकर आप और आपकी सुयोग्य सहधर्मिणी क्रेउसा जब एथेंस के राजमहल में लौट आए, तभी हम लोगों का मन कह रहा था कि आज हम लोगों को आप अवश्य कोई सुसंवाद देंगे। हे राजा जेथास, एथेंस पर आक्रमण करने वाले दुश्मन किंग जॉर्जेल्स के युद्धपोत को नष्ट करने वाले पवन देवता

1. बोरियास—चार पावन देवताओं में से एक यूनानी देवता जिन्हें विशेष तौर पर शीतकालीन उत्तरी पवन का देवता स्वीकारा गया है।

बोरियास के प्रिय सेवक, आपका आनन्द ही हमारा आनन्द है, आपका सुख ही हमारा सुख है। आपकी अच्छी खबर ही हम लोगों की भी अच्छी खबर है।

जेथास : अवश्य, मैं इसीलिए अपने प्रिय बोरियास देवता के वाहन के उन बारह अश्व-शावकों की भाँति ही द्रुतगति से दौड़कर तुम लोगों के निकट आया हूँ। जैसे—उम्र में ज्येष्ठों के प्रति कनिष्ठों की श्रद्धा भावना होती है, जैसे अतिथियों के प्रति गृहस्वामियों की सत्कार भावना होती है वैसे ही मैं आजीवन आप सभी की सेवा करता आया हूँ। किसी भी पुजारी और सम्मानित व्यक्ति के प्रति किसी नगरवासी के उद्धत और अन्यायपूर्ण आचरण का सर्वदा प्रतिरोध करता रहा हूँ। अपनी जानकारी में मैंने कभी भी किसी सुनागरिक के प्रति कोई अन्याय या अपराध नहीं किया है।

जनता : राजा जेथास! राजा! राजा!

आप वास्तव में पुण्यवान हैं, दयालु हैं। हम लोगों के प्रति आप सर्वदा श्रद्धावान रहे हैं तथा सभी प्रकार से कर्तव्यनिष्ठ रहे हैं।

जेथास : किन्तु मेरे लिए बड़े दुख का कारण है कि मेरी कोई संतान नहीं है। आप लोग जानते हैं कि जिन लोगों ने इस एथेंस नगरी को सुरक्षा की अधिष्ठात्री देवी प्यालास के हाथों सौंपा था, उन्हीं एरेथथियास की कन्या ही मेरी पत्नी, राज-सहधर्मिणी क्रेउसा है। वे मेरी योग्य पत्नी हैं, क्योंकि उनमें रानी सुलभ अभिजातपन के साथ संगत युक्ति-बोध के समन्वय की रक्षा करने की क्षमता है। वे मेरे प्रति अति निष्ठावान हैं और अपने कर्तव्य-कर्म में उन्होंने कभी कोई त्रुटि नहीं की है। हम लोगों की कोई संतान नहीं है फिर भी हम बार-बार बोरियास देव के उपासना-स्थल पर गए हैं, ताकि इस अनन्य नगरी एथेंस की रक्षा कर सकने वाला मेरा कोई उत्तराधिकारी क्रेउसा के गर्भ में आ सके।

अनुभवी उपदेशक : जानता हूँ राजा। बोरियास देव का शुभ स्पर्श आपके शीश पर होने के बावजूद इस विषय में आप अभागे ही हैं। समाज के समक्ष करुणा के पात्र हैं। देवता ज़ीउस[1] ने जैसे अपनी

1. ज़ीउस—प्राचीन ग्रीक पौराणिक कथाओं में आकाश के देवता हैं। ज़ीउस को सभी देवताओं और मनुष्यों का शासक, रक्षक और पिता माना जाता है।

प्रेमिका दानाई के पुत्र पर्सियस को सबकी दृष्टि से छुपाकर रखा था, ठीक उसी तरह कोई भी दैवीय-उपहार आपने तो नहीं पाया है राजा जेथास। मैं इस नगर का वृद्ध एवं अनुभवी उपदेशक हूँ। मैं भी आपके लिए हर दिन प्रार्थना करता हूँ। आपके दुख से मेरी आँखों से आँसू भी गिरते हैं।

जेथास : इसीलिए बीते कई दिनों से क्रेउसा मेरी इस पावन पितृभूमि की सीमा पर स्थित देव अपोल्लन के डेल्फी के मन्दिर में जाने के लिए बहुत अनुरोध कर रही थी। मुख्य रूप से उनके ही विशेष आग्रह पर हम आज डेल्फी गए थे। रानी क्रेउसा हमेशा ही किसी अनजान कारण से डेल्फी के प्रति विमुख रहती हैं, इसीलिए उनके बार-बार बोलने के बाद हम एक साथ आज वहाँ गए।

जनता : अच्छा किया आपने राजा, अच्छा किया है।

जेथास : क्रेउसा, मेरे साथ जाने पर भी, अपने उसी स्वाभाविक विमुखता के कारण वह अन्दर जाने के लिए राजी नहीं हुई, मैं भी पता नहीं क्या सोचकर उससे और अनुरोध न करके देव अपोल्लन के पूजा स्थल; मन्दिर की ओर आगे बढ़ गया।

अनुभवी उपदेशक : अपोल्लन! देव अपोल्लन!

जेथास : ठीक। दैव वाणी के प्रवीण देवता, वही अपोल्लन हैं। मन्दिर में प्रवेश करते ही देखता हूँ—बड़े स्तर पर पशुचारण, अंकुरित अनाज का ढेर, समृद्धि के विविध साधनों से आगे बढ़ते ही मोम और पक्षियों के पंख से तैयार किया गया विशाल स्तम्भ और मेहराब के अन्दर देव अपोल्लन की मूर्ति। मूर्ति के समक्ष जब आकर खड़ा हुआ तो देखता हूँ कि देवता की वेदी पर कुछ देर पहले ही कोई बकरे की बलि दे गया था। बहा हुआ रक्त लॉरेल पत्तों के संग मिश्रित होकर उस वेदी के रंग को कालिमामय तथा धूसरित बना गया था। उसके बाद मैं क्या कहूँ—हे अनुभवी उपदेशक, मैं जब देवता के सामने घुटने टेक ओक वृक्ष की तरह बैठा, वहाँ अचानक एक पुजारिन आई।

[डेल्फी मन्दिर का पृष्ठ भाग प्रकाशाच्छादित होता है। जेथास मन्दिर की ओर घूम जाते हैं। मंच का शेष भाग अन्धकार में डूब जाता है। पीछे पुजारिन डफनिस आती है।]

डफनिस : ऐकाताउस के वंशधर, राजा जेथास, तुम क्यों आज इस अपोल्लन के मन्दिर में आए हो यह देवता जानते हैं। वे यह भी जानते हैं कि तुमने इलिसास नदी के किनारे वायु देवता बोरियास के मन्दिर में इतने दिनों से आवाजाही की है। जो भी हो, उसके लिए देव अपोल्लन तुमसे क्रुद्ध नहीं है। इसका कारण यह है कि पार्नेमास पहाड़ पर मेरे देवता अपोल्लन के लिए वायु के प्रतिनिधि बोरियास ने एक बार पृथ्वी पर सबसे अधिक मधुर बयार प्रवाहित की थी। मेरे देवता इसीलिए तुम्हारे देवता बोरियास को अपना बन्धु मानते हैं।

जेथास : पुजारिन डफनिस! लोग कहते हैं कि एक तिपाए फर्न काठ की कुर्सी पर बैठकर आप जो भविष्यवाणी कर सकती हैं, वह कई बार देवता भी करने में असमर्थ होते हैं। आप मुझे बताइए कि क्या मुझे आज कोई पवित्र वचन देव अपोल्लन सुनाएँगे?

डफनिस : हाँ, वे सुनाएँगे। उन्होंने मेरे द्वारा आपके पास वह समाचार ही भेजा है।

जेथास : क्या, क्या वही देववाणी? मैं कितना भाग्यवान हूँ पुजारिनी डफनिस, कहिए तो आप?

डफनिस : ऐकाताउस के वंशधर, राजा जेथास, आपके लिए देव अपोल्लन की वाणी यह है कि आपको पुत्र संतान होगी। उसका नाम डोरस होगा।

जेथास : अपोल्लन, देव अपोल्लन!

डफनिस : रुकिए! बात शेष करने दीजिए। किन्तु अभी उसमें देर है।

जेथास : देर है? और कितनी देर है पुजारिन डफनिस?

डफनिस : देव अपोल्लन ने अभी भी उस समय के बारे में कुछ नहीं कहा है। उसका कारण है कि आपके लिए उनका एक और महत्त्वपूर्ण निर्देश है।

जेथास : क्या, क्या है वह निर्देश? बताइए मुझे। देवताओं के निर्देशों का पालन करने के लिए राजा लोग सर्वदा तत्पर रहते हैं, यह सत्य आप जानती हैं पुजारिन डफनिस।

डफनिस : राजा जेथास, आप जब देव अपोल्लन के मोम और पक्षी के पंख से तैयार इस मन्दिर से बाहर निकलेंगे तो देखेंगे कि शाम हो गई है। मैं जानती हूँ कि आपकी रानी क्रेउसा

मन्दिर के भीतर न आकर बाहर आपके लिए प्रतीक्षा कर रही हैं।

[डफनिस पर पड़ने वाला प्रकाश घटता जा रहा है।]

आप देखेंगे कि दूरी पर एथेंस नगरी मशाल की अग्नि लौ से जगमगा रही है और आप देख पाएँगे कि मन्दिर परिसर में लॉरेल, ओक और फर्न वृक्षों के मध्य आपकी स्त्री क्रेउसा रानी एक अल्प वयस्क के एक युवा के साथ बातें कर रही हैं। उसका नाम आउन है।

[दाहिनी ओर मन्दिर के सामने क्रेउसा और आउन दीखते हैं। जेथास मन्दिर के अन्दर से उन्हें देख पाते हैं। डफनिस का स्वर पार्श्व संगीत के साथ मिलकर आता है, "आउन इसी मन्दिर में बड़ा हुआ है। कह सकते हैं कि वह देव अपोल्लन का भक्त है। केवल भक्त नहीं, वह मेरे पुत्र-समान है। इसीलिए आपके प्रति देवता अपोल्लन का यह निर्देश है कि, जितने दिन रानी क्रेउसा के गर्भ में डोरस नहीं आता, उतने दिनों तक यह आउन ही आपका ज्येष्ठ पुत्र है। यह दत्तक संतान ही आपका उत्तराधिकारी है।"]

[डफनिस का स्वर विलीन हो जाता है। मन्दिर के सामने जेथास आता है। क्रेउसा और आउन के सामने वह आकर खड़ा हो जाता है।]

जेथास : हे अनिंद्य सुन्दर युवा! हे मेरे आउन! तुम क्या मेरी संतान बनोगे, वत्स?

[आउन देखता है जेथास की ओर। अन्धकार होता है। आउन और क्रेउसा उसी अन्धकार में विलीन होते दिखाई देते हैं, जेथास पटाक्षेप कर प्रजामंडली के पास लौट आता है।]

जेथास : वस्तुतः इतना सुन्दर, भद्र, बुद्धिमान युवापुरुष मैंने अपने जीवन में बहुत कम देखा है। उम्र कम होने पर भी उसके सर्वांग से अभिमान नहीं नम्रता बिखर रही थी। उसे देखते ही समझा जा सकता है कि वह मानसिक और शारीरिक

दोनों दृष्टि से बलशाली है, किन्तु उसकी यह अनंत शक्ति उसकी विनयशीलता उसकी दुर्बलता नहीं बनती। देव अपोल्लन की कृपा से मैंने आज अन्ततः एथेंस का योग्य उत्तराधिकारी पाया। मैं आज रात्रि में ही उसके दत्तक होने का अनुष्ठान सम्पन्न करूँगा। उसके पहले आप लोगों से मेरी विनीत प्रार्थना यह है कि मैं युवराज आउन को आप लोगों के सामने उपस्थित करना चाहता हूँ। इसके साथ चाहता हूँ कि आज रात्रि में उसके अभिषेक अनुष्ठान में आप सभी बन्धु-बान्धवों सहित उपस्थित हों। मैं अपने सुख के मुहूर्त को यदि आप लोगों के संग बाँट न पाऊँ तो मैं किस बात का राजा हूँ? मेरी इच्छा है कि आप लोग राजद्वार पर उपस्थित होकर मेरे सौभाग्य को बढ़ा दे भले अन्तिम समय तक आप लोगों का साथ न भी मिल सके।

जनता : *(हर्ष ध्वनि करती है)* राजा, हमारे राजा, राजा जेथास।

जेथास : आउन, आओ, आओ मेरे प्रिय पुत्र।

[पीछे से आउन आता है। आकर जेथास के बगल में खड़ा होता है। प्रजा हर्ष के साथ स्वागत करती है। आउन हाथ उठाता है। सभी हाथ पकड़ते हैं।]

आउन : मैं देलोस-उद्धारकर्ता, देव अपोल्लन के मन्दिर का पुजारी आउन हूँ। अज्ञात कुल का—'मैं' अपना जन्मवृत्तान्त भी स्पष्ट रूप से नहीं जानता। मेरे प्राकृतिक माता-पिता कौन हैं यह तथ्य भी मेरे लिए अजाना ही है। किन्तु मेरी यथार्थ बुद्धि कहती है कि जो मुझे आश्रय दे रहे हैं, जो मुझे सम्मान दे रहे हैं, जो आजीवन मेरे भरण-पोषण का दायित्व ले रहे हैं, वही वस्तुतः मेरे पिता हैं। आज एथेंस नगरी के महान राजा जेथास ने मुझे अपनी संतान के रूप में गोद लिया है, यह मेरा परम सौभाग्य है। किन्तु अब भी मुझे डर लग रहा है क्योंकि जिसे मैं सामयिक सौभाग्य मान रहा हूँ वह भविष्य में एक निष्ठुर परिहास बनकर जीवन में प्रतिध्वनित न हो? आने वाला अस्पष्ट है एवं अन्धकार के पर्दे से घिरा है। फिर भी यदि आप लोग मेरी सहायता करें और मेरे पिता, महान जेथास का आशीर्वाद मेरे ऊपर सदा बना रहे तब मैं समझूँगा कि मैं सच में ही देव अपोल्लन का वरप्राप्त व्यक्ति हूँ।

अनुभवी उपदेशक : हे युवा, हे आउन, तुम्हें देखकर ही लगता है कि तुम स्वभावतः सज्जन हो, बुद्धिमान हो। तुम्हारे बोले गए शब्दों से एक पावन माधुर्य टपकता है, एक सुरक्षित आश्वासन मिलता है। हम आशा करते हैं कि तुम भी तुम्हारे पिता जेथास की भाँति ही हम लोगों के लिए एक मजबूत दीवार की भाँति सिद्ध होओगे, हमारे लिए अतुलनीय सम्पदा और अपरिसीम सौभाग्य लाओगे! लोग कहते हैं कि हमारे राजा जेथास स्वभावतः विलक्षण और स्वाभाविक मार्ग द्रष्टा हैं। आज के उनके सिद्धान्त से फिर नए रूप में प्रमाणित हो गया है कि राजा का गौरव प्रजा पालन में है। वत्स आउन! निर्जन नगरी, शून्य मरुभूमि, ध्वंस रणपोत का कर्णधार होना जीवन में कोई गौरव नहीं लाता।

जनता : सत्य है! सत्या है! हमारे युवराज! हम युवराज आउन का अन्तःकरण से स्वागत करते हैं। अज्ञात कुल का होने पर भी यह युवा पुरुष हम लोगों के एथेंस का उपयुक्त भावी सम्राट है।

[बिगुल बजता है, अन्दर से दूत आता है।]

दूत : महाराज जेथास, रानी क्रेउसा ने अभी आपको अन्दर स्मरण किया है। कहा है कि आप इसी क्षण अन्तःपुर में जाएँ।

जेथास : अच्छा, तुम जाओ। मैं अभी यहाँ से निकलकर पहुँच रहा हूँ। वत्स आउन! तुम भी जाओ, घर जाओ। आज रात तुम्हारा दत्तक-अनुष्ठान निर्विघ्न हो इसके लिए व्यवस्था करो। बज्र-विद्युत के देवता जीउस के विद्युत शक्ति और यथार्थ विचार की शपथ लेकर कहता हूँ, कि एकदिन हम अपने सभी भ्रमों को दूर कर लेंगे।

[पार्श्व संगीत बजता है। जेथास अन्दर चले जाते हैं। आउन दूसरी ओर जाता है। जनता के ऊपर पड़ने वाला प्रकाश धीमी गति से बुझ जाता है। मंच के तीन ओर तीन नियति कन्याएँ ल्याचेसिस, क्लोदो और एट्रोपस दीखती हैं। उन तीनों ने सफेद पोशाक पहना है। उन सभी के हाथों में चरखा है। अपनी प्रत्येक बात के बाद वे चरखा चलाती हैं।]

ल्याचेसिस : मनुष्य स्वप्न देखता है। उसका अतीत उसे मना करता है, तब भी वह स्वप्न देखता है। वह जानता है कि सारे स्वप्न मरते हैं। जैसे विशाल बालुकामय तट पर मरी हुई मछली पड़ी रहती है अथवा भोर के कुहासे में दिग्भ्रमित हुए नाविक की आँखों में जैसे पथस्वप्न उड़ते हैं। ये सारे स्वप्न वास्तव में पीड़ादायक होते हैं फिर भी लोग स्वप्नों में ही खोए रहना चाहते हैं। ऐसे सभी लोग अबोध होते हैं। स्वप्न देखना भी अब अतीत की बात हो गई है। यह समय मन में घृणा रखते हुए आदर करने का समय है।

हम नियति देवियाँ—तीन बहनें हैं—हम तीनों को अत्यधिक हँसी आती है जब हम यह देखते हैं कि कैसे राजा एगोमेमनन अब और मानव जन्म नहीं चाहता इसीलिए नए जन्म में उसने एक चील के रूप में जन्म लिया। ट्राय के युद्ध में जिस एपियस ने काठ का घोड़ा बनाया था वह अगले जन्म में नारी का जन्म लेना चाहता है, कारण कि पुरुष के रूप में जन्म का अर्थ ही होता है कि दोनों हाथ आजीवन हत्या और मौत का षड्यंत्र करने के लिए सीकड़ से बँधे रहना।

एट्रोपस : ग्रीक वीर एजाक्स अगले जन्म में शेर का जीवन चाहता है, क्यों? कारण कि जीवन भर शौर्य प्रदर्शन के बावजूद समाज ने एजाक्स की तुलना में एकिलिस के पुत्र को अधिक मान्यता दी। भविष्य क्या अगले जन्म में उसी वन जंगल में घूमते-भटकते धूल-धूसरित छद्मवेशी सिंह एजाक्स को उसकी खोई मर्यादा देगी? भावी समय क्या उसे उसकी हथेलियों, नाखूनों, केशों में लगे रक्त-मिश्रित धूल से सना पागलपन उसे एक अनिवार्य मान्यता, एक अथक परिश्रम दे पाएगी?

तीनों : मनुष्य तो फिर भी हम लोगों के निकट आते हैं। घृणा का महोत्सव पूरे दुनिया भर में चलता है। वे हमारे निकट घुटने मोड़कर बैठ जाते हैं। भाग्य से ही घृणा करते हैं और उसके ही इर्द-गिर्द लौटकर आने का सौभाग्य चाहते हैं।

[पार्श्व संगीत की ध्वनि बढ़ती है।]

[मंच के अन्धकार में वे तीनों बहनें विलीन हो जाती हैं। मंच के दाहिनी ओर प्रकाश होता है। रानी क्रेउसा

का घर है। क्रेउसा बैठी हैं। उनकी सेविका उनकी सेवा में लगी है। क्रेउसा इशारा करती हैं। सेविका चली जाती है।]

जेथास : क्या बात है रानी? आज रात मैं, मेरा पूरा राज्य जब एक्रोपोलिस के दत्तक पुत्र के अनुष्ठान में व्यस्त हैं, जहाँ देव दियोन्यूसुस की वंदना के पश्चात् हमारे नगर के नट-नटी इलेक्ट्रो नाटक का आयोजन करने वाले हैं। ऐसे अवसर पर आप स्वयं को क्यों इस कमरे में बन्द रखा है? वे मुखौटा तैयार कर रहे हैं रानी! बड़ा मुखौटा! एक्रोपोलिस के दत्तक अनुष्ठान के पश्चात् आज चन्द्रमा के प्रकाश से आलोकित एम्फीथिएटर में अभिनेतागण मशाल जलाएँगे। उसके बाद वही मुखौटे पहनकर वे अपना नाटक प्रदर्शित करेंगे।

क्रेउसा की आँखों में जैसे आग जल उठी हो।

क्रेउसा : तुम मूढ़ हो राजा। बिलकुल अबोध हो।

जेथास : रानी!

क्रेउसा : देव अपोल्लन ने स्पष्ट कहा है कि कुछ दिनों में ही तुम्हारे द्वारा मेरी गर्भजात संतान इस पृथ्वी पर आने वाली है।

जेथास : एकदम ठीक! उससे क्या?

क्रेउसा : तब तुम क्यों एक अल्पज्ञात एवं अज्ञात कुल वाले व्यक्ति को एथेंस की इस अतुल सम्पत्ति का उत्तराधिकारी बनाने जा रहे हो?

जेथास : कौन आउन? बहुत अच्छा, बहुत भद्र, बहुत गुणवान बच्चा है वह।

क्रेउसा : हमारा एथेंस—एथेंस को छोड़ो—करिन्थ से आर्गस, थेवाई से थेसाली—पूरे ग्रीस में वैसा भद्र, गुणवान असंख्य संतानें मिल जाएँगे तुम्हें राजा।

जेथास : हाँ, किन्तु उनमें से किसी के लिए भी देव अपोल्लन की देववाणी उद्घोषित नहीं हुई है। आज जब मैं डेल्फी के मन्दिर से निकल रहा था, मेरे लिए देव अपोल्लन का स्पष्ट निर्देश यह था कि जब तक मेरे द्वारा उत्पन्न संतान इस पृथ्वी पर नहीं आती तब तक यह आउन ही मेरा ज्येष्ठ पुत्र है।

क्रेउसा : वह देववाणी क्या तुमने अपने कानों से सुना था? न कि उस पुजारिन डफनिस के मुँह से सुना? बोलो राजा, बोलो, चुप न रहो। उत्तर दो।

जेथास : हाँ, वह बात डफनिस ने ही मुझे बताई थी।

क्रेउसा : तब?

जेथास : हाँ, तब क्या?

क्रेउसा : लोग कहते हैं—लाईकाउन से ऐक्रोपोलिस तक—जितने भी मन्दिर देव अपोल्लन के हैं, वहाँ वे स्वयं देववाणी उच्चारित करते हैं। लोग कहते हैं—पुजारिन डफनिस अथवा पुरोहित एज़ीउस, इनमें से किसी को भी देव अपोल्लन ने देववाणी करने का दायित्व नहीं दिया है। लोगों को प्रताड़ित करने के लिए उन लोगों ने जबरदस्ती यह दायित्व ले लिया है।

जेथास : ऐसा ही यदि होता तो देव अपोल्लन ने अपने स्वयं के हाथों अपना मन्दिर इतने दिनों में ध्वस्त कर दिया होता।

क्रेउसा : भय! और भय! मनुष्य और कितना भय पाएगा राजा? जन्म से देवों का भय, दुर्घटना का भय, मनुष्यों का भय, षड्यंत्रों का भय और इसके बाद भी देवताओं के प्रतिनिधियों से भय; क्यों? न तो मृत्यु के पश्चात् हम लोगों को पाताल में जाकर स्टाइक नदी पार करनी होगी! और उसके बाद मृत्यु लोक तार्तरास में जब हम प्रवेश करेंगे उसी गहन अन्धकार वाले प्रेतपुरी के पिशाच हम लोगों का रक्तपान करेंगे। जानते हो राजा इन दिनों मुझे देव अपोल्लन कभी-कभी नर्क के उस विशाल कुत्ते सर्वेरास की तरह लगते हैं।

जेथास : क्रेउसा! सावधान।

क्रेउसा : जैसे वो हम लोगों की ओर रक्तिम नेत्रों से जीवन भर देखते रहेंगे। उनकी इच्छा से बाहर कुछ करने पर वे अपनी भृकुटी दिखाकर हम लोगों पर झपट पड़ेंगे, नोच-नोच कर हमारा मांस खाएँगे। उस नर्क के कुत्ते सार्वरास की भाँति ही।

जेथास : तुम क्या पागल हो गई क्रेउसा? तुम देव अपोल्लन का अपमान कर रही हो? उन्हें परस्पर युद्ध के लिए आह्वान कर रही हो?

क्रेउसा : यदि मेनयकुयस की संतान क्रेयन को इडिपस कन्या, एक सामान्य लड़की आंतिगोने सम्मुख युद्ध के लिए ललकार सकती है तो मैं एथेंस के प्रथम राजा एरेथिया की कन्या

क्रेउसा, मैं क्यों उस देव अपोल्लन के विरुद्ध युद्ध की घोषणा नहीं कर पाऊँगी?

जेथास : कारण अपोल्लन देवता हैं। क्लाइतिमेनेसत्रा के संग इलेक्ट्रा का जो युद्ध है, या क्रेयन के संग आंतिगोन का जो युद्ध है, उसके साथ देव अपोल्लन के संग तुम्हारी लड़ाई की तुलना नहीं की जा सकती है रानी।

क्रेउसा : हो सकती है। हो सकती है। कारण मनुष्य ही मनुष्य को देवता बनाता है। बोलो तो राजा जेथास, क्यों स्वर्ग की देवी एफ्रोदिते मृत्युलोक के सुन्दर युवा एडोनिस के लिए पागल हो उठती हैं? और क्यों ही देवी एफ्रोदिते की संतान क्युपिड स्वयं अपनी माँ के निर्देशों को अमान्य कर पंचशर भूल वश सुन्दरी साईक की ओर न कि छोड़ते हुए अपनी ओर?

हाय ज़ीउस, देवताओं के लिए स्वर्ग में क्या देवी कम पड़ती हैं? या देवियों के लिए देवताओं की कमी है? क्रमवार से वे मर्त्यजगत में आकर हमारे सिद्धान्त में, हमारे जीने-मरने में, अच्छे-बुरे में क्यों हस्तक्षेप करते हैं?

जेथास : तुम उन्मादी हो गई हो क्रेउसा। तुम्हें मैंने और मेरे निश्छल एवं स्नेहयुक्त प्रेम ने पूर्ण रूप से उन्मादिनी बना दिया है। ऐसा नहीं होता तो क्या तुम अपनी नश्वर शरीर से अविनाशी ईश्वर के साथ लड़ाई करना चाहती?

क्रेउसा : सुनो, उस आउन को मैं किसी भी प्रकार से युवराज की पदवी पाने नहीं दूँगी। यह बात ठीक है कि तुमने जब संध्या के पश्चात् डेल्फी के मन्दिर में प्रवेश किया तब मैं तुम्हारे साथ नहीं गई। इसका कारण मैंने तुम्हें पहले भी बताया है कि बोरियास के मन्दिर जाने में मुझे जितनी स्वच्छंदता महसूस होती है; पता नहीं क्यों देव अपोल्लन के मन्दिर जाने में मुझे उतनी सहजता महसूस नहीं होती। मैं जब उस सन्ध्या के निःस्तब्ध मन्दिर-प्रांगण में टहल रही थी, उस आउन के साथ मेरा भी साक्षात् हुआ था। क्रेउसा पूर्व घटना का वर्णन करना प्रारम्भ करती है। *(पीछे से प्रकाश होता है। दीखता है कि आउन झाड़ू से सफाई कर रहा है।)* उस लड़के को देखकर पता नहीं क्यों मेरे अन्दर भी एक अजाना और अयाचित स्नेह-भावना का

जन्म हुआ। मैंने उससे पूछा *(क्रेउसा आउन के पास चली जाती है)।*

क्रेउसा : तुम कौन हो बच्चे, तुम कहाँ से इस मन्दिर में आए?

आउन : हे एथेंस की महारानी क्रेउसा, मैं मेरे जन्म से देव अपोल्लन के इस मन्दिर में हूँ। मैं इस मन्दिर में कैसे आया यह मेरे लिए अजाना है। मेरे माता-पिता कौन हैं, यह भी पूरी तरह से नहीं जानता मैं।

क्रेउसा : तुम देखने में इतने सुन्दर हो, तुम्हारे गले का स्वर इतना सुन्दर है—तुम्हारा जन्म क्या किसी राजवंश में हुआ है बच्चा? तुम क्या पोलिकाओन राजवंश के हो? या कि तुम थेबाइए के कादामास के वारिस हो? सुना है, पोलिकाओन राजवंश पुत्रहीन हैं और उनका भी जो उत्तराधिकारी है वह भी नगर से बहुत दूर निर्वासित है।

आउन : मैं नहीं जानता महारानी क्रेउसा। मैं बचपन से ही इसी मन्दिर में हूँ। यहाँ मैं रोज दोनों समय पूतपवित्र टाइसिस नदी के जल का मन्दिर में छिड़काव करता हूँ। लॉरेल वृक्ष के पत्तियों युक्त डाल से मन्दिर को परिष्कार करता हूँ। कार्देलिउस या अन्य पक्षी जो दूर-दूर से उड़कर आते हैं और मन्दिर के पूजा के प्रसाद को जूठा करते हैं उन्हें दूर भगाता हूँ। मुझे दोनों समय पुजारिन डफनिस भूख मिटाने के लिए सामान्य भोजन कराती हैं। मेरा जीवन उसी से चल जाता है। मुझसे वे बहुत स्नेह करती हैं।

क्रेउसा : तुमसे सभी स्नेह करेंगे बच्चा। तुम्हारी आँखों में वही स्नेह अर्जन करने की शक्ति है।

[क्रेउसा जेथास के पास लौट आती है। आउन अन्धकार में विलीन हो जाता है।]

क्रेउसा : इसी समय तुम मन्दिर की सीढ़ियों से नीचे उतर आए। उतरकर उस अज्ञात कुलशील किशोर का अकारण आलिंगन किया। तब भी मैं नहीं जानती थी कि तुम्हारा इतना बड़ा *(ज्यादा)* मतिभ्रम हुआ है। इसके बाद तुमने जब उसे अपने दत्तक पुत्र के रूप में ग्रहण करने की बात कही तो क्रोध से मेरा सिर जल उठा। मुझे लगा जैसे डायनो की देवी हिकेट क्या तुम्हारी हाल ही में प्रणयिनी हो गई

है? न कि उसी पुजारिन डफनिस ने इस साँझ तुम्हारे पूजा के प्रसाद में मेडुसा का विष मिला दिया, या कि तुम्हारे सिर में पागलपन का उन्माद उड़ने लगा है? नहीं तो किस भाँति तुम इस प्रकार का प्रस्ताव दे सकते थे? और यह बात जानने के बाद भी कि और कुछ दिनों बाद ही अपनी संतान इस पृथ्वी पर पाँव रखने वाली है?

जेथास : क्रेउसा मेरी प्रिय रानी, तुम मेरी बात सुनो—

क्रेउसा : हाय अदूरदर्शी, तुम इतना भी नहीं समझ रहे हो कि वह पुजारिन डफनिस किसी के साथ षड्यंत्र करके तुम लोगों के द्वारा एथेंस का सिंहासन मन्दिर के एक खतरनाक सेवक और झाड़ूदार के हाथों सौंप रही है? तुम्हें या तो मतिभ्रम हो गया है या तो एथेंस नगरी में चले महोत्सव दिवोनिस्यूस के नाट्योत्सव का वह मूर्ख राक्षस तुम्हारे मस्तिष्क में घुसकर उसे विनष्ट कर चुका है? राजा जेथास, मैं तो तुम्हें समझ नहीं पा रही।

जेथास : रानी क्रेउसा, तुम्हारे अन्दर इतनी ईर्ष्या! इतनी घृणा और इतनी हिंसा? अपने अन्दर इतना सारा वहन करते हुए तुम जब पार्थेनन मन्दिर में प्रवेश करोगी, समाज में, एक्रोपोलिस में, सर्वत्र गोर्गोन[1] के विष संचारित करते-करते जाओगी।

क्रेउसा : हाँ, जाऊँगी, उसका कारण है कि समूची पृथ्वी ही इस समय सर्पों वाली मेडुसा[2] बन चुकी है। कोई भी पार्सीयुस[3] अभी नहीं है जो चारों ओर घट रही तीन बहनों की मेडुसाओं के सिर पर के साँपों के टपक रहे विष से हमारी रक्षा कर पाए। किसी हार्मिस की तलवार अब इस पृथ्वी पर नहीं है जिससे हम मनुष्यों के भीतर के इस अन्तःहीन विद्वेष, घृणा और विष की पोटली को एक ही प्रयास से काटकर फेंका जा सके।

जेथास : क्रेउसा–

क्रेउसा : घृणा की शक्ति के साथ प्रेम की शक्ति से तुम लड़ नहीं सकते राजा! विद्वेष और षड्यंत्रों को तुम अपनी मानवता

---

1. ग्रीक पौराणिक कथाओं की एक चरित्र (तीन बहनों में से एक) जिसके केश विषैले साँपों के हैं तथा जिसका चेहरा भयानक होता है।
2. वही
3. ग्रीक पौराणिक कथाओं के अनुसार पार्सीयुस गोरगन मेडुसा की हत्या करने वाला जाँबाज पुरुष है जिसने समुद्री राक्षस से एंड्रोमेडा की रक्षा की।

रूपी प्राचीन एटलस की मूर्ति से बिलकुल नहीं रोक पाओगे। क्योंकि वह मन ही अब एटलस की मूर्ति के समान शुष्क और खुरदरा पत्थर सिर्फ बनकर रह गया है। षड्यंत्र और दुष्ट बुद्धि वाले ही इस पृथ्वी पर जीतते हैं, उनके साथ युद्ध जारी रखने के लिए तुम्हारे अन्दर भी थोड़ी-थोड़ी घृणा, द्वेष और ईर्ष्या संचित करना अनिवार्य है। अन्यथा तुम भले हरक्युलिस की तरह शक्तिशाली और निर्भीक होगे परन्तु सैकड़ों मुँह वाले ड्रैगन के रक्त से जन्मे कपटी लोग जो शत्रु हैं वे छिपकर तुम्हारा वध कर देंगे।

जेथास : तुम पागल हो गई हो क्रेउसा! एकदम पागल। मैं तुम्हारे साथ किसी नए वितर्क में नहीं पड़ना चाहता। मैं अब जाऊँ। एक्रोपोलिस में मेरे ज्येष्ठ पुत्र आउन का दत्तक-अनुष्ठान सम्पन्न करने की व्यवस्था करूँ। मैं चाहता हूँ तुम भी थोड़ी देर बाद यहाँ आओ। मध्यरात्रि में जब चन्द्रमा आसमान के मध्य में दिखेगा तभी मैं यह अनुष्ठान प्रारम्भ करूँगा।

[जेथास चले जाते हैं। क्रेउसा कुछ देर खड़ी रहती हैं। उसकी आँखें क्रोध से अंगार हो उठती हैं। उसके बाद वे हाथ से ताली बजाती हैं। नौकर दानाउस आता है।]

दानाउस : हुक्म करें रानी।

क्रेउसा : दानाउस, तुम शैशवास्था से ही मेरे पास हो। मैंने जब भी तुमसे जो भी कहा है, तुमने उसे बाध्यता पूर्वक सुना ही है।

दानाउस : सुना है रानी। मैं तुम्हें ही अपनी हेरा[1] मानता हूँ, राजा जेथास मेरे ज़ीउस हैं। तुम जो कहोगी उसका आजीवन पालन करने के लिए मैं समर्पित हूँ।

क्रेउसा : तुम्हें याद है ज़ीउस ने अपनी प्रेमिका इनाकास की कन्या आईओ को प्राप्त करने के लिए उसे एक गाय के बछिए के रूप में परिणत किया। ज़ीउस की रानी हेरा ने तब आर्गस नामक सौ आँखों वाले दानव को यह भार सौंपा कि वह ज़ीउस को किसी भी प्रकार से उस सुन्दरी बछिया आईओ के निकट न जाने दे।

---

1. ज़ीउस की पत्नी।

दानाउस : याद है रानी क्रेउसा। इसके बाद ज़ीउस ने अपने पुत्र देवताओं के दूत हार्मिस की सहायता से दानव आर्गस को सुलाकर उसकी हत्या कर दी थी।

क्रेउसा : ठीक। और उसके बाद भी हेरा ने अपने प्रिय पक्षी के शरीर में आर्गस की वे एक सौ आँखें लगा दिया, ताकि ज़ीउस किसी भी प्रकार उस आइओ के निकट न जा सकें और इसी के साथ एक बड़ी कीट को उन्होंने नियुक्त किया ताकि उसकी जहरीली दंश के कारण वह आइओ बछिया एक क्षण भी कहीं स्थिर होकर खड़ी न हो सके।

दानाउस : रानी, लोग कहते हैं कि उस विषाक्त बड़ी कीट के काटने की आशंका से वह सुन्दरी बछिया बनी इनाकास की कन्या आइओ पृथ्वी पर एक पल भी स्थिर हो रुक नहीं सकी।

क्रेउसा : दानाउस, मेरे प्रिय सेवक, तुम ही मेरी वह विषाक्त सुन्दर कीट हो। तुम्हारी सहायता से मैं उस अज्ञातकुलीन उच्चाकांक्षी आउन को ऐसा दंश करवाऊँगी कि वह क्रीट से स्पार्टा, मिश्र से लिविया तक कहीं भी जाकर वह तनिक भी शान्ति नहीं पाएगा। प्रिय सेवक दानाउस तुम मेरी इस बर्बरता में मेरी सहायता करोगे न?

दानाउस : करूँगा रानी, आपने मेरे जीवन की रक्षा की है। मेरे इस तुच्छ जीवन में अन्न, प्राण, वायु सब आपने दिया है। मैं आपके लिए बलि हो जाने के लिए तैयार हूँ। एथेंस में आप किसकी दृष्टि में क्या हो मेरे लिए यह आवश्यक नहीं है। आप मेरी मालकिन राजरानी हैं, आप जो बोलेंगी मैं उसे करने के लिए सर्वदा तत्पर हूँ।

क्रेउसा : अच्छा, चलो तब हम लोग एक्रोपालिस चलें। जाकर उस अज्ञात कुलशील सुन्दर गाय आउन के दत्तक अनुष्ठान में शामिल हों। उसके निश्चित सत्कार की व्यवस्था करें।

[दानाउस हँसता है। वे अन्धकार में चले जाते हैं। पार्श्व संगीत की धुन सुनाई पड़ती है। तीन नियति कन्याएँ फिर मंच पर लौट आती हैं। ल्याचेसिस, कलोदो और एट्रोपस। उनके हाथ में वही चरखे हैं।]

ल्याचेसिस : मनुष्य का अतीत वास्तव में प्रकाश की भाँति है जितना स्मृति की गहराई में तुम जाओगे, देखोगे कि तुम्हारा अतीत

सारे अन्धकार दूर करके तीव्र उज्ज्वल प्रकाश की तरह तुम्हारे मस्तिष्क के प्रत्येक कोष में प्रसारित हो गया है। यह प्रकाश रश्मि इतनी ही तीव्र होगी कि चाहो तो तुम अपने पिछले जन्म के प्रत्येक दिन, क्षण, पल देख लो। मूर्ख मनुष्य! तुम अपने अतीत को देखो। मन लगाकर देखो। और उसी सूत्र से अपने को पहचानना सीखो।

क्लोदो : और वर्तमान जैसे गोधूलि बेला का एक नृत्य है। वह प्रकाश अँधेरे से घिरा है। तुम कुछ समय तक वह प्रकाश देख पाओगे, फिर अन्धकार देखकर भ्रम होगा कि यह उसी प्रकाश की भाँति है; जैसे रेगिस्तान में ऊँट पर चढ़कर जाते-जाते पसीने से लथपथ प्यासा मनुष्य मरीचिका देखकर विभ्रम में पड़ जाता है। वर्तमान वही मरीचिका है। तुम अपने को इससे बचा लो तब भी तुम्हारी मुक्ति नहीं है। तुम्हें वह मरीचिका देखना ही होगा। उसे जाकर छूना ही पड़ेगा। मूर्ख मनुष्य तुम्हें घिसटते-घिसटते एक रेंगने वाले जीव के समान उसी में जीना होगा, ताकि तुम अपने अज्ञात किन्तु अनिवार्य भविष्य को प्रतिदिन, प्रतिपल समझ सको।

एट्रोपस : और भविष्य है वही अन्धकार। मर्त्यलोक तार्तारास *(पाताल)* की तरह गहन अन्धकार। उस नर्क की कहानी सोचकर देखो। तुम उस काली नदी स्टाइक्स को तैरकर पार हुए। भींगकर चिपचिपे होकर नर्क जाने के तीन रास्तों के मोड पर खड़े हुए। तुम जानते हो कि दाहिनी ओर के रास्ते में वह भयंकर कुत्ता सार्वेरस है। उस पथ पर जाते ही वह तुम्हारा मांस नोचकर खा जाएगा। तुमने बाईं ओर के रास्ते को देखा लेथी नदी के पार जाकर सोचा राहत मिलेगी, किन्तु उस पार तो मृत्यु के राजा हेडस और रानी पर्सिफोन स्वयं हैं। तुम्हारे जाते ही असीम आग्रह से वे पिशाच से तुम्हारा सीना चिरवाकर रक्तपान करवाएँगे। फलतः तुम सीधे जाना चाहोगे। सोचोगे कि उसी पथ पर ही एलिसिया, नर्क का स्वर्ग है। जहाँ चिरबसंत, चिरसुख और शान्ति है। मूर्ख मानव तुम जानते नहीं हो कि जो पथ सीधा है, उस पथ पर कुछ देर के बाद हम लोगों की तीन सौतेली बहनें, तीन प्रतिहिंसा की देवियाँ हैं। उन देवियों का स्वभाव क्या है—यह जानो-समझो। कल्पना करो भविष्य में वही तीन

बहनें—उनके सिर के बाल की जगह झूलते हैं असंख्य लाल रंग के साँप, मनुष्यों के शरीर पर लगाए गए कुत्तों के मुँह, शरीर में हाथ की जगह काले चमगादड़ों के पंख लगे हुए हैं उनके हाथ से चलाए जा रहे चाबुक की कर्कश आवाज। समझो मूर्ख मानव। उन सबको समझो।

[पार्श्व ध्वनि आती है। तीन बहनें अन्धकार में विलीन हो जाती हैं। प्रकाश होता है। पूरा मंच अब एथेंस का एक्रोपोलिस है। मध्य में अच्छी संख्या में भुनी हुई भेड़ें टेबल पर रखी हैं। साथ ही पानी भी है। उसके सामने आउन और राजा जेथास है। साथ में प्रारम्भ के अनुभवी उपदेशक और भी एक-दो लोग हैं। जेथास दत्तक अनुष्ठान के बारे में पुरोहित से बातें कर रहे हैं, सुन्दरी नारियाँ बीच-बीच में थाली में रखे खजूर, तरबूज और अन्य फल लेकर आ रही हैं। मंच के बाईं ओर दो ग्रीक युवक आ जाते हैं। इनके नाम एजिपतास और ओरिओन हैं। दोनों प्रसन्न हैं। उनके हाथों में भोजन की थाली हैं।

एजिपतास : बकरे का मांस ओलिभ ऑयल में अच्छी तरह से तला नहीं जा सका है। किन्तु स्वाद तो बहुत बढ़िया है।

ओरिओन : तुम खरगोश के मांस को भी थोड़ा चख सकते हो एजिपतास। साथ में पकाया हुआ गाजर, बहुत बढ़िया हुआ है।

एजिपतास : तुम कह रहे हो? तो अवश्य खाऊँगा। गले को मदिरा से थोड़ा भिगो लूँ, तत्पश्चात् खरगोश और पकाए हुए गाजर खाता हूँ। भाई ओरिओन, तुमने देखा हम लोगों के एथेंस की बालाएँ कैसे धीरे-धीरे सूखकर काठ हुई जा रही हैं।

ओरिओन : जघन्य, सभी नियंत्रित भोजन पर ध्यान दे रही हैं। दुबली होना चाहती हैं। ताकि पुरुषों के बाँहों में समा सकें।

एजिपतास : देखो। देखो शरीर देखो। शुष्क काष्ठ सी देह, निर्जीव स्तन, कई लेप रंग की गई त्वचा, कपड़े उतार देने पर भुनी हुई फलियाँ लगेंगी।

ओरिओन : *(हँसता है)* पिछले महीने मैं परिवार को लेकर लैसिडेमन गया था। इच्छा थी कि स्पार्टन का क्रीड़ा उत्सव देखूँगा।

तुम तो जानते हो स्पार्टन लड़कियाँ सुन्दर होती हैं किन्तु बहुत लम्बी होती हैं। मुझे इतनी लम्बी लड़कियाँ नहीं भातीं। इसीलिए मैदान में जाकर पत्नी-बच्चे को प्यांक्रोशन देखने के लिए बोल दिया और मैं घूमते-घूमते यूरोटस नदी के किनारे गया। देखा, नदी के किनारे मिश्री यायावरी दल तंबू लगा रहा है और उनके साथ क्या कहूँ भाई एजिपतास, पृथ्वी की सबसे अधिक खिली हुई सुन्दरियाँ तंबू के बाहर बैठे-बैठे वीणा बजा रही हैं। हरेक की छाती खुली थी।

एजिपतास : क्या कहते हो?

ओरिओन : प्रत्येक तंबू के निकट छोटे-छोटे तवे थे, उस पर नदी से लाए मैकरल, गर्दिनेस नामक जिन्दा मछलियाँ भूनकर खा रहे थे। मैं एक तंबू में घुस गया। सिर्फ दस द्राथमा *(मुद्रा)* में दो थाली भुनी हुई मछली और साथ में दो उष्ण शरीर। उफ़ क्या कहूँ भाई एजिपतास, खेल देखना भी हुआ और कला खरीदना भी हुआ।

एजिपतास : कला खरीदना बोल रहे हो क्यों ओरिओन? कला बेचना बोलो।

[दोनों हँसते हैं। बिगुल ध्वनि होती है। रानी क्रेउसा आती हैं। उनके पीछे दानाउस। जेथस जाकर क्रेउसा को आलिंगनबद्ध करते हैं। वे मध्य में जाकर बैठते हैं। दानाउस आउन के हाथ में पीने की एक गिलास उठाकर देता है, और भी अनेक लोग पीने की गिलास लेते हैं।]

[किन्तु आउन अपना पीने जाने के बावजूद पी नहीं सका, कारण एक गायक हाथ में लायार वाद्य लेकर प्रवेश करता है। वह गीत गाने लगता है।]

गायक : *(लायार वाद्य बजाकर गाता है)*

ओ देव फिबास
(तुम) हम सबों के आवास
(तुम) हम लोगों के परिवेश
और कलोसास
तुम अब हमें अच्छा बनाए रखना अच्छा रहना
ओ देव फिबास, तुम हमें अच्छा बनाए रखना।
ओ देव फिबास

(तुम) हम लोगों के त्रास
बच्चों के अन्न
(तुम) नगर के राशन
पहाड़ पार्नेसास
तुम हमें अच्छा बनाए रखना।
ओ देव फिबास
मेरा यह लायार
और पक्षियों की सीटी
काष्टालियन झरना
और देवी आर्तेमिस
मेरा टर्पिशोर
और ये पार्थेनन
रात से भोर
चला हुआ जनगन
तुम सभी को अच्छा रखना
ओ देव फिबास
ग्रीस में निवास, तुम हमें अच्छा बनाए रखना
ओ जी, हमें अच्छा बनाए रखना।

[गीत शेष होता है। सभी ताली बजाते हैं। आउन ने इसी बीच अपनी पोशाक की पॉकेट से एक कबूतर बाहर निकालकर एक्रोपोलिस की जमीन पर रख दिया था। अपने हाथ की गिलास से वह अब पक्षी को अल्प पीने का द्रव ढाल देता है। पक्षी वह द्रव पीकर मर जाता है। आउन उछल पड़ता है।]

आउन : हेमलक! मेरे पेय में विष मिलाया गया है। महाराज जेथास! आप देखें।

जेथास : क्या, क्या हुआ है?

आउन : मुझे इस भोज समारोह में एक पेय दिया गया था। मैं शैशव काल से ही प्रत्येक खाना या पेय अपने मुँह में डालने से पहले देव अपोल्लन का स्मरण करता हूँ और अपने पालतू पक्षी को एक दाना देकर खाता हूँ। मैंने उसे जिस क्षण अपना यह पेय द्रव दिया, वो पीते ही छटपटाते हुए मर गया।

[सभा में थोड़ा शोर होता है]

जेथास : कौन? किसने तुम्हारे हाथ में इस पेय-पात्र को थमाया था, उसे क्या तुम पहचानते हो पुत्र आउन?

आउन : मैं भी वही याद करने की चेष्टा कर रहा हूँ। हाँ, याद आया। *(दानाउस की ओर संकेत करता है)* वही, वही व्यक्ति है जिसने मेरे हाथ में यह विष भरा पेय-पात्र थमा दिया था।

जेथास : दानाउस, दानाउस तुमने?

दानाउस : नहीं, नहीं।

जेथास : मैं कल्पना तक नहीं कर पा रहा हूँ। तुम्हें कितनी कम उम्र से थेसली से उठाकर तुम्हारा पालन-पोषण किया। ओह! कोई है! अभी इस अबोध षड्यंत्रकारी नौकर दानाउस की हत्या करो।

दानाउस : नहीं, नहीं।

जेथास : बताओ, बताओ किसकी बुद्धि से, किसके बहकावे में आकर तुमने मेरे पुत्र आउन के पात्र में यह तेज विष मिलाया था?

दानाउस : मैं बता नहीं पाऊँगा राजा।

जेथास : तुम्हें बताना ही होगा। अन्यथा मैं ही तुम्हारी हत्या करूँगा।

[एक सिपाही से तलवार ले लेते हैं जेथास।]

दानाउस : आप मुझे मार डालिए राजा, तब भी मैं किसी का नाम नहीं बता पाऊँगा।

जेथास : बहस! मैंने तुझे उस थेसाली के कुएँ से उठाकर लाया है, चाहूँ तो तेरी देह को खंड-खंड करके अभी फिर उसी थेसाली के कुओं में डाल सकता हूँ।

[जेथास तलवार उठाते हैं दानाउस की हत्या करने के लिए, क्रेउसा सामने आती हैं।]

क्रेउसा : रुको! रुको, राजा! वास्तव में तुम्हारा विश्वस्त पात्र कौन है, इसे समझना सीखिए।

जेथास : मतलब?

क्रेउसा : अर्थात दानाउस, तुम्हारे प्रति सर्वदा विश्वस्त है और मैंने ही उसे कहा था इस अज्ञात कुल के लड़के आउन के पेय में विष मिलाने के लिए।

जेथास : क्रेउसा?

क्रेउसा : मेरी आज्ञा का पालन करते हुए राक्षसी मेडुसा के भाई गोर्गोन के दो बूँद गर्म रक्त उसी उच्चाकांक्षी आउन के लिए रखे अंगूर के रस वाले बोतल में मिला दिया था दानाउस ने। राजा यदि तुम इस लड़के को अपने दत्तक पुत्र के रूप में ग्रहण करोगे, तब इस बोतल का बचा हुआ पेय मैं अभी पी लूँगी।

[निस्तब्धता। थोड़ी देर बाद निस्तब्धता आउन भंग करता है।]

आउन : हे महारानी क्रेउसा, आप क्यों मरेंगी? यह राज्य आपका है। राजा जेथास का है। इसके बाद मैं जितना जानता हूँ कि कुछ दिनों के अन्दर ही आपके गर्भ में एथेंस का भावी सम्राट डोरास आने जा रहा है। अपने गर्भजात पुत्र की आप लोग प्रतीक्षा करें, मैं चला जाता हूँ। *(जेथास से)* हे सम्राट, हे राजा आपकी भाँति प्रजावत्सल, न्यायपरायण, दयालु नृपति यह निष्ठुर धरती बार-बार पाए। मुझ पर आप कृपा करके मुझे जाने की अनुमति दें।

[जेथास दृष्टि फेर लेते हैं। आउन के कंधे पर एक बार हाथ रखते हैं। क्रेउसा आउन के सामने आती हैं।]

क्रेउसा : हाँ, हाँ, जाओ। और कभी तुम्हारा मुख इस एथेंस के राजगृह में न देखूँ। दूर हो जा भ्रष्टाचारी, उन्नतिकामी, मन्दिर के लड़के। जाओ, जाकर अपोल्लन के डेल्फी के मन्दिर में जैसे झाड़ू लगाते थे, जाकर वही काम करो, जाओ!

[आउन चला जाता है। नीरवता छा जाती है।]

क्रेउसा : हे प्रजाजन, हे प्रवीण पुरोहित! मैं भी महल में लौट जाती हूँ।

अनुभवी उपदेशक : रानी बोलिए। हम सुन रहे हैं।

क्रेउसा : यदि ऐसा लगता है कि इस पावन एक्रोपोलिस में मैंने गोर्गोन का रक्त लाकर इसे दूषित और कलुषित किया है, तो जो सजा आप लोग मेरे लिए निश्चित करेंगे, उसे मैं सिर झुकाकर मान लेने के लिए तैयार हूँ। मेरा अभिशप्त भाग्य मुझसे जो कार्य ही क्यों न कराए, मैं अपने विश्वास और राय से एक

पल के लिए भी कभी नहीं हटी। फलतः मेरे किए गए कर्मों के लिए यदि कोई प्रायश्चित्त हो तो मैं उसका पालन करने के लिए प्रस्तुत हूँ। वह सजा सिर्फ मुझे ही दी जाए। मेरे कर्मों का दायित्व मेरे स्वामी, इन पवित्र एवं पुण्यवान राजा जेथास पर न पड़े। सिर्फ इतना ही आपसे मेरा निवेदन है। मैं अपने महल के कमरे में जाती हूँ।

[क्रेउसा चली जाती है। बिगुल की ध्वनि सुनाई देती है। पार्श्व ध्वनि बजता है। शेष सभी मंच पर स्थिर खड़े रहते हैं। धीरे-धीरे पर्दा गिरता है।]

विरति

द्वितीयार्द्ध

[पार्श्व ध्वनि बजता है। पर्दा हट जाता है। दूसरा दिन है। दिन के समय राजमहल के सामने का चबूतरा दीखता है। अनुभवी उपदेशक, एजिपतास, ओरिओन, दानाउस और जनता का दल है। पार्श्व ध्वनि थमती है। एक नीरवता छा जाती है।]

अनुभवी उपदेशक : राजा जेथास, गणतंत्र के नियम के अनुसार रानी क्रेउसा ने एक्रोपोलिस में गोर्गोन का विषयुक्त पेय लाकर चरम अपराध किया है। यह बात आप भी अस्वीकार नहीं कर सकते।

एजिपतास : सत्य है। सिर्फ इतना ही नहीं, जिस प्रांगण में किसी बुराई का नाम लेना तक निषिद्ध है, वहाँ वे उस अपदेवता द्वारा एकत्रित किया गया रक्त गोपनीय ढंग से वहन कर गई।

ओरिएन : पवित्र मन्दिर में गोर्गोन का अपवित्र रक्त! यह अक्षम्य दंडनीय अपराध है।

अनुभवी उपदेशक : हम गणतंत्र को मानकर चलते हैं। नगर, राष्ट्र प्रत्येक के नियम-कानून हम लोगों की निष्ठा की जंजीरों से बँधे होते हैं। रानी क्रेउसा ने उस निष्ठा का अपमान किया है। उस

नियम को अस्वीकार किया है। उन्होंने गणतंत्र को ही प्राय: अस्वीकार कर देना चाहा है।

जेथास : रुकिए, हे कुशल प्रवीण उपदेशक! आपने जो कहा वो युक्तिसंगत ही है...

एजिपतास : *(बाधा देता है)* आप राजाज्ञा कहकर उस तर्क को लंघित करके अपनी राय हम लोगों पर दबाव डालकर मनवा लेंगे, यही न?

जेथास : नहीं एजिपतास! मैं वैसा नहीं करूँगा। गणतंत्र में मूर्खों को बोलने की स्वाधीनता जिस दिन से मिल गई है, उस दिन से ही राजाज्ञा की शक्ति का ह्रास हो गया है। यह तो सभी जानते हैं।

एजिपतास : आपने मुझे मूर्ख कहा राजा जेथास?

जेथास : बहरहाल और कोई अन्य पर्याय ढूँढ़ नहीं पा रहा। बेवकूफ बोलता तो शायद ज्यादा खुश होता।

ओरिएन : राजा, आपने पहले भी यह बात कही थी। आप क्या सचमुच विश्वास करते हैं कि गणतंत्र में मूर्ख व्यक्तियों की प्रधानता रहती है?

जेथास : केवल प्रधानता ही नहीं रहती, वे जययुक्त भी होते हैं। किन्तु बात वह नहीं है, मैं एक युक्तिसंगत बात कहना चाहता था। हे अनुभवी उपदेशक, गणतंत्र के नियमानुसार बुद्धिमान-मूर्ख, बहुसंख्यक और अल्पसंख्यक, सभी के मत धैर्य से सुनना उचित है। हम लोगों के नगर, राष्ट्र की प्राथमिक बुनियाद इसी सिद्धान्त पर आधारित है—यह बात आप निश्चित रूप से स्वीकार करते होंगे?

अनुभवी उपदेशक : अवश्य ही। आप ही बताएँ राजा! आप हम लोगों के राजा हैं, यदि आपका मत हम लोगों की बहुसंख्यक मत के विरुद्ध भी जाए, तो भी हम उसे सुनने के लिए बाध्य हैं।

जेथास : धन्यवाद। चूँकि मैं नगर राष्ट्र के सारे नियमों और उनकी सम्भावनाओं, उपनियमों से सम्यक् रूप से अवगत नहीं हूँ एवं वाक्पटुता तथा बहुसंख्या अथवा भीड़ की असभ्यता में अनेकों से पीछे हूँ, इसलिए मैं अपनी बात कहने के लिए एथेंस के विशिष्ट नागरिक ग्लौकस को नियुक्त करता हूँ। ग्लौकस आप अन्दर आएँ।

[ग्लौकस आता है। उसके साथ उसका सहचर पेट्रोक्लास भी है।]

जेथास : मेरी ओर से नहीं, मेरी रानी क्रेउसा की ओर से इस विचार सभा में अपने विचार प्रस्तुत करेंगे राष्ट्र के विशिष्ट नागरिक तार्किक ग्लौकस!

ओरियन : अच्छा, हम लोगों को उसमें कोई आपत्ति नहीं।

एजिपतास : ग्लौकस! आप प्रारम्भ करें।

सभी उसे ध्यान से सुनते हैं। ग्लौकस अपनी बातें प्रारम्भ करते हैं।

ग्लौकस : हे पुरोहित, प्रवीण उपदेशक एवं उपस्थित भद्र महोदय गण! मैं यहाँ राजा जेथास और उनकी रानी क्रेउसा के पक्ष में अपना तर्क प्रदर्शित करने खड़ा हुआ हूँ। उससे पहले यदि रानी क्रेउसा के विरुद्ध अभियोग सही में क्या है, इसे आप लोग और एक बार स्पष्ट कर दीजिए।

अनुभवी उपदेशक : हम लोग भी अपने पक्ष में सभी तर्कों के प्रदर्शन के लिए उपस्थित जनता के बीच से एजिपतास को चुन रहे हैं। कारण, राजा के विरुद्ध जनगण का तर्क एक व्यक्ति से होना ही ठीक होगा।

ओरियन : अच्छा है, यही हो।

जनता : हाँ, यही हो। एजिपतास ही हम सभी की आवाज बने।

ग्लौकस : अच्छा, बोलो एजिपतास। बताओ तुम्हारा रानी क्रेउसा के विरुद्ध क्या अभियोग है? हम लोग सुनें।

एजिपतास : गतकाल सन्ध्या के समय हमारे एथेंस के एक्रोपोलिस में राजा एथेंस ने एक भोजसभा आयोजित की थी। अवसर था डेल्फी के मन्दिर के कर्मचारी आउन का राजा जेथास के पुत्र के रूप में दत्तक समारोह। रानी क्रेउसा इस अभिषेक अनुष्ठान को सम्भवतः स्वीकार न कर सकीं। इसीलिए राजा के विरुद्ध आचरण करते हुए एक पात्र में मदिरा के साथ विष मिलाकर उन्होंने आउन को वह पीने के लिए दिया। आउन ने उस द्रव को न पीकर अपने पाले हुए कबूतर को पिलाया। वो कबूतर उस विष से मर गया। बाद में हम लोग जान पाए कि जो विष आउन के पात्र में मिलाया गया था, वह कुख्यात ड्रैगन गोर्गोन का रक्त था।

प्रथमतः तो राष्ट्र के नियमानुसार गोर्गोन का रक्त पवित्र मन्दिर परिसर में कभी भी ले आना उचित नहीं। द्वितीयतः मन्दिर में एक हत्या की घटना जिसे चाहा था रानी क्रेउसा ने; भले वे उसमें सफल नहीं हो पाईं, किन्तु उनके मन की गतिविधि को स्पष्टतः समझा जा सकता है कि उन्होंने जानबूझकर एक निरपराध मनुष्य की हत्या करनी चाही थी। इसी द्विविध अपराध के कारण हम लोगों के राष्ट्र के कुशल पुरोहित के मतों के अनुसार हम चाहते हैं कि रानी क्रेउसा की पत्थर मार-मार कर हत्या कर दी जाए।

जनता : हत्या की जाए, की जाए। रानी क्रेउसा को अभी पत्थर से मार-मार कर उनकी हत्या की जाए।

[सबके चुप होने पर ग्लौकस को उनके सहचर पेट्रोक्लास इशारा करता है।]

ग्लौकस : अच्छा। मैं पहले जानना चाहता हूँ कि इस न्याय का न्यायाधीश कौन है?

[सभी एक-दूसरे का मुँह देखने लगते हैं।]

क्या हुआ बताइए? राष्ट्र के नियमों के अनुसार दो पक्षों के बारे में निर्णय के लिए एक तृतीय पक्ष तथा निर्णायक रहना अनिवार्य है। तो कौन है इस निर्णय का निर्णायक?

[शोर की ध्वनि होती है।]

ओरियन : मैं इस निर्णय के निर्णायक के रूप में हम लोगों के कुशल प्रवीण पुरोहित तथा उपदेशक का नाम प्रस्तावित करता हूँ।

जनता : *(समवेत रूप में)* हम समर्थन करते हैं। समर्थन करते हैं।

[अनुभवी उपदेशक निर्णायक के आसन पर जा बैठते हैं।]

ग्लौकस : अच्छा, यही हो! तो फिर इस मामले में एक नई समस्या आती है। विरोध पक्ष के एजिपतास ने अपने भाषण में बताया है कि नगर राष्ट्र के कुशल उपदेशक ने निदान के फलस्वरूप कहा है कि रानी क्रेउसा को पत्थर से मारकर उनकी हत्या की जाए। अर्थात कुशल पुरोहित निर्णय करने

के पहले ही अपनी राय तथा परामर्श दे बैठे हैं। इनके जैसे पक्षपाती दुष्ट मनुष्य क्या इस निर्णायक सभा में निरपेक्ष निर्णायक हो सकते हैं?

[निस्तब्धता]

इसलिए निर्णायक एकमात्र राजा जेथास हो सकते हैं। किन्तु उनकी रानी स्वयं रानी क्रेउसा मूल अभियुक्त हैं। इसलिए वे भी निष्पक्ष नहीं हैं। ऊपर से राजा जेथास या कुशल प्रवीण पुरोहित से बड़ा या पद-मर्यादा सम्पन्न मनुष्य एथेंस में वर्तमान में नहीं है। रानी क्रेउसा का निर्णय और जो भी हो चिकित्सक पिरामुस या स्थपति यूरोलोकस नहीं कर सकते। अर्थात यह निर्णय ही अशुद्ध है।

पेट्रोक्लास : फलतः जब तक कोई नया योग्यतासम्पन्न निर्णायक नहीं आते तब तक यह निर्णायक सभा बर्खास्त हुई। रानी क्रेउसा बहरहाल मुक्त हैं।

[ग्लौकस और पेट्रोक्लास प्रस्थान के लिए उद्यत होते हैं। सभा में चीत्कार होता है। अनुभवी उपदेशक शोर रोकते हैं।]

अनुभवी उपदेशक : ग्लौकस रुको। पेट्रोक्लास जाना मत। *(वे रुक जाते हैं)* यह बात सही है कि निर्णय से पहले ही राजा जेथास निर्णय और एक पक्ष लिए बैठे हैं। किन्तु राष्ट्र के चौथे नियम के अनुसार पवित्र स्थान पर अशुद्ध रक्त या विष या अन्य कुछ ले जाना निषिद्ध है। यह नियम हमने ही बनाया है। फलतः निर्णय हो या न हो, इस नियम के अनुसार रानी क्रेउसा का दंड प्राप्य है।

एजिपतास : फलस्वरूप राष्ट्र के चौथे नियम के अनुसार एथेंस के जनगण चाहते हैं कि अभी रानी क्रेउसा को पत्थर मार-मार कर उनकी हत्या की जाए।

ओरियन : इसी मुहूर्त में यह कार्य किया जाए।

जनगण : हाँ, हत्या की जाए।

[तुमुल शोर होता है। राजा जेथास हाथ उठाते हैं। सभी शान्त हो जाते हैं। ग्लौकस उठकर खड़े होते हैं।]

ग्लौकस : अच्छा! तो चौथा नियम जाँच कर देखा जाए। नियमानुसार केवल गोर्गोन का रक्त या विष ही नहीं, किसी भी उत्तेजक पेय का ही मन्दिर प्रांगण में प्रवेश निषिद्ध है। चौथे नियम के द्वितीय उपशाखा के अनुसार यह भी है कि केवल पेय ही नहीं, किसी भी पशु की मृतदेह का भी एक्रोपोलिस में प्रवेश निषिद्ध है। मैं कल रात एक्रोपोलिस के उस भोजसभा में निमंत्रित नहीं था। किन्तु आप में से अनेक लोग थे। वहाँ राजा जेथास ने स्वयं उत्तेजक पेय ग्रहण न करने पर भी आप लोगों के लिए पर्याप्त पशु-पक्षियों के मांस और मदिरा की व्यवस्था कर रखी थी और आप सभी लोगों ने वो सारा खाया और पान किया है। मुझे खबर मिली कि हम लोगों के कुशल प्रवीण पुरोहित ने लगभग तीन सुराही मदिरा कल रात की भोजसभा में अकेले ही पिया है। मांस ही केवल निषिद्ध क्यों होगा? कोई भी उत्तेजक द्रव मन्दिर प्रांगण में निषिद्ध है। इसीलिए गोर्गोन का रक्त मिला पेय पिलाना द्वितीय अपराध है। किन्तु उससे पहले प्रथम अपराध के अपराधी यहाँ आप में से अनेक हैं। मैं इसीलिए प्रस्ताव देता हूँ कि इस क्षण पहले कुशल पुरोहित उपदेशक को पत्थर फेंककर मारा जाए, और उसके बाद एजिपतास, ओरियन और एक-एक कर सारे अतिथियों को मारा जाए।

[क्रोनस नामक एक जन उठकर खड़े होते हैं।]

क्रोनस : मैं सामान्य भेड़ पालक हूँ इसीलिए मुझे किसी सम्मानीय भोजसभा में आमंत्रण नहीं दिया जाता। जबकि गणतंत्र का अर्थ है कि किसी भी जगह किसी भी खाद्य पर, किसी भी सुविधा प्राप्ति पर, सभी का समान अधिकार है। इस सुविधा से हम लोग आजीवन वंचित हैं। इसी कुशल पुरोहित के परामर्श से आजीवन हमें वंचित रखा गया है। इसलिए इसी पल राष्ट्र के नियम का उल्लंघन करने वाले इस पुरोहित को पत्थरों से मारकर इसकी हत्या की जाए।

अनेक : हाँ, हाँ, हत्या की जाए। हत्या की जाए।

एजिपतास : अरे भाई, तुम लोग क्या पागल हो गए? देवता ज़ीउस और हम लोगों के बीच कुशल पुरोहित स्वयं मध्यस्थताकारी हैं। हम लोगों की ओर से वही ज़ीउस

से वार्ता करते हैं। उनकी हत्या करने की बात तुम लोग कैसे बोल रहे हो?

क्रोनस : हम लोग किसी मध्यस्थकारी को नहीं चाहते। ईश्वर से संलाप करने में हम स्वयं ही सक्षम हैं।

दानाउस : इसके अलावा पुरोहित यदि इतना ज़ीउस के संग बार-बार बातें करते रहते हैं तो देखा जाए वे कैसे अपनी विपत्ति के समय अब देवराज ज़ीउस को बुला पाते हैं।

पेट्रोक्लास : विशेष रूप से वे जहाँ विपत्ति में पड़े हैं तब तो देवराज ज़ीउस को उचित है इस मुहूर्त में वे स्वयं ही इस मन्दिर परिसर में आविर्भूत हों।

एजिपतास : देवराज ज़ीउस को क्या कोई और काम नहीं कि किसी के बुलाने पर ही वे हम लोगों के सामने प्रकट हो जाएँगे?

ग्लौकस : सही है, यह आपने ठीक कहा है एजिपतास। यह पुरोहित हम लोगों में से कोई एक है। इसलिए उन्हें बचाने सही में देवराज ज़ीउस यहाँ नहीं आएँगे। सुनिए, जिस देश के कानून को धर्म की पुड़िया में बाँधा जाता है, वे जो कानून बनाते हैं, बाद में वही विपत्ति में पड़ते हैं। इसीलिए उचित है कि पहले राष्ट्रनीति से राजनीति को और राजनीति से धर्म को मुक्त किया जाए। अन्यथा हम लोग दृष्टिवान होते हुए भी क्रमशः अन्धे हो जाएँगे।

एजिपतास : यह सब बातें हम लोग सुनना नहीं चाहते। धर्म को छोड़कर राजनीति! इस राष्ट्रद्रोही नास्तिक की बातें सुनना भी पाप है।

ओरियन : हम लोग रानी क्रेउसा की मृत्यु चाहते हैं।

ग्लौकस : सोचकर देखिए कि रानी क्रेउसा ने अपने मुँह से अपना अपराध स्वीकार किया है और यह तो आप लोग ही कह रहे हैं कि गोर्गोन का विषैला पेय रानी क्रेउसा एक्रोपोलिस में वहन कर नहीं ले आई थीं। ले आया था उनका नौकर दानाउस। सेवक दानाउस ने रानी का नाम बताना नहीं चाहा इसका अर्थ है कि रानी क्रेउसा के द्वारा अपना दोष स्वीकार न करने पर दानाउस ही अपराधी होता। हालाँकि दानाउस स्वाभाविक अपराधी नहीं है।

एजिपतास : तब दानाउस की ही हत्या की जाए।

ओरियन : हाँ, यही हो।

जनता : हो, यही हो।

पेट्रोक्लास : वाह रे गणतंत्र वाह! अपराधी जब खोजकर पाया ही नहीं जा रहा, तब निरपराध को ही अपराधी घोषित कर देना होगा। यही न?

ग्लौकस : जबकि आप लोग सोचकर देखें—वह विषाक्त पेय शेषपर्यंत कहीं व्यवहार में आया, तो वह आउन के पाले हुए उस कबूतर पर और पूरी घटना में मरा है केवल वह मनुष्येतर पक्षी कबूतर ही; और वह विष उस कबूतर के मुँह में स्वयं आउन ने डाला था तो आउन ही स्वाभाविक अपराधी नहीं है क्या?

जनता : हाँ, हाँ, आउन हत्यारा है। वो ही अपराधी है। उसकी ही हत्या की जाए।

ग्लौकस : किन्तु सम्पूर्ण आयोजन की व्यवस्था स्वयं राजा जेथास ने किया था। उन्हीं के निर्देश से ही उस एक्रोपोलिस में निषिद्ध द्रव से लेकर पशु-मांस तक सब लाए गए थे। उन्हीं द्वारा प्रदत्त इस सुयोग से दानाउस उस विषाक्त द्रव को लेकर पावन स्थान में प्रवेश कर सका था। तब मूल अपराधी कौन है?

क्रोनस : राजा जेथास। जेथास ही अपराधी है। उनकी ही हत्या की जाए।

दानाउस : असम्भव! राजा अवध्य हैं। राजा की हत्या करने पर रणदेवता एरीज[1] स्वयं आकर हम लोगों की हत्या करेंगे।

[सभा में मत विरोध होता है। दो हिस्सों में बँटकर सभी झगड़ते रहते हैं। ग्लौकस एजिपतास एकान्त में रहते हैं।]

ग्लौकस : देखो एजिपतास, यह है तुम लोगों के राष्ट्र का गणतंत्र। मूर्खों के हाथ में जब गणतंत्र जा पड़ता है तब उसकी अवस्था कहाँ जा पहुँचती है, समझ पा रहे हो?

[सामने बढ़कर दोनों हाथ उठाकर ग्लौकस दोनों समूह के बीच चल रहे विवाद को रोकते हैं। सभी शान्त होते हैं।]

---

1. एरीज—ग्रीक के युद्ध देवता।

ग्लौकस : मैं पुनः आप लोग सभी से विचारकर देखने के लिए अनुरोध कर रहा हूँ। गोर्गोन का रक्त एक्रोपोलिस में सेवक दानाउस ले आया था। दानाउस ने वह रानी क्रेउसा की बात से किया था। रानी के भेजे हुए उस विष को खाकर केवल मात्र पाला हुआ एक पक्षी मरा है। जो एक्रोपोलिस इसी बीच सुरा, मदिरा के कारण अपवित्र हो चुका था, वहाँ गोर्गोन का रक्त अलग से अधिक अपवित्र नहीं कर सकता। हम लोगों ने राष्ट्र बनाया है, गणतंत्र के जो नियम बनाए हैं, वहाँ धर्म की इतनी प्रत्यक्ष भूमिका होने की बात नहीं। यह बात ठीक है कि हम लोग मूर्तिपूजक हैं, हम लोगों के अनेक मत, अनेक विश्वास, अनेक पथ हैं। तो क्या निर्दिष्ट व्यक्ति की निर्दिष्ट किसी भी कारण से हम हत्या कर सकते हैं? हम ऐसा नहीं कर सकते हैं। इसलिए आप लोगों से मेरा अनुरोध है कि सिर्फ रानी क्रेउसा को ही नहीं, सभी को ही इस निर्णय की सीमा से मुक्त किया जाए।

एजिपतास : असम्भव है। किसी एक को तो सजा देनी ही होगी।

जनता : चाहिए ही चाहिए। शत्रु चाहिए। हम लोग शत्रु चाहते हैं। इसी क्षण में शत्रु चाहते हैं।

ग्लौकस : अच्छा, तब गोर्गोन को ही पकड़कर लाया जाए। हम लोगों की ओर से एजिपतास और ओरियन को यह दायित्व देने के लिए राजा जेथास से हम लोग अनुरोध करते हैं।

जेथास : अनुरोध स्वीकार है। एजिपतास और ओरियन उस भयंकर राक्षस को पकड़ लाना।

एजिपतास : ऐ, पागल है क्या? यह दायित्व हम लोग नहीं ले सकते।

ओरियन : असम्भव है बन्धु ग्लौकस, तुम पागल हो गए हो?

ग्लौकस : स्वयं राजा जेथास ने तुम लोगों को आदेश दिया है। पर्सियुस की तरह तुम लोग भी अब उत्तरी ध्रुव पार करके उस मायावी द्वीप में जाओगे। जाकर हत्या करोगे गोर्गोन और उसकी तीन बहनों मेडूसा की।

ओरियन : यह, मैं घर चला।

एजिपतास : हम लोग कहीं नहीं जाएँगे। रानी क्रेउसा गोर्गोन का रक्त लाई हैं। अतएव वही वध करने योग्य हैं। हम लोगों को उन्हीं का रक्त चाहिए।

जनता : रक्त चाहिए। रानी क्रेउसा का रक्त चाहिए।

[प्रचंड शोर-शराबा होता है। इसी बीच बाहर से पाइथिया आकर खड़ी होती है। राजा जेथास उसे देखकर अवाक् हो जाते हैं। उसकी ओर जेथास आगे आ जाते हैं। सभी अनचीन्हे व्यक्ति को देखकर शान्त हो जाते हैं।]

जेथास : तुम—तुम देव अपोल्लन के डेल्फी के मन्दिर की पुरानी दासी, पाइथिया हो न?

पाइथिया : हाँ राजा। मैं पाइथिया, देव अपोल्लन के मन्दिर की दासी हूँ। मैं एक बार रानी से मिलना चाहती हूँ।

जेथास : क्यों? क्या जरूरत है?

पाइथिया : जरूरत है। सुना कि आपकी रानी विपद में हैं। मुझे इसीलिए स्वयं देव अपोल्लन ने रानी के लिए एक सन्देश देकर भेजा है।

जेथास : क्या? क्या सन्देश है?

पाइथिया : वह बात मैं केवल रानी से ही कह सकती हूँ राजा। मेरे लिए ऐसा ही देवता का निर्देश है।

[इसी समय रानी क्रेउसा महल के दरवाजे पर आकर खड़ी हो गईं।]

पाइथिया : वही तो, वही तो रानी क्रेउसा हैं। कितने साल हो गए। एक ही तरह से स्वास्थ्य है रानी जी आपका।

क्रेउसा : कौन? पाइथिया? तुम।

पाइथिया : हाँ, जी रानी। मैं ही वही पाइथिया हूँ। मुझे पहचान पाई हो?

क्रेउसा : *(चीत्कार करती हैं)* पाइथिया!

[सभी जिज्ञासु दृष्टि से क्रेउसा की ओर देखते हैं। राजा जेथास भी। अन्धकार होता है। सामने नियति कन्या तीन बहनें लौट आती हैं। उनके हाथों में वही चरखा है।]

ल्याचेसिस : मनुष्य अतीत नहीं भूलता किन्तु भूलने से प्यार करता है। भूल जाना चाहता है अपना पाप, अपराध, किया हुआ आपराधिक कार्य, ग्लानि सब कुछ। केवल अतीत जब

वर्तमान में लौट आता है, तब वह इस अतीत की भूल के बारे में सोचता है। वास्तव में वह वही भूल फिर न करे यह उसी का इशारा है, यह वह उस समय नहीं समझ पाता।

क्लोदो : वर्तमान मूर्तिमान अभिशाप की तरह है। वर्तमान की कटुता, स्वाद, दुर्गंध, रक्त, कै, सब मानव अपनी देह में मलता है, और उसी में स्वप्न देखता है। सोचता है—कोई अनागत युग शायद एक दिन आएगा, जब समुद्र स्थिर हो पड़ेगा, आग ठंडी हो जाएगी, मरुभूमि में जलप्लावन होगा स्रोत धाराएँ प्रवाहित होंगी। तुम्हारा अतीत ही असल में तुम्हारे इस वर्तमान को निर्मित कर रहा है, इसे समझते नहीं मानव। इसीलिए तुम्हारा यह क्षण फिर भविष्य में सूखा, अनावृष्टि और प्लेग उत्पन्न करेगा यह भी तुम नहीं समझ रहे हो।

एट्रोपास : हाय, भाग्य देवी की हम कन्याएँ हैं। हम लोगों को केवल चरखा घुमाते जाना है। शवों पर शव। मृत देह पर मृत देह—चलता ही जाता है, हम केवल चरखा घुमाते हैं। कब्रखाना का धाँगड़ हो हम मरे सपनों को गुनते हैं, मरी आकांक्षाओं को गुनते हैं, मरे हुए पराजितों को गुनते हैं। मनुष्य नहीं जानता, उसका कोई भावी या आगामी कल नहीं है। ज़ीउस का जलता हुआ बज्र आज मनुष्यों के मुँह में अन्दर घुसकर उसका अनिवार्य क्षय कर रहा है।

तीनों बहनें : हम लोग केवल मृत स्वप्न गुनते हैं, गुनते हैं सिर्फ मृत आकांक्षाएँ। मृत सफलता-निष्फलता, सभी निहित है आज में।

[प्रकाश होता है। रानी क्रेउसा का घर दीखता है। क्रेउसा और पाइथिया हैं। क्रेउसा बैठी हुई हैं। पीछे पाइथिया खड़ी हैं। क्रेउसा स्वयं ही बोले जा रही हैं।]

क्रेउसा : वे लोग मेरी हत्या करना चाहते हैं। एथेंस नगर के प्रथम राजा एरेथथियास की कन्या की हत्या करना चाहते हैं। वही एरेथथियास, जिसके राज्यकाल में देवी पैलेस को समस्त ग्रीकवासियों की अधिष्ठात्री देवी के रूप में वरण किया गया था।

पाइथिया : तुम लोग तो तीन बहनें थीं क्रेउसा!

क्रेउसा : हाँ, समुद्र देवता पोसेडन ने मेरी दो बहनों की हत्या कर दी, मुझे भी वे उस दिन मार डालते। किन्तु उस दिन मैं सौभाग्यवश डेल्फी के मन्दिर में माँ के संग पूजा करने गई थी। मुझे वह गुस्सैल देवता पोसेडन किसी तरह खोज नहीं पाए।

पाइथिया : देव अपोल्लन ने उस दिन वास्तव में तुम्हें बचा दिया था।

क्रेउसा : उसी जगह। वहीं तुम्हारे संग मेरा प्रथम परिचय हुआ था पाइथिया!

पाइथिया : हाँ, तुम अपनी माँ के साथ रोज डेल्फी के मन्दिर में आती थीं। मैं तब तरुणी सेवादासी थी। मैंने निश्चय किया था कि मैं अपना जीवन देव अपोल्लन के मन्दिर की सेवा में उत्सर्ग कर दूँगी।

क्रेउसा : सही है। तुम ही तो उस समय मन्दिर की देखरेख करती थीं।

पाइथिया : तुम्हारे साथ मेरी खूब पटती थी। तुम्हारी माँ जब देवता की पूजा करतीं, तुम आकर मेरे साथ बातें करतीं। मैं तुम्हें मन्दिर में तैयार की गईं मिठाइयाँ खाने को देती थी।

क्रेउसा : *(हँसती है)* उसी लालच से लगता है, तुम्हारे निकट जा बैठी रहती थी।

पाइथिया : बचपन में तुम बहुत शान्त थीं।

क्रेउसा : उसके बाद माँ की मृत्यु हो गई। मैं बड़ी हुई। किन्तु—

पाइथिया : क्या, बताओ—

क्रेउसा : जिस दिन मैं रजस्वला हुई, उस दिन एक अद्भुत घटना घटी।

पाइथिया : क्या घटा रानी क्रेउसा?

क्रेउसा : मेरे रजस्वला होने का उत्सव डेल्फी के मन्दिर में हुआ था। अनुष्ठान हो जाने के पश्चात् मैं महल में नहीं लौटी। राजा एरेथथियास, मेरे पिता सबको लेकर इसी महल में लौट आए। मैं तो मन्दिर में ही पड़ी रह गई, किसी ने ध्यान न दिया।

पाइथिया : *(हँसती है)* उसके बाद?

क्रेउसा : मैं उस मन्दिर में ही इधर-उधर घूमती रही थी। सन्ध्या हो गई थी। तुम लोगों में से किसी को भी नहीं देख पाई। घूमते-घूमते मैं देव अपोल्लन की मूर्ति के निकट चली गई। मन्दिर के दरवाजे के बाहर से आ रहे चाँद के प्रकाश में ओलम्पिया के देवताओं में सबसे सुन्दर इस देवता को देखना सर्वाधिक अपूर्व लग रहा था। सिर पर लॉरेल के पत्तों का मुकुट दो

हाथों में धनुष और वीणा—और वह सुडौल नग्न देह, उसे देखकर मेरी देह न जाने कैसी कर रही थी।

पाइथिया : लोग कहते हैं देव अपोल्लन चिरयुवा, चिर सुन्दर हैं। ग्रीक शिल्प कला के जनक हैं मेरे देवता अपोल्लन।

क्रेउसा : वह सन्ध्या मेरे जीवन में उसके बाद सबसे अधिक महत्त्वपूर्ण हो उठी। जानती हो पाइथिया, मैं जब सन्ध्या के उस मायावी चाँद के प्रकाश में देव अपोल्लन की मूर्ति के सामने खड़ी हूँ, चारों ओर से हठात् ओक पत्ते की सनसन आवाज सुन पाई। उड़ान भरते कबूतर सारे हठात् जैसे अपने पंखों से झपटने की सी हरकत करने लगे।...और उसके बाद... *(रुकती है)*

पाइथिया : तुमने किसी की आवाज सुनी यही न?

क्रेउसा : देव वाणी पाइथिया, देव वाणी। यह देखो, मेरे शरीर के रोंगटे खड़े हो रहे हैं। इतने पहले की बात है फिर भी मुझे स्पष्ट रूप से याद है।

पाइथिया : क्या सुन पाईं रानी क्रेउसा?

क्रेउसा : मुझे एक मंत्र बताया गया। कहा गया कि उस मंत्र का मैं उच्चारण करूँ। मैं सम्मोहित सी वह मंत्र उच्चारित करने लगी, पाइथिया।

पाइथिया : उसके बाद?

क्रेउसा : *(फुसफुसाकर बोलती है)* उसके बाद उस मंत्र का उच्चारण शेष होने पर ही देव अपोल्लन की उस मूर्ति से निकलकर एक जन नग्न तरुण मेरे सामने आ खड़ा हुआ। इतना सुन्दर सुदर्शन तरुण मैंने पहले कभी भी नहीं देखा था पाइथिया। भविष्य में भी मैं शायद और कभी नहीं देखूँगी। *(रुकती है)* उसने आकर मुझसे कातर कंठ से मेरे दोनों हाथ पकड़कर प्रेम प्रस्ताव प्रकट किया। वह मधुर स्वर भावमय आँखें, वह आर्त प्रस्ताव—मैं सम्मोहित हो गई पाइथिया। और उसके बाद—

पाइथिया : *(धीरे से)* अपोल्लन! देव अपोल्लन!

क्रेउसा : किस प्रकार उस दिन महल में लौटी थी आज बढ़िया से याद नहीं। सम्भवत: देर रात में पिता अपने मंत्रियों को लेकर मन्दिर में मुझे ढूँढ़ने आए थे। मैं शायद मन्दिर के मेहराब के सहारे टिक कर शान्त बैठी थी। मेरी आँखें निष्पलक, अचल थीं।

पाइथिया : उसके बाद?

क्रेउसा : एथेंस लौटने के कुछ दिनों पश्चात् समझ पाई कि मैं गर्भवती हो गई हूँ। किसी को पता नहीं लगने दिया। मैं अकेले ही महल में अपने घर में रहती थी। कोई समझ भी न सका। जब प्रसव काल आया, छुपकर शहर के बाहर अकेले ऊँचे एक पर्वत के ऊपर एक गुहा में गई। उसी अन्धकार गुहा में जब घुसने जा रही थी, गुहा के मुँह पर देखा...

पाइथिया : *(हँसती है)* मुझे?

क्रेउसा : पाइथिया! तुमने कैसे जाना कि मैं उसी दिन वहाँ जाऊँगी?

पाइथिया : देव अपोल्लन ने मुझे उसी दिन तुम्हारे पास भेजा था।

क्रेउसा : अपोल्लन? मेरे उस रात डेल्फी के मन्दिर से चले आने के बाद किसी एक दिन भी मेरी खोज-खबर उन्होंने नहीं ली पाइथिया। मेरा क्या हुआ, मैं अपने प्रसव को समाज से कैसे छुपाऊँगी, इस बारे में उन्हें कोई चिन्ता नहीं थी। गर्भवती होने के बाद कितनी बार कै किया, कितनी बार सिर चकराया मेरा, कला के देवता को इससे कोई अन्तर नहीं पड़ता। मैंने इसके बाद ही जान लिया था कि देवता भी एकदम मनुष्यों की ही तरह हैं।

पाइथिया : किन्तु ऐसा तो नहीं। तब देव अपोल्लन मुझे उस दिन तुम्हारे पास नहीं भेजते। तुम्हें जब मैंने पर्वत के ऊपर उस गुहा-मुख पर जाकर दोनों हाथों से पकड़ा, तुम्हारा गला सूख गया था, तुम्हारा पूरा शरीर थरथर काँप रहा था, शरीर में जैसे तनिक भी शक्ति नहीं बची थी...

क्रेउसा : मुझे लग रहा था, मैं मर ही जाऊँगी। उस दिन गुहा के अन्दर तुमने मेरे उस बच्चे की नाड़ी काटी थी पाइथिया। मैं तब काँप रही थी, मेरी आवाज नहीं निकल पा रही थी...आह!

पाइथिया : नया जन्म...नया प्राण...पृथ्वी पर नई सम्भावना।

क्रेउसा : मैं तो उसके बाद एथेंस के महल में चली आई। तुम भी एक टोकरी में भरकर मेरे उस अवैध संतान को लेकर चली गईं। तुम्हारे साथ उसके बाद केवल एक बार ही मेरी मुलाकात हुई थी पाइथिया।

पाइथिया : देवी दिमेतार के कृषि उत्सव में। मौसम की पहली फसल के व्यवहार के अवसर पर वह उत्सव था। गाँव की लड़कियाँ नाच रही थीं। तुम एम्फिथिएटर के काठ की

वेदी पर बैठकर वह नाच देख रही थीं। मैं तुम्हारे निकट जाकर चुपचाप बैठ गई।

क्रेउसा : मैंने तुम्हें देखते ही अधीर स्वर में प्रश्न किया था, मेरी संतान कैसी है पाइथिया! तुमने कहा, तुम नहीं जानतीं। *(पाइथिया चुप रहती है)* क्यों कहा था उस दिन वह बात? सच में ही नहीं जानती थीं तुम पाइथिया?

पाइथिया : सच में ही नहीं जानती थी। उसी दिन सन्ध्या के समय मन्दिर लौटने के बाद तुम्हारे बच्चे को मेरे हाथ से छीन लिया था पुरोहित एज़ीउस ने।

क्रेउसा : देव अपोल्लन के पहले पुरोहित एज़ीउस!

पाइथिया : और उसी दिन ही एज़ीउस ने मुझे बताया कि मेरा काम उस मन्दिर में शेष हो गया है। मैं उसी दिन ही एथेंस से कलोफन के पास देव अपोल्लन के क्लेरस मन्दिर में चली गई। वहाँ उस दिन से ही मुझे कार्य का दायित्व सौंपा गया। मैं भी सुबह ही एथेंस से निकलकर कलोफन चली गई।

क्रेउसा : तब, मेरी वह संतान, वह कहाँ गई?

पाइथिया : आज एक चरवाहा बालक के माध्यम से पुरोहित एज़ीउस ने मुझे दो सन्देश भेजे।

क्रेउसा : क्या सन्देश है वह?

पाइथिया : पहली कि तुम विपत्ति में पड़ गई हो। देव अपोल्लन ने तुम्हारी रक्षा करने के लिए तुरन्त एथेंस जाने को कहा है।

क्रेउसा : *(तिक्त हँसी हँसती है)* देव अपोल्लन! मैं याद हूँ उन्हें? अच्छा है। और दूसरा सन्देश क्या है पाइथिया? *(पाइथिया चुप रहती है)* बोलो पाइथिया!

पाइथिया : मैं इतने दिन जानती थी तुम्हारी वह संतान मर गई है। मुझे पुजारिन डफनिस ने एक बार इसी प्रकार का संकेत दिया था। किन्तु वह मरा नहीं है रानी—

क्रेउसा : तब, तब वह कहाँ है अभी?

पाइथिया : वह जीवित है। और वह उसी एथेंस के मन्दिर में ही बड़ा हुआ है।

क्रेउसा : क्या?

पाइथिया : हाँ जी रानी। और उसका नाम आउन है।

क्रेउसा : क्या?

पाइथिया : जिसे लेकर इतना तर्क, इतना वितर्क, जिसकी तुमने हत्या करनी चाही थी रानी। वही आउन, वही तुम्हारी संतान है।

क्रेउसा : आउन! *(रो पड़ीं क्रेउसा। उसके बाद शान्त होती हैं)* इसीलिए उसके चेहरे से उस दिन संध्या के समय मन्दिर में दिखे सुन्दर तरुण में इतना साम्य था। मुझे उसे देखकर ही अच्छा लगा था। किन्तु उसके बाद ही उस दिन की सन्ध्या की बात याद आ गई, याद आई देव अपोल्लन की उसके बाद की उस निष्ठुर उदासीनता की बात। मुझे एक बार भी उनका याद न करने की बात—तुम जानती हो पाइथिया। उस दिन हाँफते-हाँफते उस ऊँचे पहाड़ के मुख गुहा से लौट आने के बाद मैं फिर किसी दिन डेल्फी के मन्दिर में नहीं गई। मुझे लगा था कि देवता यदि मनुष्यों के प्रति इतने निष्ठुर हो सकते हैं तो मनुष्य भी क्यों न देवता के प्रति उदासीन हो? मैं उसके बाद से ही देव वोरियस की ही खाली पूजा करती हूँ।

पाइथिया : किन्तु देव अपोल्लन ने तुम्हें नहीं भुलाया। तुम्हारे पुत्र आउन को उन्होंने बड़ा किया है, उसके बाद एक संयोग से आकस्मिक रूप से फिर तुम्हारे संग तुम्हारी संतान को मिला दिया है। तुम जो देव अपोल्लन की पूजा अब नहीं करतीं, उसकी भी सजा उन्होंने तुम्हें मृत्यु के निकट पहुँचाकर दी है।

क्रेउसा : हाय रे नियति! मेरा जो कष्ट है, वही यथेष्ट है। मैंने भी सत्य जाना। मुझे पुरानी घटना याद आ गई फिर, आह!, कितनी हतभागी हूँ मैं, हम सभी। अपने ही आत्मजों की हत्या करने के लिए हम सर्वदा तत्पर रहते हैं। धर्म के नाम पर, राजधर्म के नाम पर। क्षमता के नाम पर हम वास्तव में निष्ठुरों की तरह अपने ही आत्मजों के प्रति षड्यंत्र करते रहते हैं। गोर्गोन का विष मिलाकर अपने परिजनों के शरीर में डालकर वास्तव में अपने भीतर के ईश्वर की जघन्य हत्या करते हैं। प्रतिदिन। प्रतिपल। प्रतिक्षण।

पाइथिया : रानी, रानी क्रेउसा!

क्रेउसा : चलो। डेल्फी के मन्दिर चलो पाइथिया। आउन को ले आएँ। और सुनो, राजा जेथास को अभी कुछ न बताओ। उन्हें जो बोलना है मैं बाद में बोलूँगी। मेरे स्वामी बहुत अच्छे आदमी हैं। चलो पाइथिया, देव अपोल्लन के मन्दिर में चलो।

[पार्श्व ध्वनि सुनाई पड़ती है। दोनों साथ में नीचे के तल पर उतरती हैं। राजा जेथास सह सभी खड़े हैं। जेथास जाकर क्रेउसा का हाथ पकड़ते हैं, जिज्ञासु दृष्टि से देखते हैं। सम्भवत: कुछ जानना चाहते हैं। क्रेउसा चुप रहती हैं। अन्धकार होता है। तीन नियति कन्याओं को फिर देखा जाता है। वे अपने हाथ के चरखों को चलाए जा रही हैं। वे हँसती हैं, कोई बात नहीं कहतीं। प्रकाश होता है। एथेंस में अपोल्लन के डेल्फी का मन्दिर आता है, साँझ बेला में आउन स्तुति-पाठ करते रहता है। मुँह पर घूँघट डाले क्रेउसा आती है।]

क्रेउसा : आउन, मेरे आउन।

आउन : *(देखता है, फिर बोलता है)*

पुण्य टाइटिस नदी के तीर पर, अपोल्लन की
वंदना में हूँ रत! आउन नाम जिसका,
अज्ञात कुलशील पुत्र अनामी गर्भ-जात
वही मैं—कहो, मेरी तुम कौन हो माता।

क्रेउसा : *(घूँघट हटाती है)* मैं रानी क्रेउसा हूँ आउन। तुम्हें लेने आई हूँ। चलो आउन, लौट आओ, चलो।

आउन : मैंने आप पर क्रोध नहीं किया है रानी। सच में ही तो मैं अज्ञात कुल हूँ। राजा जेथास ने चाहा था इसलिए मैं गया था। मुझे कोई लालच नहीं है रानी। इसीलिए मैं आपको देव अपोल्लन का स्मरण करके कहता हूँ—

"इस शान्त स्तब्ध क्षण में
अनंत आकाश को महसूस कर
जयहीन चेष्टा का संगीत, आशाहीन है
कर्म के उपाय—हार रहा हूँ शान्तिपूर्ण
शून्य परिणाम।"

आप चली जाएँ रानी। अपने महल में लौट जाइए। मैं मन्दिर का सामान्य पुजारी हूँ, मेरे लिए यह मन्दिर ही अच्छा है। आप चली जाइए। "मैं रहूँगा निष्फलों और हताशों के दल में।"

क्रेउसा : तुम्हें लौटकर आना ही होगा आउन। मुझसे नाराज मत होओ। मैं अभागी, मैं पापी हूँ; किन्तु मुझ पर क्रोध न करो।

मैंने भूल की थी। अन्याय किया था। किन्तु तुम लौट चलो। तुम्हारे नहीं जाने से वहाँ कुछ नहीं हो पाएगा।

आउन : किस अधिकार से वहाँ जाऊँगा रानी?

क्रेउसा : अधिकार? मेरे बेटे आउन
"विधाता का अधिकार ले इस जनरव में
आया था एकदिन—उसी अधिकार से
लौट आ सगौरव, आजा बिना विचारे
स्वयं के राजत्व में, स्वयं के सिंहासन पर
माता के अंक में लो अपना स्थान।"

आउन : सुनता हूँ स्वप्न समान
हे देवी, तुम्हारी रानी दूर करे अन्धकार
व्याप गई हैं सभी दिशाओं में लुप्त है चारों किनारा—
शब्दहीन है टाइटिस, आप क्या कहती हैं रानी।

क्रेउसा : हाँ बच्चा। तुम मेरी संतान हो। मेरे ही गर्भजात संतान। चलो पुत्र, अपने सिंहासन पर बैठोगे, कहो!

आउन : 'सिंहासन! जिसने लौटाया मातृ स्नेह पाश
उसे देती हो माता राज्य का आश्वासन।
सिंहासन नहीं माता क्रेउसा, सिंहासन के प्रति
मेरी आसक्ति नहीं, मैं इस मन्दिर में बड़ा हुआ हूँ।
यहाँ का शान्त परिवेश, घंटा-ध्वनि दूर से
पसरता आता पाखियों का कलरव, इनसे ही अच्छा
बीत जाता है मेरा।

[जेथास प्रवेश करते हैं।]

जेथास : ऐसा कहने से चलेगा आउन? तुम्हें एथेंस जाना होगा। देवी पैलास, एथेंस की अधिष्ठात्री देवी, वे तुम्हें चाहती हैं। कहा है, तुम्हीं होओगे एथेंस के परवर्ती राजा।

आउन : किन्तु आप लोगों की तो फिर संतान होगी राजा। वह आपकी अपनी संतान होगी। एथेंस का सिंहासन उसका ही प्राप्य है।

जेथास : जानता हूँ वत्स। देवी पैलास ने इसका भी विधान सुझाया है। मेरा जो पुत्र होगा उसका नाम डोरस होगा। डोरस को इस पृथ्वी पर आने में अभी भी देर है। डोरस के बड़े होने पर तुम्हारे चाहने पर वह सिंहासन पर बैठेगा। तुम्हारी वंशधारा

जो आएगी उनके नाम आउनिओन होगा और डोरस के वंशधरों का नाम डोरियान होगा।

क्रेउसा : अपोल्लन! देव अपोल्लन!

जेथास : चलो रानी क्रेउसा। हम सभी आज मिलकर देव अपोल्लन की पूजा करके एथेंस लौट जाएँ।

[वे जाकर देव अपोल्लन के सामने बैठते हैं। देव अपोल्लन की मूर्ति दीखती है, पार्श्व ध्वनि सुनाई पड़ती है। अन्धकार होता है। सामने तीन नियति कन्याएँ फिर आती हैं उनके हाथों में चरखा है।]

ल्याचेसिस : अतीत शान्त है।

क्लोदो : वर्तमान विक्षुब्ध।

एट्रोपस : भविष्य अन्धकारमय।

तीनों बहनें समवेत : तब भी उसके बीच मनुष्य चलता है।
देवता आते हैं।
देववाणी होती है।
हमारी माता नेमेसिस मुस्कुराती हैं।
मनुष्य विश्वास करते हैं।
मनुष्य संग्राम करते हैं।
मनुष्य हत्या करते हैं।
फिर मनुष्य ही जीवन देता है
जल देता है
आवास देता है।
सत्य चलता है, चलता है, चलता जाता है
उसी आदिम काल से।

[पार्श्व ध्वनि सुनाई पड़ती है। उसी लायर वाद्य को गायक के हाथ में देखा जाता है। वह गाना का प्रथमार्ध पकड़ता है। इसी बीच पर्दा गिराया जाता है।]

[कृतज्ञता : रॉबर्ट ग्रेव्हस, सफोक्लिस, रवींद्रनाथ ठाकुर।]

मीरज़ाफ़र

अनुवाद : *अंबर कुमार चौधरी*

पात्र

मीरज़ाफ़र
दुर्लभराय
खादिम हुसेन
गुलाम अली
मीर अली
जुबैर
कैदी
दो-एक जन
सभासद
चुन्नीलाल
मणिलाल
मीरन
वाट्स
उमिचाँद
नपुंसक
सारंगी वादक
वामन तबलची
जगत सेठ
महातप चंद
मीरकासिम
एक चित्र कलाकार (शिल्पी)
एक बेयरा
मेजर कोलाड
एक बाई जी (नर्तकी)
आरिफा
लुत्फुन्निसा

[प्रारम्भिक पार्श्व ध्वनि के बाद पर्दा उठता है। मुर्शिदाबाद में ज़ाफ़रगंज में नवाब मीरज़ाफ़र का खास दरबार। नवाब के तख़्त के पीछे गुम्बज और मेहराब रखा हुआ है। उसके पीछे खिड़की से आम का बाग दिखाई दे रहा है। वर्षा ऋतु होने के कारण आम फल नहीं है। बीच-बीच में कबूतरों की गुटर-गूँ-गुटर-गूँ सुनाई पड़ती रहती है। सभासदों में राय दुर्लभराम तथा दुर्लभराय, खादिम हुसैन, गुलाम अली, मीर अली मुख्य रूप से उपस्थित हैं। दो-एक जन सभासद और हैं। सामने एक कैदी उपस्थित है। उसकी कमर जंजीर से बँधी है। कैदी के निकट कैदखाना के प्रधान जुबैर खड़े हैं। पार्श्व ध्वनि थमते ही जुबैर घोषणा करता है।]

जुबैर : सूरह अल-मुल्क की दौलत मीरज़ाफ़र खाँ बहादुर मुहम्मद जंग हाजिर हो रहे हैं।

[तुरही बजती है। मंच के पीछे से मीरज़ाफ़र प्रवेश करते हैं। उनके शरीर पर एक लबादा है। चेहरे पर दाढ़ी है। मूँछ नहीं है। सिर पर ताज है।]

जुबैर : दरबार में तशरीफ रख रहे हैं बंगाल के नवाब नजफी मीरज़ाफ़र अली खान।

[मीरज़ाफ़र बैठते नहीं। खड़े रहते हैं।]

खुदाबन्द, यह वही कैदी है जिसे कदमशरीफ से पकड़ लाने का आदेश आपने दिया था।

मीरज़ाफ़र : *(लम्बी साँस छोड़ने के बाद बोलते हैं)* आसमान बादलों से ढका

हुआ है। आँधी आएगी। एक नदी को पार किया है। यह एक और नदी।

जुबैर : खुदाबन्द।

मीरज़ाफ़र : *(गले पर हाथ फेरते हुए)* आज सुबह से एक गुलाब के इत्र की बदबू मेरे इस नासिका रंध्रों में आ रही है—जुबैर। वह मेरी नाक में घुसकर असहनीय पीड़ा दे रही है। ये जख्मी हलक मेरे लिए क्रमश: असहनीय होता जा रहा है। *(सभासदों की ओर देखते हैं)* क्या दुर्लभराय, मेरे सिपहसालार वजीर अली, क्या मेरे साईस का वेतन इस महीने में दिया गया।

दुर्लभराय : नहीं जहाँपनाह। कुल चार महीने हुए हैं प्लासी का युद्ध समाप्त हुए। कोषागार की अवस्था अच्छी नहीं है। लगता है आने वाले महीने में ही सभी के वेतन दे पाऊँगा।

मीरज़ाफ़र : अच्छा। अच्छा। राज्य के राजकोष में अलीवर्दी खाँ की दौलत का समुद्र था। बदमिजाज सिराज ने उसे डुबाकर छोड़ा। मैंने भी तब ताकत के कुदरती गुरूर में बेपरवाह होकर खर्च किया और बहुत कुछ खो दिया। किन्तु अब यह तालाब मेरा है। खोखला और खाली ही सही पर यह मेरा है। क्या कह सकता हूँ खादिम हुसैन यह मेरे फुआद का एक टुकड़ा है।

खादिम : जरूर। ऐसा कहा भी जाता है कि "शब् को वो पीए शराब निकला, जाना ये कि आफ़ताब निकला।" सब अधिक उम्मीदवार आ रहे हैं मामा। उन लोगों को यह पता चला है कि उनका रिश्तेदार, खुद पसन्द मीरज़ाफ़र अली खाँ बंगाल के नवाब बन गए हैं, शायद इसीलिए वे लोग दूर-दूर से दरबार में आ रहे हैं। हर महीने में भीड़ बढ़ती ही जा रही है। सुबह तो मुलाकात करने वालों की भीड़ मोतीझील तक पहुँच जा रही है, समझे मामा।

मीरज़ाफ़र : मैं नहीं मिलूँगा। मैंने तो कह ही दिया है कि मुझसे मिलना इतना आसान नहीं है। उन्हें कह दे खादिम। देश सँभालना, बहुत कठिन कार्य है। खास दरबार का काम न करके ऐसे आम दरबार में बैठूँ, *(तो)* बंगाल की किस्मत दो दिन में ही बर्बाद होकर पूरी तरह राख हो जाएगी।

खादिम : बिलकुल मामू। बिलकुल।

मीरज़ाफ़र : आ। फिर वही बदबूदार इत्र की गंध। बाहर देखा अजस्र घोड़ों का दल और उनके साईस पंक्तिबद्ध रूप में खड़े हैं। उन घोड़ों की तैलीय गंध उनके साईसों की देह की गंध के साथ उसी बदबूदार

इत्र की गंध से मिलकर मेरे सिर को दर्द देते-देते अबकी फोड़ डालेंगे रे खादिम! आह! वह बदबूदार इत्र की गंध।

[कैदी की ओर नजर जाती है।]

यह कौन है जुबैर? यह क्या वही बुजदिल मुनाफेक है जिसके बारे में मैंने कल इसी दरबार में सुना था।

जुबैर : हाँ खुदाबन्द, यह वही बदतमीज, बदजात है, जो कदमशरीफ के बाहर दो पेड़ों के नीचे बैठकर आपके बारे में गलत बातें कर रहा था। हमारे लोगों को तभी खबर मिल गई थी। आज सुबह मेरे प्यादे उसे उठा लाए हैं।

मीरज़ाफ़र : वह मेरे बारे में क्या कह रहा था जुबैर? *(कैदी की ओर देखता है)* क्या भाईजान, क्या कहकर मेरे नाम से खुले में बुराई कर रहे थे तुम?

कैदी : *(डरते-डरते आगे आता है)* हजूर आप एक भले आदमी हैं।

मीरज़ाफ़र : *(चीत्कार कर उठता है)* जुबैर—आस्ताफेरूल्लाह—
(जुबैर ही कैदी की पीठ पर चाबुक मारता है। कैदी चीत्कार करता है। जुबैर के रुकने पर मीरज़ाफ़र शान्त भाव से कहते हैं) उसे बोल दो जुबैर—

जुबैर : *(कैदी से)* नालायक, नवाब मीरज़ाफ़र खाँ बहादुर महाबत जंग को कोई भी आम आदमी 'हुजूर' इन सब सम्बोधनों से नहीं बुला सकता। इसका अधिकार एकमात्र खुदाबन्द के निजी उमरावों और आत्मीय स्वजनों को ही है।

मीरज़ाफ़र : *(हँसते हैं)* इसके अलावा मैं तो अच्छा आदमी नहीं हूँ भाईजान। यह पूरे मुर्शिदाबाद का बच्चा-बच्चा जानता है, मैं एक बेलज्जत, बेईमान हूँ, बहुत बड़ा नमकहराम हूँ। सभी मुझे यही कहते हैं।

जुबैर : खुदाबन्द को यदि सम्बोधन करना ही हो तब एक जिम्मेदार प्रजा को 'जन्नत का फरिश्ता' या 'बहिश्त का मुकद्दस' कहकर बुलाना होगा। कान में गई बात, नालायक?

[धीरे से शान्त होकर एकटक! मीरज़ाफ़र गुलाम अली की ओर देखते हैं।]

मीरज़ाफ़र : इन लोगों की अहमकता मुझे तकलीफ देती है। गुलाम अली! इन लोगों की जाहिलाना मुखालफत मुझे चकित कर देती है। सभी जानते हैं कि प्लासी के युद्ध के चार दिन बाद जब मैं बंगाल की गद्दी पर बैठा, उसी दिन छुपकर भागते हुए सिराजुद्दौला पकड़ा गया था; और उसके तीन दिन बाद ज़ाफ़रगंज कैदी

खाने में मेरे बेटे मीरन का भरोसेमंद मोहम्मदी बेग ने सिराज का सिर लाठी से मारकर फोड़ दिया था। उसके बाद उसका गला काटकर उसके शरीर से अलग कर दिया था और उसी दिन ही सिराज की चौबीस वर्षीय मृतदेह को हाथी के हौदे में रखकर मैंने अर्थात चौसठ वर्षीय वृद्ध ने तमाम मुर्शिदाबाद को बता दिया था कि जंग समाप्त हो गई। पुराना शासन ख़त्म हो गया है। अब नया जमाना है। नया शासन आ गया है भाई। नया कानून। हाथी के हौदे में सिराज के उन टुकड़े-टुकड़े अंगों को देखने के बाद भी यदि ये बेवकूफ न समझें तब मेरी बदकिस्मती है।
(अपने मन में कहता है) "मौसम-यह-फिर हो सुरह भी हो! गुल हो गुलशन हो और तू भी हो।" खादिम?

खादिम : मामू।

मीरज़ाफ़र : दो दिन पहले कदमशरीफ के बाहर युगल पेड़ के नीचे बैठकर यह क्या बुराई कर रहा था मेरे नाम से?

खादिम : क्या जुबैर बताओ, क्या कह रहा था, यह?

[जुबैर चुप रहता है।]

मीरज़ाफ़र : शरमाओ मत जुबैर। बताओ।

जुबैर : वह पहले के जमाने से अब के जमाने की तुलना कर रहा था खुदाबन्द।

[मीरज़ाफ़र हँसते हैं।]

मीरज़ाफ़र : समझ गया। वे बेवकूफ। वे क्या सोचते हैं? क्या सोचते हो भाईजान तुम? क्या सोचते हो? खासबाग के उसके नाना के बगल की कब्र से उठकर फिर देश चलाने आएगी उस बदचलन नाकाबिल सिराज की रूह? वही सोचा? वह विक्षिप्त चित्त कि रूह भटक रही है लेकिन अब इस नए जमाने में और नहीं भटकेगी मीर अली। उन्हें और कितनी बार समझाऊँ? जुबैर—

जुबैर : जहाँपनाह—

मीरज़ाफ़र : इस कमबख़्त की गर्दन काटकर कदमशरीफ के बाहर उन्हीं युगल पेड़ों में से एक पर लटका आओ, बुलाओ किसी को।

जुबैर : खुदाबन्द। उसकी गर्दन लेनी हो तो मुझे ही लेनी होगी। और कोई नहीं है।

मीरज़ाफ़र : क्यों?

जुबैर : सरकारी सिपाहियों में से कोई काम करना नहीं चाहता है। जहाँपनाह। उनको तीन महीने से कोई तनख्वाह नहीं मिली है।

मीरज़ाफ़र : तब तुम्हीं जाओ। अभी इस मूर्ख की गर्दन लो।

जुबैर : जो हुकुम खुदाबन्द।

[जुबैर ही कैदी को खींचते हुए ले जाता है। कैदी चीत्कार करता है। उनके चले जाने पर मीरज़ाफ़र कहते है।]

मीरज़ाफ़र : दुर्लभराय?

दुर्लभराय : नवाब?

मीरज़ाफ़र : सिपाहियों को समझाओ वेतन उनको मिलेगा ही। गतमाह मेरा गोरा बेटा क्लाइव कुल सोलह लाख पचपन हजार स्वर्ण मुद्राएँ और एक करोड़ उनसठ लाख सत्तानबे चाँदी की मुद्राएँ ले गया। तुम्हीं ने तो पूरे माल का हिसाब कर खच्चर की पीठ पर लादा था। उन लोगों ने सब बाँधकर और सँभालकर गंगा किनारे ले गए।

दुर्लभराय : नवाब। कुल सात सौ सन्दूकें हुई थीं। वे नाव पर लेकर कलकत्ता चले गए।

मीरज़ाफ़र : सो तो गया। इसके बाद तुमने उन लोगों से अपना हिस्सा पाया तो था दुर्लभराय?

दुर्लभराय : छी छी छी। यह सब क्या बोल रहे हैं नवाब? उस धन में मेरा हिस्सा रहेगा? नहीं-नहीं, ऐसा आप मन में भी न सोचें। लेकिन तब—

जुबैर : फिर क्या?

दुर्लभराय : क्लाइव तो थोड़ी ही देर में दरबार में आएँगे। तब उन्हीं से सुन लीजिएगा।

मीरज़ाफ़र : मेरा गोरा बेटा मुझसे क्या बोल पाएगा इसका एक अन्दाज तो दो वजीर अली।

दुर्लभराय : *(पॉकेट से एक तालिका निकालता है)* नहीं, कल रात उन्होंने बताया था। वादे के अनुसार अभी भी पाँच लाख चैरासी हजार नौ सौ पाँच रुपए आप से उनकी कम्पनी पाएगी।

मीरज़ाफ़र : जानता हूँ। मुझे याद है। आप लोगों की तरह मेरी भी याददाश्त अच्छी है। मेरा गोरा बेटा आज कब कलकत्ता की नाव पकड़ेगा दुर्लभराय?

दुर्लभराय : क्लाइव मोतीझील के राजभवन में सम्भवत: निवृत्त हो रहे हैं। कहा है जाने से पहले आपसे मुलाकात करके जाएँगे।

मीरज़ाफ़र : मेरा बेटा मीरन उन लोगों के साथ है तो? उन लोगों को कोई तकलीफ तो नहीं हो रही?

दुर्लभराय : नहीं, खुदाबन्द। क्लाइव और वाट्स कल से बड़े आराम से हैं।

मीरज़ाफ़र : अच्छा। अब थोड़ा अच्छा लग रहा है। वह गंदी बदबू भी नाक में कम आ रही है। उफ़ बहुत देर तक दरबार हुआ। इतना काम करने पर शरीर को कष्ट होता है। गुलाम अली, मीर अली—

गुलाम/मीर : खुदाबन्द?

मीरज़ाफ़र : अब थोड़ी मजलिस जमे। क्यों?

गुलाम/मीर : हो जमे नवाब। हो!

खादिम : *(बाकी लोगों से)* ऐ, तुम लोग जाओ। अब आराम का समय है। इतना काम करने पर नवाब का शरीर दर्द करेगा। फिर शाम में दरबार लगेगा। जाओ। *(बाकी सभी चले जाते हैं। खादिम गुलाम अली-मीर अली रहते हैं)* मामू! ब्रांडी मँगाऊँ?

मीरज़ाफ़र : नहीं, मैं आजकल शराब नहीं पी रहा। खाना हो तो थोड़ी भाँग खा सकता हूँ। भाँग तो शराब नहीं है। वह बदतमीज सिराज भी सम्भवतः शराब नहीं पीता था। इसके अलावा कुरान में भी मनाही है। ऐ, बाई को बुलाओ। खादिम, तुम लोग चाहो तो ब्रांडी पीओ न! समझे दुर्लभराय, रमजान के बाद माह में कुरान हाथ में लेकर सिराज से मिथ्या बातें कही थी पलासी-युद्ध के दिन दोपहर में। तुम तो थे वहाँ। जो भी हो, उसके बाद से मेरा ज़मीर बहुत बेचैन रहता है। आजकल अल्लारसूल के सारे इरशाद मानकर चलने की चेष्टा करता हूँ। इसीलिए अब शराब नहीं छूता। अरे बाइयों का दल कहाँ रह गया? इन लोगों ने भी तनख्वाह के अभाव में हड़ताल कर दिया है क्या?

दुर्लभराय : मैं तब थोड़ा घर जाऊँ खुदाबन्द? शाम को फिर आऊँगा।

मीरज़ाफ़र : जानता हूँ बाबा। चूँचुड़ा के हिन्दू कायस्थ-घर के बेटे हो तुम। मेरे साथ बैठकर तुम मौज क्यों मनाओगे? लेकिन तब क्या जानते हो दुर्लभराय, तुम्हारे पिता जानकीराम मेरे मालिक अलीवर्दी खाँ के संग हर वक्त लिपटे रहते थे। *(हाथ से ताली बजाता है)* चुन्नीलाल, मणिलाल।

[चुन्नीलाल और मणिलाल प्रवेश करते हैं। उनके दो हाथों में दो सीक है! मध्य में एक झुलसाया हुआ बछड़ा है।]

यह देखो दुर्लभराय, चुन्नीलाल, मणिलाल हिन्दू होकर भी मेरे साथ बैठकर ब्रांडी पीते हैं। गोमांस खाते हैं। स्फूर्ति के साथ। जानता

हूँ, जानता हूँ, तुम लोगों के इस मुर्शिदाबाद नगर के अभिजात मुसलमान मुझसे सभी घृणा करते हैं, कारण, मैं सख्त गोमांस तेल में तलकर खाता हूँ। दस वर्ष पहले भी मैं एक महफिल में पूरी गाय खा लेता था समझे। आजकल नहीं खा पाता क्यों चुन्नीलाल, मणिलाल?

चुन्नीलाल : नहीं खुदाबन्द। आजकल आप नहीं खा पाते।

मणिलाल : आपकी उम्र ज्यादा हो गई है नवाब।

[मीरज़ाफ़र, चुन्नीलाल, मणिलाल एक साथ हँसते हैं। खादिम हुसैन आदि भी हँसते रहते हैं।]

दुर्लभराय : नहीं नवाब। मैं अब जाता हूँ। शाम को आऊँगा।

मीरज़ाफ़र : समझा। तुम हिन्दू घर के लड़के हो! साहबों के साथ बैठकर मदिरा मांस खाने पर तुम्हारी जात नहीं जाती, मुसलमान के साथ खाने पर जाति चली जाती है। अच्छा आओ।

[एक बाई आती है। दुर्लभराम चला जाता है। मीरज़ाफ़र ने खाना प्रारम्भ किया। बाई बिना सुर-ताल के ही घूम-घूम कर नाचती है। कुछ देर तक खाना, गल्प, किस्से चलते हैं। बातों की आवाज, हँसी की आवाज सब पसरती रहती है! पार्श्व ध्वनि आती है कुछ बाद में। मीरन घर में प्रवेश करता है। पार्श्व ध्वनि थमती है।]

खादिम : अरे भगिने! मामू, मेरा भगिना आया है। मीरन, आओ भगिने मीरन।

मीरन : *(बाकी लोगों की ओर नहीं देखता। मीरज़ाफ़र से दबी आवाज में कहता है)* खुदाबन्द! क्लाइव आ रहे हैं। साथ में उनका वही चेला वाट्स है। नाव पर बैठने से पहले एक बार आपसे मुलाकात करना चाहते हैं। होशियार रहें नवाब!

खादिम : उफ़ भगिने। खाली ढाका जा-जा कर बातों में आजकल इतना बंगाली टोन है तुम्हारी—

मीरन : एकदम चुप गूँगे रहो विष के भतीजे विष खादिम हुसैन के बच्चे! नवाबजादे के निकट ठीक रहके बातें करो। नहीं तो तुम्हारे जैसे मन्दबुद्धि की पीठ पर एक लात मारकर अभी हीराझील के दूसरे किनारे भेज दूँगा।

खादिम : अरे, नाराज क्यों हो रहे हो, क्या अचरज है!

[बातें खत्म नहीं होतीं। क्लाइव और वाट्स प्रवेश करते हैं। मीरन उन्हें देखकर हाथ रगड़ता रहता है।]

क्लाइव : माइ फादर मीरज़ाफ़र! हाऊ आर यू? वी आर गोइंग बैक टुडे इन कैलकेटा। जाने से पहले सोचा अपने अब्बाजान से मुलाकात करके जाना! सलाम वालेकुम अब्बाजान।

[मीरज़ाफ़र को कसकर पकड़ लेता है।]

मीरज़ाफ़र : वालेकुम सलाम। मेरे बेटे। मेरे गोरे बेटे क्लाइव! सब ठीक है तो बेटा? मीरन बेटा, अपने बड़े भाई की खबर लेते तो हो रोज! बोलो बेटा।

मीरन : हाँ खुदाबन्द। क्लाइव साहब अभी एकदम ठीक हैं। कल से मोतीझील में कबूतर उड़ाना देख रहे हैं। गुलाबनाग में विशेष सेहरी खा रहे हैं। सबसे बढ़िया और दामी सेहरी खिला रहा हूँ क्लाइव साहेब को, साथ में कबूतर का कबाब देता हूँ। क्या, ऐसा ही है न मालिक?

क्लाइव : हाँ, वो सब ठीक था। नो डाउट! मीरन इज ऐन वंडरफुल होस्ट। लेकिन—

मीरन : लेकिन? फिर लेकिन क्या बताएँ मालिक? नवाब से मेरी और शिकायत न करें। केवल आपकी खिदमतगिरी करूँगा बोलकर गत सप्ताह एक गुच्छ काम छोड़कर ढाका से मुर्शिदाबाद दौड़ रहा हूँ।

क्लाइव : अरे तुम्हारे नाम क्यों कम्पलेन करूँगा मीरन? यू आर लाइक माइ ओन ब्रदर। बहुत फुर्ती दिखाई है हमने। लेकिन—

मीरन : क्या लेकिन?

क्लाइव : *(क्लाइव वाट्स को इंगित करता है)* व्हाट्स यू से?

[मीरज़ाफ़र और मीरन वाट्स की ओर देखते हैं।]

वाट्स : *(रूखाई से, कड़क आवाज में)* ना मीरज़ाफ़र—असली काम का विषय एकदम ठीक नहीं है! जितने रुपए का वचन आपने चार माह पहले दिया था, उसमें से पूरा इस बार भी नहीं पाया। दुर्लभराम से कल रात में महफिल के बाद हमने वह कहा भी

था। किन्तु प्रधानमंत्री होकर भी वे कोई पक्की बात नहीं कह पाए कि वह बाकी रुपया हमें दे पाएँगे या नहीं।

[मीरज़ाफ़र खाने पर मन लगाए हैं।]

क्लाइव : इसके अलावा अब्बाजान आपने कहा था बर्द्धमान और नदिया के रेवेन्यू का पूरा पैसा आप कम्पनी को दे देंगे। वर्ष में प्राय: चालीस लाख रुपए कम्पनी की आय होती। आपके बर्द्धमान की अनुमति का कागज पाया है। किन्तु नदिया का परमीशन यदि दे देते अब्बाजान, तो आपके इस गोरे बेटे का कम्पनी के सामने मुँह बच जाता। और वहीं सोराटा—बोलो वाट्स।

[मीरज़ाफ़र खाए जा रहे हैं।]

वाट्स : वो जानते हैं। तब भी कहता हूँ। इसी के साथ बिहार के शोरे कर व्यवसाय कम्पनी को करने दें मिस्टर मीरज़ाफ़र। बंगाल में वह बिहार के शोरे की क्वालिटी सबसे बढ़िया है। शेष जितने बंगाल-बिहार से शोरा खरीदते हैं, हम लोग उनसे अधिक टैक्स आपको देंगे?

मीरन : अब शोरे का व्यवसाय भी चाहने लगे—क्या मुश्किल है।

क्लाइव : अब्बाजान, आप जो सोच रहे हैं वह नहीं होगा। इसके बाद हम लोग ही सिर्फ अकेले व्यवसाय करेंगे, देशी व्यवसायी वंचित रह जाएँगे। ऐसा नहीं होगा। रेशमी कपास के समय भी आपको इसी प्रकार का डर लगा था किन्तु देखा तो है, आपके परमीशन देने पर मालदा, ढाका, रंगपुर, वीरभूम जितने कपास की रुई प्रोडक्ट होती सारी हम विलायत भेज दे पा रहे हैं। लंदन शहर अब एक-एक तोला रेशम से भर गया है, अब्बाजान।

मीरन : और हमारे बंगाल के तांती लोग भूखे मर रहे हैं। यही न मालिक?

क्लाइव : भूल कर रहे हो मीरन, वे तांती नहीं हैं। तांतियों को हमारी कम्पनी नगद मूल्य देती है। शायद दाम कम देती है पर देती तो है। हाँ, अवस्था कुछ खराब हुई है मध्यस्थी की। जो तांतियों से थोक भाव से खरीद लेते हैं। ऐनी वे, अब्बाजान बिहार के शोरे का एक चोटिया परमीशन क्या हम लोग पाएँगे?

मीरन : उसके बारे में थोड़ा विचार करने का नवाब को समय दें मालिक।

[मीरज़ाफ़र खाए जा रहे हैं। क्लाइव सुर बदलते हैं।]

क्लाइव : अब्बाजान आई एम सो सॉरी। किन्तु मैं कहने को बाध्य हो रहा हूँ कि अंग्रेजों पर आपका डिपेंडेंस धीरे-धीरे कम होता जा रहा है। जब भी अयोध्या के नवाब सुजाउद्दौला का बंगाल पर आक्रमण की बात होती है तब आप अंग्रेजों से सहायता लेने की बात सोचते हैं। और अन्य समय में अंग्रेजों को उपद्रवी मानते हैं। याद रखिए अब्बाजान, हम वही लोग हैं जिन्होंने मात्र चार माह पहले प्लासी का युद्ध जीतकर आपको गद्दी पर बैठाया था एवं आपके जीवन की रक्षा की थी। तब इतना कह सकता हूँ अब्बाजान, आपकी विपत्ति में और कोई अंग्रेज भले न रहे आजीवन मैं जरूर रहूँगा। वाट्स बोलो न! तुम चुप क्यों हो?

वाट्स : मिस्टर मीरज़ाफ़र—मेरे मित्र एडमिरल क्लाइव ने बहुत मीठे लहजे में बातें कीं। किन्तु मैं इतना मीठा व्यक्ति नहीं। भूल नहीं जाइएगा मैं ही वह व्यक्ति हूँ जिसने नारी के छद्म वेश में आपके महल में जाकर आपसे दस्तखत करवाया था कि, सिराज को हटाने के बाद गद्दी आप पाएँगे और हम लोग वचनानुसार इसका मूल्य पाएँगे। आपने गद्दी पाई, अब यदि हम अपना प्राप्य उधार नहीं पाते हैं तो इस दशा में हमें कम्पनी काउंसिल को बताना होगा।

क्लाइव : अब्बाजान! आप अपनी सत्ता का भोग करें, हम लोगों को कोई आपत्ति नहीं। हम लोग यह गद्दी नहीं चाहते। हम बनिया कम्पनी व्यवसायी हैं। राजा, राजपाट, राजदंड यह सब हम लोग नहीं समझते। हम लोगों का प्राप्य मुनाफा हमें मिल जाने पर ही हम खुश हैं। इसके अलावा अब्बाजान आपको एक खुशी की खबर दूँ। मैं अब एडमिरल नहीं रहा। कम्पनी मुझे कलकत्ते का गवर्नर बनाने जा रही है! रोजर ड्रेक का हट जाना अब केवल कुछ समय की ही बात है। आपने युद्ध के बाद जो अठासी लाख रुपए ड्रेक को दिया था, वही लेकर वह सक्सेस में लौटकर आनन्द करे जिससे वो भी खुश होगा और हम लोग भी।

मीरन : क्या कहते है मालिक। कलकत्ते की कोठी में आप गवर्नर हो रहे हैं।

वाट्स : एकदम सही। फलतः आप लोगों को किसी भी विपत्ति से केवल मात्र हम लोग ही बचा सकते हैं। यदि लगता है कि वो केनिंग वाले फ्रांसीसी लोग आप लोगों को बचाएँगे तब यह आपकी भूल है। उन लोगों का वह एडमिरल जांल मन प्राण से सिराज का आदमी है। फ्रांसीसी लोग आप लोगों से घृणा करते हैं मीरज़ाफ़र। भूल न

जाइएगा सफेद चमड़ी वाले लोगों में एकमात्र फ्रांसीसी सिनफ्राई ने ही आप लोगों के विरुद्ध प्लासी में कमान चलाया था।

क्लाइव : हम लोग व्यवसायियों के अब्बाजान हैं। मुझे शीघ्र ही फिर मद्रास जाना पड़ेगा। उन्हीं फ्रांसीसियों का मुकाबला करने।

वाट्स : फ्रांसीसी बंगाल की गद्दी की चाहत कर सकते हैं, उन्होंने अफ्रीका के विभिन्न देशों में जाकर जो किया है उसे सारी दुनिया जानती है। किन्तु हम लोग तो गद्दी नहीं चाहते। हम सिविलियन हैं। कह सकते हैं वी आर इंटेलेक्चुअल आप राजत्व पाएँगे, और इंटेलेक्युअल्स कमीशन नहीं पाएँगे, ऐसा हो नहीं सकता मीरज़ाफ़र। फलतः—

क्लाइव : प्लासी के युद्ध में हम लोगों ने जिस प्रकार आप लोगों—

मीरज़ाफ़र : *(बाधा देता है)* बेटा! मेरे गोरे बेटे क्लाइव, बार-बार प्लासी के युद्ध की कथा न सुनाओ। वह युद्ध, अर्थात प्लासी का युद्ध जब हो रहा था तब तो तुम दोपहर में आम के बगीचे के बगल में प्लासी हाउस के बाग वाले घर में सो रहे थे बेटा।

[मीरन हँसता है। मुँह को हाथ से दबाकर।]

क्लाइव : नहीं, नहीं, अब्बाजान। मैं—

मीरज़ाफ़र : दोपहर तीन बजे मेरी गुप्त चिट्ठी लेकर जो व्यक्ति तुम्हारे पास प्लासी हाउस गया था उसने मुझे बताया था कि तुम बागान घर की खाट पर सो रहे थे बेटा।

क्लाइव : अब्बाजान, मैंने यह बात पहले भी कही थी उस दिन अर्थात गत तेईस जून सुबह ग्यारह बजे के बाद उस अचानक हुई बारिश में मेरी पोशाक पूरी भीग गई थी। मैं ड्रेस बदलने प्लासी हाउस में गया था। इसके अलावा थोड़ी भूख भी लगी थी। सुबह आठ बजे से युद्ध हो रहा था अब्बाजान। आई वाज सो टायर्ड। चिकेन रोस्ट चबाते-चबाते वेस्ट कोट जब चेंज कर रहा था अचानक ही बहुत तेज नींद आ गई। उसके बाद कब मेरी आँख लग गई पता ही नहीं चला। आपका आदमी भाग्यवश चिट्ठी लेकर उसी समय पहुँचा था। इसीलिए तो फिर युद्ध करने लौट आया।

मीरन : इसका अर्थ है, युद्ध जब हो रहा था, आप खाना-पीना करके सो रहे थे मालिक! हम लोगों के ढाका के सैनिक सुनकर हँसेंगे।

क्लाइव : मैंने तो बताया।

मीरन : कि मुर्गे को आराम करने के समय में चबा रहे थे हलाल किया था तो? युद्ध तो व्यर्थ की बात है। वैटल ऑफ प्लासी, यही न मालिक।

क्लाइव : डोंट टीज़ मीरन। यू ब्लडी श्लोपी इंडियन वामस्।

[सभी चुप हैं। चारों ओर सन्नाटा पसरा है।]

बैटल ऑफ प्लासी? किसलिए युद्ध? किसने युद्ध किया है मीरन? तुम्हारे अब्बाजान ने? मीरज़ाफ़र ने? सभी जानते हैं उन्होंने युद्ध नहीं किया। मैदान में जाकर खड़े थे। नवाब सिराजुद्दौला? अपने शिविर में पूरे समय बैठे थे। शाम चार बजे के समय हार रहे हैं जानकर मैदान से उठकर ऊँट पर सवार होकर मुर्शिदाबाद भाग गए थे। ऐय्यार लतीफ, दुर्लभराम मानिकचंद—किसी ने नहीं। किसी ने युद्ध नहीं किया। युद्ध किया था मात्र तीन लोगों ने। सेनापति मीरमदन, मोहनलाल और हम लोगों के किलपैट्रिक ने। वह भी दोपहर एक बजे मीरमदन के हम लोगों के द्वारा मार दिए जाने के बाद, फिर युद्ध नहीं हुआ। कश्मीरी मोहनलाल ने इसके बाद भी लड़ना चाहा था, तुम्हारे इसी अब्बाजान ने उस बेवकूफ सिराज को समझाया—अब सेनाएँ क्लांत हो *(थक)* गई हैं, रात में युद्ध करना ही अच्छा होगा। सिराज समझ नहीं पाया और मोहनलाल को युद्ध से वापस बुला लाया। उसके बाद स्वयं भाग गया। कौन युद्ध करेगा? क्यों करेगा? मैं करूँगा? नहीं, सॉरी नहीं करूँगा। मैं उस प्लासी हाउस के बाग-घर में रोस्ट खाकर सोऊँगा। नींद से उठकर रुई में मोड़कर नवाबी कोहेतूर आम खाऊँगा। वही किलपैट्रिक स्क्रैप्टन आदि हैं क्या करेंगे? वे लोग, मीरमदन जैसे लोग पानी-कीचड़ में सनकर युद्ध करेंगे। उसके बाद हम लोग युद्ध जीतेंगे। तुम्हारे अब्बाजान मीरज़ाफ़र गद्दी पर बैठेंगे। बैठेंगे, और मैं मेरी कम्पनी, हम लोगों का हिस्सा समझ लेंगे। *(रुकते हैं। उसके बाद हँसते हैं। मीरज़ाफ़र खाते ही जा रहे हैं। बाकी कोई नहीं। क्लाइव मीरन की पीठ थपथपाते हैं।)* यस माई ब्रदर मीरन दैट चिकेन वाज ऐबसोल्यूटली प्योर हलाल था। हलाल। मैं भी अपने अब्बाजान के साथ मिल कर प्राय: पाँच वक्त की नमाज पढ़नेवाला मुसलमान हो गया हूँ। चलता हूँ। कलकते की बड़ी नाव बहुत देर से कोठीघाट पर खड़ी है। *(मीरज़ाफ़र से)* अब्बाजान, मैंने कम उम्र में ही दो-दो

बार आत्महत्या का अटेम्प्ट किया था। अपने सिर को निशाने पर लेकर रिवॉल्वर फायर किया था। किन्तु आश्चर्यजनक रूप से कारतूस नहीं फटा *(गोली नहीं निकली)*। तब मैंने ईश्वर से कहा था, यह जो आपने मुझे बचाए रखा है इसका अर्थ भविष्य में कोई बड़ा काम मुझसे करवाना चाहते हैं। ऐतिहासिक चरित्र बना देना चाहते हैं और वही...*(रुकते हैं)* अब्बाजान मेरे और वाट्स के प्रस्तावों को याद रखिएगा। गवर्नर होने के बाद मैं फिर आऊँगा। उस समय समझकर रखें कि हजार कबूतर उड़ाये। तोपखाना से तोप दागी जाए। सुना है बुरूजाडांगा में अच्छी सेना है। उन्हें बुलाकर रखिएगा। मोतीझील के महल में उस चिलचिला देने वाली गर्मी की दोपहर में खसखस टाँग कर गुलाबखास—किसी रेशमा बाई की ओढ़नी और कंचुकी खोलना मुझे अत्यन्त प्रिय लगेगा अब्बाजान। किन्तु इतना कुछ हो जाने के बाद सेवा का हम लोगों का हिसाब कढ़े गंडे के रूप में समझ लूँगा अब्बाजान प्रोमिस। चलो वाट्स।

[क्लाइव और वाट्स निकल जाते हैं। पीछे-पीछे मीरन। मीरज़ाफ़र खाते ही जा रहे हैं। कुछ क्षणों बाद मीरन लौट आता है। वह आकर सब कुछ विखेर देता है। चीत्कार करता है। मीरज़ाफ़र असहाय भाव से उसे रोकते रहते हैं। किन्तु सफल नहीं हो पाते।]

मीरन चीत्कार करता है, " *(सुमुन्दिर)* समुद्रो बेटे, वेश्या के जने बेटे आकर नवाब का माथा ही खराब कर दे रहे हैं। कोई काम तो करता नहीं। इनकी मस्ती का कोई अन्त नहीं।" चुन्नीलाल मणिलाल को लात मारता है मीरन। वे लोग दौड़कर भागते हैं। खादिम हुसैन भी भागा जा रहा था। मीरन उसे रोकता है। हाथ से उसका गला दबाते हुए पकड़ लेता है।

मीरन : यह जो मामा का बच्चा, तू आकर केवल इस नवाब को खराब बुद्धि क्यों देता है! वह वेश्यापूत दुर्लभराम रोज दरबार में आकर बैठा रहता है। नवाब को समझाते क्यों नहीं—वो अलीवर्दी और सिराज, हिन्दुओं को साथ लेकर चलने के कारण डूब रहे थे। तुम जैसे दुष्टों का विश्वास हमारे नवाब करते क्यों हैं? हिन्दुओं का विश्वास करना और काले नाग का विश्वास करना एक समान है, वे यह क्यों नहीं समझाते कितनी सुबह से इस ज़ाफ़रागंज के

महल-सराय में आकर दरबार में पिछवाड़ा घिसते रहते हो, नवाब के कान में कुछ अच्छी बातें नहीं बोल सकते रंडी के बच्चे?

[खादिम को मारता रहता है। खादिम किसी प्रकार से हाथ छुड़ाकर भागता है। मीरज़ाफ़र असहाय भाव से बोलते हैं।]

मीरज़ाफ़र : मीरन बेटा! मैं तो काम कर रहा हूँ बेटा। मेरे सारे मनसूब तैयार हैं। आगे जुलकाद महीने के पहले यूमे-अल-जुम्मा के बाद ही मेरी निजाम है। आमललमा मैं पूरे बंगाल को दिखा दूँगा। तुम मेरे फौलादी प्रशासन का आधार हो बेटा मीरन। तुम्हारा साथ न पाने पर ला इलाही अल्लाहु मेरे काम क्या पूर्णत: बर्बाद करके छोड़ेंगे। तुम अपना यह गुस्सा बन्द करो बेटा। मेहरबानी करके बन्द करो।

[मीरन क्रोध से फुफकार रहा है।]

मीरन : काम कर रहे हो? नाश कर रहे हो। वह मालाउन दुर्लभराम रोज तुम्हें बेवकूफ बनाता है। तुम कुछ नहीं समझते। उस गोरों के बच्चे क्लाइव को मालाउन दुर्लभराम की बहुत पूछ है। क्लाइव दूर छिपकर दुर्लभराम को अकेला बुलाता है जानते हो। कल रात में वे लोग मोतीझील के ऊपर के महल में बैठकर सलाह-मशविरा कर रहे थे। मेरे जासूसों ने रात में ही मुझे खबर दी थी। और वही दुर्लभराम सुबह होते ही इस ज़ाफ़रागंज के तुम्हारे दरबार में बैठकर मुर्गे की आवाज देते हैं। हरामी का बेटा।

मीरज़ाफ़र : अरे बेटा, दुर्लभराय मेरा प्रमुख सिपाही है। मेरा गुप्त सलाहकार है। इसके अलावे खजाने घर का सारा हिसाब उसके हाथ में है। उसे मैं कैसे भगाऊँगा? उफ़, कष्ट से गर्दन कटी जा रही है। वही डरावनी बदशक्ल बदबू। कल से बेचैन हूँ रे बेटा!

[मीरन मीरज़ाफ़र के निकट आता है।]

मीरन : अब्बाजान, अच्छी तरह से सुनो। दो माह पहले गुप्त रूप से मैंने एक मृत्यु तालिका बनाई है। पहली बार प्राय: पचास लोगों के नाम उस तालिका में हैं। इस बार ढाका जाकर पहले सिराज की माँ उस अमीना बेगम और मौसी वही घर्साटी बेगम को मैं गंगा के मध्य में डुबाऊँगा। इसके बाद सिराज के वो काले नाग के बच्चे भाई मिर्जा मेंहदी को। उसका भी खून मैं देखूँगा। उसके

बाद उस दुर्लभराम का। मक्कार साले को भी मैं नहीं छोड़ूँगा। उसके बाद तुम्हारे सभी चमचे का—

मीरज़ाफ़र : ओ रे खादिम को कुछ न कहना। उस पर रहम कर बेटा। वह मेरा सबसे वफ़ादार आदमी है। मेरी बहुत बड़ी उम्मीद है।

मीरन : कौन है तुम्हारा यह भांजा खादिम। उसकी बातें अब न कहो।

मीरज़ाफ़र : अरे, मेरा अपना आदमी है बेटा। उस पर तू इनायत *(दया)* कर।

मीरन : अपना आदमी। आपका भ्रम है। सभी जानते हैं दरबार खत्म हो जाने के बाद शाम को तुम अपने पीछे वाले छोटे घर में ले जाकर धीमे प्रकाश में खादिम आदि का च्च च्च करके चुम्मा लेते हो। कहने में मुझे शर्म आ रही है अब्बाजान। मुँह से खादिम तुम्हें मामू कहता है और तुम उसे लड़कियों की तरह देखते हो उसे गोद में बैठाकर मशका मारते हो। कहते हुए थू-थू शर्म आ रही है मुझे।

मीरज़ाफ़र : बेटा मीरन, तुम्हारी अम्माजान शां खानम अब बहुत बूढ़ी हो गई हैं, नामुराद न्यूजा। उससे मेरा यह न सँभालने वाला अन्धाधुंध प्रेमालाप तो मैं कर नहीं सकता बेटा। तुम इतने होशियार बेटे हो इतना भी नहीं समझते?

मीरन : जानता हूँ, जानता हूँ। अम्मीजान बूढ़ी हो गई हैं। उनसे तुम्हारा नहीं होगा। किन्तु तुम्हारी मणि बेगम? और बब्बू बेगम। अपनी जरूरत के लिए तो तुम उन दोनों के पास जा सकते हो। दोनों ही अभी तक चंगी हैं। जैसे लाख बगीचे का कच्चा-पका हेमसागर।

मीरज़ाफ़र : मणि बेगम को तुम भलीभाँति ही जानते हो बेटा। वे बहुत ही बदमिजाज मुख वाली हैं। उनके निकट जाने पर मुझे खुद को भाव रहित उदासी लगती है। वहाँ जाने पर मुझे अच्छा नहीं लगता बेटा।

मीरन : हाँ वो मणि महिला बहुत ही किचकिच करने वाली और झगड़ालू औरत है। किन्तु बब्बू बेगम?

मीरज़ाफ़र : ठीक। बब्बू बेगम। वह भी बदचलन वारबनिता के समान है। बब्बू की जुबान सुनते ही देह में आग लग जाती है, जिस्म की मेरी तमन्ना फट-फट कर बाहर निकलने को बेचैन हो जाती है। किन्तु अब मैं स्वयं भी तो बुझा हुआ चूल्हा हूँ बेटा, प्रायः बेजान मुर्दा। कान्ति ने मेरी जिन्दगी से पूर्ण विदाई बहुत पहले ही ले लिया है। और इसीलिए—

मीरन : क्या? चुप्पी क्यों मार लिया? कहो—

मीरज़ाफ़र : वह खादिम मेरा अच्छा दयावान साथी है। वह मेरा एक बड़ा आयुक्त *(कमिश्नर)* है रे बेटा मीरन। मेरी ओर से वह खादिम ही

बब्बू बेगम के साथ बिना खलल के सहवास करता है। मेरी बब्बू भी मेरे लिए करती है। बेटा। मुझे तब जैसे कि जन्नत की अपार्थिन मोसारात होता है उसे बोलकर तुम्हें नहीं समझा सकता बेटा।

मीरन : मुझे यह सब सुनकर दस्त आती है। अच्छा ठीक है, तुम्हारे शागिर्द उस मामू के बच्चे खादिम को मैं कुछ नहीं करूँगा, कुछ नहीं कहूँगा, तुम महफिल जैसे चलाते हो चलाओ। तब मेरे लिए एक काम तुम्हें भी करना होगा अब्बाजान।

मीरज़ाफ़र : क्या काम बेटा? तुम तो मेरे सितारे हो, मेरी शहादत हो। तुम्हारे कहने पर रहीम की रहमत से मैं तुम्हारे लिए आसमान का तारा तक लाकर दे सकता हूँ बेटा। बोलो, तुम्हारी इच्छा *(चाह)* क्या है? क्या है तुम्हारी माँग?

[मीरन हिचकिचाता है। इसके बाद कहता है।]

मीरन : उस लुत्फुन्निसा का क्या हो रहा है। सिराज की उस विधवा का। वो तो खुशबाग में सिराज की कब्र के बगल में ही एक झोंपड़ी बनाकर रहती है और प्रत्येक साँझ बेला में सिराज की वेदी पर चिराग जलाती है।

मीरज़ाफ़र : सुना है। बताते जाओ।

मीरन : देखने में वह औरत खासी सुन्दर है। तुम तो जानते हो पिछले सप्ताह मैं ढाका में था। अब तो मैं हर रोज माल-मूल नहीं खाता। तो दिन में काम निपटाकर साँझ की बेला में क्या करूँ? तो बख्शी बाजार में मेरे कुछ यार-दोस्त हैं। सभी ताँगेवाले हैं। उनके पास जाकर बैठता हूँ। ताश-जुआ खेलता हूँ। गप्पें मारी जाती हैं। फालूदा का शर्बत और कुलछे से मुर्ग कबाब खाता हूँ। तो मेरा एक गाड़ीवान शागिर्द, उसका नाम ताहिर है, उसने मेरे कान में यह फिक्र डाला।

मीरज़ाफ़र : क्या मशविरा? तुम्हारा मनसूबा बिना मुँह खोल के बोले कुछ समझ में नहीं आ रहा है बेटा।

मीरन : ताहिर ने ढाका में उड़ती हुई खबर पाई है कि सिराज की बेवा बीबी लुत्फुन्निसा देखने में आसमान से उतरी हूर लगती है। तो उसने मुझसे कहा—

[रुकता है।]

मीरज़ाफ़र : क्या कहा तुम्हारे गाड़ीवान दोस्त ने। अरे अपने अब्बू के आगे तुम्हें कैसी शर्म बेटा। बोलो।

[मीरन संकोच करता है। इसके बाद तुरन्त कहता है।]

मीरन : मैं उस बहारबानू लुत्फुन्निसा से शादी करना चाहता हूँ अब्बाजान। मेरी ओर से तुम उसे हुक्म दो अब्बाजान। तुम्हारी सम्मति के बिना उस जंगली पक्षी को अपने पिंजड़े में नहीं ला सकता अब्बाजान।

[मीरज़ाफ़र हँसते हैं।]

मीरज़ाफ़र : हूँह। समझा। ठीक है बेटा। तुम उस औरत को मंसूरगंज के राजमहल में इत्तला दो। आने वाले जुम्मे के दिन। मैं नफल की नमाज पढ़कर शाम के वक्त, उस भली लुत्फुन्निसा के पास जाऊँगा। अर्द्धचाँद की रोशनी से मेरी यह अधपकी दाढ़ी चकमक कर उठेगी। बंगाल के नवाब मीरज़ाफ़र खाँ बहादुर मोहबत जंग अपने बेटे के लिए उसकी नई दुल्हन की तलाश में जाएँगे। यही न लुत्फुन्निसा? नाजुक! नाजुक।

मीरन : अच्छा! मैं भी चलता हूँ। सिराज के उस चार वर्ष के भाई के कत्ल का बन्दोबस्त करूँ। मिर्जा मेंहदी। काले नाग को दूध पिलाकर बचा रखना कोई काम की बात नहीं। क्या जाने कहे मेरा दोस्त क्लाइव? हाँ, वह मिर्जा मेंहदी ईविल हो गया है। बुराइयों को बचाकर रखना और कुछ भी हो किसी योग्य आदमी का काम नहीं करना। चलूँ अब्बाजान। डफली वाले डफली बजा।

[मीरन हँसकर चला जाता है। मीरज़ाफ़र अपने मन में बोलते हैं।]

"कुछ न देखा फिर ब-जुज़ यक शोला-ए-पुर-पेच-ओ-ताब
शम्अ' तक तो हमने देखा था कि परवाना गया।"

[मीरज़ाफ़र की शायरी खत्म होते ही एक पार्श्व ध्वनि होती है। चुन्नीलाल, मणिलाल नए सिरे से झुलसाई हुई गाय दोनों ओर से कड़ाही में बँधी ले आते हैं। खादिम हुसैन शराब की गिलास और बोतल लेकर प्रवेश करता है। गुलामअली, मीरअली भी आते हैं। वे फिर से दरबार के कालीन/दरिचे पर सब कुछ सजाकर रख देते हैं।]

मीरज़ाफ़र खादिम को हाथ के इशारे से बुलाते हैं। खादिम आता है। मीरज़ाफ़र उसे चूमते-चूमते मंच के सामने ले आते हैं।

मीरज़ाफ़र : मेरे दोजख के शागिर्द, मेरे कलेजे का कमल, मेरे दिल की धड़कन, जा, आज तुझे तेरी बर्बादी से मुक्त किया। किसी महसूल बिना ही। आज तेरी जिन्दगी तुझे वापिस किया रे भांजे। नहीं तो मीरन, मेरा कमबख्त बेटा आज तुझे—

खादिम हुसैन : मामू।

मीरज़ाफ़र : याद रखना रे, मेरा बखान करने वाले भांजे। *(रुकते हैं फिर फुसफुसाते हुए बोलते हैं)* अच्छा गुलाम अली, सुबह से जो वासनात्मक बदबू मेरे नाक रन्ध्रों में आ रही है, वह क्या असल में उस खुशबाग की कब्र की गंध है? वह क्या असल में सिराज के दफनाने की बदबू है? क्या यह सच है? फिर तुम्हें इस कब्र से ही बाहर किया जाएगा। मीर अली, यह क्या तब असल में मोहम्मदी वेग द्वारा सिराज को टुकड़े-टुकड़े काटी गई लाश की गंध है? क्यों जी, बताओ न तुम लोग चुप क्यों हो?

[वे सभी मीरज़ाफ़र को घेर लेते हैं। मीरज़ाफ़र दो हाथ से उन्हें झपटकर पकड़ते हैं।]

मुझे, वे सभी बेईमान कहते हैं। क्यों, तुम लोग जानते हो? मैंने अंग्रेजों को इस देश में बुलाकर लाया है—इसलिए। कुछ दिन जाने दो। दिल्ली पर भी वे लोग आएँगे। देखो। उस बनिया जाति को आना ही था तो फिर मैं कैसे विश्वास घातक हुआ? मैंने प्लासी का युद्ध न लड़कर सिराज को गलत परामर्श दिया इसलिए? नहीं, ऐसा तो मेरे अलावा अनेकों ने दिया है। तब? तब क्यों यह बेईमान बदनाम है? कारण क्या है? कारण हूँ मैं। असल में वही मुफ्तखोर बेलज्जत गद्दार, जो न बन पाया सिराज का आदमी, न बन पाया अंग्रेजों का आदमी। किसी के लिए भी मेरा ईमान सही नहीं रह सका रे खादिम। किसी के लिए ऐतबार मेरा नहीं रहा। किसी के लिए नहीं। मेरे अलावा तब और कौन बेईमान होगा? किसी का आदमी हो जाने पर तो गद्दार नहीं होता। वह तब खुदा का रहम पाता है। पाता ही पाता है।

अँधेरा

द्वितीय दृश्य

[अँधेरे में तीव्र पार्श्व ध्वनि के संग मंच के पीछे प्रकाश होता है। मिर्जा मेंहदी का मीरन खून करता है। पाटे के नीचे चार वर्ष के बच्चे को फेंककर मीरन उठकर खड़ा होता है। मिर्जा की चीत्कार सुनाई पड़ती है। अँधेरा होता है। प्रकाश जल उठता है। दाहिनी ओर नीचे मंसूरगंज के राजमहल सा बड़ा घर है। घर की अटारियों पर दो-चार मशालें जल रही हैं। कबूतरों की गुटरगूँ-गुटरगूँ की आवाज आ रही है। संध्या बेला है। आरिफा को देखा जाता है। वह एक दीपक हाथ में लिये पीछे से प्रवेश करती है। मंच के बाकी भागों में अँधेरा है। पीछे से धुआँ आ रहा है। आरिफा दीपक रखती है, इसके बाद दबे गले से पुकारती है।]

आरिफा : लुत्फिन बानो—

[लुत्फुन्निसा आती है। सफेद पोशाक पहना है। सिर काली ओढ़नी से ढका है। आँखों पर काला पर्दा है।]

लुत्फुन्निसा : यह कहाँ ले आई बूबू?

आरिफा : *(लुत्फुन्निसा की आँखों पर पड़े पर्दे खोल देती है)* कोई चिन्ता नहीं बेगम। यह हम लोगों के शहर की ही एक जगह है। मंसूरगंज।

लुत्फुन्निसा : *(सिहर उठती है)* मंसूरगंज। आपा *(दीदी)* यहीं की जेल में मेरे सिराज को—

[आरिफा चुप रहती है।]

किसने मुझे यहाँ लाने के लिए तुमसे कहा था दीदी? तुम लोगों के नए नवाब ने? यही न? *(हँसती है)* क्या अजीब बात है। उसकी क्या जरूरत है मेरे साथ?

आरिफा : जो भी हो, मैंने कहा है तुम्हें फिर उस खुशबाग में तुम्हारे सिराज की कब्र के पास की कोठरी में एक घंटे के अन्दर वापस पहुँचा दूँगी। इसी शर्त पर मैं तुम्हें यहाँ लाने के लिए राजी हुई हूँ बेगम!

लुत्फुन्निसा : मुझे बेगम न कहो बू बू। मैं तो अब बेगम नहीं।

आरिफा : मेरे लिए तुम्हीं बेगम हो। जितने दिन तुम जिन्दा रहोगी मैं तो हूँ

ही, इस मुर्शिदाबाद के सभी लोगों के लिए तुम ही बेगम हो। और कोई यह स्थान नहीं ले सकता।

लुत्फुन्निसा : क्या कहती हो! *(रुकती है)* मैं भी अब जाने कैसी हो गई हूँ। तुमने जब जाकर कहा कि मुझे एक जगह ले जाओगी, मेरे मन में तब भी कोई सन्देह नहीं आया।

आरिफा : तुम जहूरा के लिए दूध गरम कर रही थीं। पहले मेरी बात सुना ही नहीं।

लुत्फुन्निसा : उतनी नन्ही सी मेरी बेटी ने दोपहर में थोड़े से शाक के साथ भात खाया। उसके बाद सो गई। हिजरी माह है न, शाम बहुत जल्दी बीत जाती है। सोच रही थी नींद से उठने पर उसे थोड़ा दूध पीने को दूँ। कल तुमने ग्वाले से जो दूध दे गईं वही मेरी रसोई में था।

आरिफा : *(लुत्फुन्निसा को पकड़कर)* उतनी छोटी सी कोठरी में तुम रहती हो बेगम, तुम्हें देखकर आँखों में आँसू आते हैं। हीराझील के उतने बड़े महल में रहती थीं तुम—

लुत्फुन्निसा : *(बाधा देती है)* भले ही कोठरी है, मैं तो अपने सिराज की कब्र के निकट रह पा रही हूँ। जानती हो, कल उसकी कब्र पर ढेर सारे शेफालिका के फूल पड़े थे। मैं भोर में ही उठ गई थी आज। झाड़ू लगाते-लगाते सोच रही थी, बहुत वर्ष पहले हम लोग कटोआ गए थे मीरहबीब के साथ सिराज का तब युद्ध चल रहा था। मेरी भावी सासु अमीना बेगम के संग वहाँ गई थी।

आरिफा : तुम अमीना बेगम की तब देखभाल करती थीं न बेगम?

लुत्फुन्निसा : करती थी। वे मुझे बहुत प्यार करती थीं। जहाँ जातीं, मुझे भी साथ ले जातीं। बंगाल के नवाब अलीवर्दी खाँ की बेटी की बात है। सिराज तब कम उम्र का बच्चा था। बंगाल के नवाब अलीवर्दी लड़की और नाती को लेकर उस युद्ध में गए।

आरिफा : ऐसा?

लुत्फुन्निसा : हाँ जी। वह जानती हो दीदी। कटोआ के उस किले के अन्दर एक शिउली पेड़ था। उस पेड़ पर शिउली फूल भरे-लदे रहते थे। *(हँसती है)* और जानती हो, सिराज बीच-बीच में शाम को उस पेड़ के नीचे अपनी पहली बीबी को लेकर बैठता था।

आरिफा : क्या कहती हो? वही उमदातुल्लिसा को क्या?

लुत्फुन्निसा : *(हँसती है)* हाँ जी। वे दोनों जन पेड़ के नीचे बैठे ठंडई पीते, लाठी भाँजना देखते। मैं तो तब हिन्दू थी। दूर से उन्हें देखती।

मेरा नाम उस समय राज कँवर था। अमीना बेगम माने मेरी सास मुझे बहुत प्यार करती थीं। मुर्शिदाबाद के हिन्दू मुहल्ले में पूजा होगी, और मुझे सारे पुराने दिनों की सारी बातें याद आ जाएँगी। कटोआ के किले के वो सारे सुन्दर दिन, वह शिउली झड़ी शाम। बाद में पूर्णिया के मोराम बाँधा लाल रास्ते पर सिराज के साथ सुबह में घोड़े पर चढ़कर घूमने जाना।

आरिफा : खुदा चाहेंगे तो फिर वही सारे दिन पाओगी तुम बहन।

लुत्फुन्निसा : *(आरिफा की बातें सुनी नहीं)* सिराज तो उम्र में मुझसे बहुत छोटा था और दुष्ट भी बहुत था। मैं घोड़े पर चढ़ने से बहुत डरती थी, उस समय दीदी। तो उस लाल मोराम बाँधा रास्ते पर चलते-चलते सिराज घोड़े के पीठ पर एक लात मार देता और घोड़ा भी रुककर सामने के पैर दोनों उठाकर हिनहिना उठता—*(यह सोचकर वह मन ही मन हँसती है)* क्या सब दिन बिताए हैं हमने।

आरिफा : तुम चाहो तो वे सारे दिन तुम फिर से वापिस पाओगी लुत्फुन्निसा बेगम।

[लुत्फुन्निसा ध्यान देती है।]

किस? किस कारण तुम मुझे मेरे घर आकर यहाँ ले आई दीदी?

[आरिफा उत्तर नहीं देती। अचानक जैसे वह बाहर कुछ देख लेती है। वह पुकार उठती है।]

आरिफा : कौन? कौन है वहाँ?

[स्याही से रँगा कपड़ा पहने उन्माद उमिचाँद आता है। आरिफा शीघ्रता से एक दीवाल की ओट पर टँगी मशाल खोलकर उन्माद उमिचाँद के मुँह के पास लाती है।]

आरिफा : अरे, यह तो वही पागल है। डाहापाड़ा में परसों देखा था। फही बाग में कितने बच्चे इस पर ढेला मार रहे थे। और यह पागल उन्हें गाली दे रहा था और भाग रहा था। ऐ, तुझे क्या चाहिए?

[मशाल अटारी पर रख देती है आरिफा।]

उमिचाँद : सलाम वालेकुम मोहतरमा—जनाब का नाम उमिचाँद है।

आदिनिवास पहले लाहौर, उसके बाद आगरा। अब यही मकसुदाबाद है।

लुत्फुन्निसा : उमिचाँद माने? ऐ रुको! तुम्हीं क्या वह दलाल उमिचाँद हो जिसने सिराज के विरुद्ध—

आरिफा : हाँ वही—किन्तु वो तो अब पागल हो गया है। अंग्रेजों ने सम्भवतः उसे ठगा है। उसे जो दौलत पाने की बात थी वह उसे नहीं मिली।

उमिचाँद : पागल? नहीं-नहीं, मैं अब बहुत स्वस्थ हूँ। मेरा दोस्त-यार लतीफ मुझे एक हकीम के पास ले गया था। उसने मुझे औषधि दी थी। एक जोड़ा लहसुन के साथ वच को पीसकर खिलाया। अब मैं ठीक हूँ! सिर्फ अधिक गर्मी पड़ने पर सिर-दिमाग में अजीब लगता है।

लुत्फुन्निसा : पागल क्यों हुए थे? मेरे स्वामी को गद्दी से हटाकर जो हिस्सा पाने की सोचा था, वह नहीं पाया इसलिए?

उमिचाँद : आप कौन हैं मोहतरमा? आपको तो ठीक—

आरिफा : अरे मूर्ख, ये सिराज की बेगम है। लुत्फुन्निसा।

उमिचाँद : ओ हाँ, सुना है आप सिराज की कब्र के सामने एक कोठरी बनाकर अपनी बच्ची *(बेटी)* को साथ लेकर रहती हैं। आदाब मोहतरमा—

लुत्फुन्निसा : ओ, वह खबर भी रखते हैं?

उमिचाँद : क्यों नहीं रखूँगा? मैं तो रात के समय इस कब्र, उस मस्जिद, से मुहल्लों में घूमता-फिरता हूँ। इस राजमहल के दरवाजे पर, उस किले की चारदीवारी पर रात के अन्तिम प्रहर में सो पड़ता हूँ। सिर के ऊपर से एक उल्लू उड़ जाता है, यहाँ-वहाँ से चुनी मिली अफीम रात को बैठकर खाता हूँ। जानती हैं मोहतरमा, मेरा अफीम का व्यवसाय था। मुंगेर से इसी मुर्शिदाबाद, पूरे बंगाल में मेरी अफीम बिकती। अपने भाई मीरचांद से कहा था, शरण के शोरे को वह देखेगा और अफीम मैं देखूँगा। लोग कहते हैं उस कुबेर जगत सेठ वालों से भी अधिक रुपए मेरे पास हैं।

आरिफा : उसके बाद? *(उमिचाँद चुप हो रहता है। उसके बाद बोलता है।)*

उमिचाँद : दो लोगों को आप लोगों ने देखा है मोहतरमा? मुँह लाल है। एक जन ठिंगने-मोटे। और दूसरे जन लम्बे। एक जन मीठी बातें करते हैं, और एक जन तोता-सुर में।

आरिफा : कौन हैं ये लोग?

उमिचाँद : एक जन का नाम क्लाइव है, और एक जन का वाट्स।

(अचानक बिखर पड़ता है) ओ हो-हो। अच्छा आप लोग ही हैं क्या वो? वह वाट्स स्त्री का रूप धरता था। प्लासी के युद्ध के पहले वह स्त्री वेश बनाकर घूमता रहता था। आज मीरज़ाफ़र के घर तो कल जगत सेठ के घर। किन्तु वह तो बुर्का पहनता था। आप लोगों ने वह पहना नहीं। एक बार मैं उन दोनों को जो पाऊँ।

लुत्फुन्निसा : क्यों आप उन दोनों को इस प्रकार खोज रहे हैं। उन लोगों ने आपका क्या किया?

उमिचाँद : प्लासी के युद्ध के चार दिन बाद वह निकम्मा मीरज़ाफ़र जब बंगाल की गद्दी पर बैठा, उसी दिन मैंने उन दोनों साहेब के बच्चे जासूसों को अन्तिम बार देखा है। उस दिन भयंकर भीड़ थी, खूब शोरगुल था—उन लोगों ने मुझसे बात ही नहीं की। शाम को फिर गया अपने पास रखे लाल कागज को नए नवाब को दिखाया, नवाब ने एक सफेद कागज दिखाया। कहा, वह सफेद कागज उन दो लाल मुँह वाले बच्चे नवाब को दे दिए गए हैं। उस पर देखा मेरे लाल कागज की तरह ही उस पर समान बातें लिखी हैं। केवल मैं जो दो करोड़ रुपए पाऊँगा यह उस पर नहीं लिखा था। और देखा उस जाली सफेद कागज पर दस्तखत है। मेरा दस्तखत। हूबहू एक जैसा। उस कुत्ते के बच्चे क्लाइव ने मेरे दस्तखत की नकल की है। ओ हो हो।

लुत्फुन्निसा : एक तेईस वर्ष के बच्चे को ठगने का बदला इसी प्रकार नियति लेती है उमिचाँद। अब पागल होकर इस रास्ते उस रास्ते भटक रहे हैं तो...।

उमिचाँद : *(झेंप जाता है)* हाँ भटक रहा हूँ। जब तक उन दोनों साहब के बच्चों को मैं अपने हाथों से दो टुकड़े नहीं कर देता तब तक मुझे शान्ति नहीं मिलेगी। जितनी बार वो क्लाइव और वाट्स का बच्चा कोठी घाट पर नाव से उतरे हैं, मैं उनके पास मुलाकात करने गया हूँ, और लालमुखी गोरी लश्कर ने मुझे लाठी से पीट-पीट कर भगा दिया है। उनके निकट पहुँचने ही नहीं दिया। मैं जानता हूँ यह उस क्लाइव का हुक्म है। मुझे देखते ही जैसे गुस्से वाले चेहरे से मन ही मन लाउी भाँजने लगते हैं।

लुत्फुन्निसा : बेईमानी की सजा सभी पाएँगे अमीर उमीचांद। सभी...?

उमिचाँद : *(अपने मन में)* क्या दोष था मेरा? मैंने सिर्फ कहा था *(कि)* वो मीरज़ाफ़र निकम्मा है। उम्र हो गई है। नवाब बनेगा यार लतीफ

खाँ। मेरा दोस्त। मुझे नहीं मालूम था कि इस लतीफ के सिर पर भी है उन जगत सेठों का हाथ। दो बड़े बनिया नए नवाब का समर्थन करेंगे, और क्या चाहिए? साहबों ने सोचा कि हम लोग नए नवाब को मानेंगे। वे वही नवाब खोज रहे थे जिसे हम लोग भी सीधे समर्थन दें। सोचा था यार लतीफ यदि धीरे-धीरे सिराज की भाँति स्वाभिमानी और अपनी मर्जी के अनुसार सब कुछ चलाना प्रारम्भ करे—तब तो उन गोरों के बच्चों के हाथ में तो कोई नियंत्रण नहीं रहेगा। इसीलिए उस निकम्मे मूर्ख मीरज़ाफ़र को ही गद्‌दी पर बैठना चाहिए—अन्ततः जब यह समझा कि वे लोग लतीफ को नहीं चाहते हैं, तब मैंने सोचा अपने नवाब को गद्‌दी पर नहीं पाया किन्तु कुछ रुपए तो अन्ततः इसी ताल में कमा लूँ—

लुत्फुन्निसा : शाबाश चक्रान्तकारी दल! शाबाश!

उमिचाँद : मीरज़ाफ़र। उस बूढ़े अलीवर्दी खाँ के समय सात प्रधान बख़्शियों में सिर्फ एक मुस्लिम था। बाकी छह लोग ही हिन्दू थे। सिराज के समय भी ऐसा ही था। एकमात्र मुसलमान बख्शी वही मीरज़ाफ़र था। वह भी कलकत्ता युद्ध के बाद सिराज के हाथ-पैर पकड़कर फिर से खोई हुई नौकरी वापिस पाया था, नहीं तो वह बुड्ढा अलीवर्दी खाँ कब का उस बेईमान को फौजदारी और बख्शीगिरी से लात मारकर भगा दिया था। सिराज ने भी नवाब होकर उसे भगाया था। बाद में बेकार में ही फिर से वापस ले लिया। नालायक। अन्यथा इतने बड़े भोगी और बेईमान को कोई फिर से बख्शी पद लौटा देता है? बेईमानी, बेअम्ल वह मीरज़ाफ़र है।

[अँधेरे में मीरज़ाफ़र निकल आते हैं। साथ में जुबैर है। पार्श्व ध्वनि आती है।]

मीरज़ाफ़र : "अफसोस कि दुनिया से सफर कर गई बकरी! आँखें तो खुली रह गईं पर मर गई बकरी।" बकरी की हत्या होने पर भी बकरी की आँख खुली रहती है। पुराने शायरी के दोस्त उमिचाँद।

आरिफा : नवाब!

मीरज़ाफ़र : उमिचाँद, प्रिय उमिचाँद, तुम्हें तो देख रहा हूँ फिर सूई चुभाकर पागलखाना ले जाना होगा। जो बातें मेरे गद्‌दी पर बैठने से पहले लोगों के सामने कह सकते थे, गद्‌दी पर बैठने के बाद

वही बातें कोई कहता है क्या? और यदि वह बात अक्सर ही नवाब के कानों पर पहुँचती हो तब उसका क्या हो सकता है बताओ तो दोस्त? *(उमिचाँद देखता रहता है)* जाने दो—तुम पुराने दोस्त हो। तुम्हारे प्रति मैं उतना निर्दयी नहीं होऊँगा बन्धु! तुम जाओ। जुबैर! उसे महल के बाहर ले जाओ और हाँ, उसे सूई लगाकर बन्दी-गृह में रखो ताकि मेरा पुराना दोस्त वहाँ अच्छे से रह सके।

[जुबैर उमिचाँद को लेकर चला जाता है। मीरज़ाफ़र आरिफा से कहते हैं।]

मीरज़ाफ़र : आरिफा, तुम्हारा काम खत्म हुआ। तुम जाओ। बाहर जाकर देखो, मेरे ताँगे के ठीक पीछे के ताँगे में मेरा दोस्त मीर अली बैठा है। उसके हाथ में छोटी फेहरिश्त है। वहाँ जाकर तुम अपने बख्शीश का बाकी हिस्सा लिखवा दो।

आरिफा : नवाब! बख्शीश के बाकी का अर्थ?

मीरज़ाफ़र : आह! पूरी नवाबी ही मेरी तो उधारी पर चल रही है। कर्ज। फलस्वरूप यहाँ तक कि जो-जो बख्शीश पाएगा उसे भी उस तालिका के किनारे लिखकर रखता हूँ। खजाने में रुपया आने पर तब गर्दन पकड़-पकड़कर उधार चुका दूँगा। जाओ अपना भी लिख रखो जी आरिफा बानू।

[आरिफा सलाम करके चली जाती है। मीरज़ाफ़र लुत्फुन्निसा की ओर देखते हैं।]

मीरज़ाफ़र : क्या देख रही हैं सिराज की बेगम? दगाबाज मीरज़ाफ़र को या बंगाल के नवाब मोहबत जंग को? क्या मोहतरमा?

[घोर सन्नाटा।]

लुत्फुन्निसा : आप सचमुच अभी अपने को एक बेलज्जत, धोखेबाज मानते हैं नवाब?

[सन्नाटे के थोड़ी देर बाद मीरज़ाफ़र हँसते हैं।]

मीरज़ाफ़र : आपका यह सवाल मुझे एक कभी भी न खत्म होने वाली पीड़ा के बीच ले जाकर खड़ा कर देता है मोहतरमा। और इससे मैं पूरी तरह से ग्रस्त रहा हूँ। आपकी चाँदी के सिक्कों सी खनक,

आपके सवालों के तौर-तरीके मुझे विशेष राहत दे रहे हैं। बेगम। मैं आपके इस सौन्दर्यमय बेबाक स्वाभिमान को झुककर सलाम करता हूँ।

[रुकते हैं।]

नहीं मोहतरमा, आप मुझे सिर्फ एक व्यक्ति के हिसाब से नहीं देख सकतीं। मुझे आपको इतिहास के एक सतर्क शख्सियत के रूप में देखना होगा। जिसे कहते हैं तारीख पे तारीख। तारीख पे तारीख। तारीख पे तारीख। इसीलिए इतिहास की दृष्टि से यदि आप मुझे देखें, तो मैं कहूँगा, मैंने अपने को कायम रखने के लिए एक उचित कार्य किया है। सोचिए, यदि अंग्रेज इस देश में न आते। मैंने सुना है, अंग्रेज जिस देश में गए वहीं उनके लिए एक नफादार कबीला तैयार हो गया। और उन्हें शायद उन लोगों *(अंग्रेजों)* ने अपनी भाषा सिखाई है। अत: यह उम्मीद मैं और आप भी कर सकते हैं मोहतरमा, कि एक दिन हमें भी वे अपनी जुबान सिखाएँगे। अत: इस बंगाल में सिर्फ बंगला बोलने और फारसी में दफ्तर के काम में निपुण मुलाजिमों का दल एक दिन उस प्यारी अंग्रेजी में आदेश देना सीखेगा मोहतरमा। हमारी जाति की कितनी बड़ी शान-शौकत कई मर्तबा बढ़ जाएगी, इस सम्बन्ध में आपकी कोई धारणा है? और तब इतिहास बोलेगा कि किसका हाथ पकड़कर यह तरक्की हासिल किया? मीरज़ाफ़र खाँ का हाथ पकड़कर?

लुत्फुन्निसा : *(हँसती है)* मेरे दादा ससुर अर्थात नवाब अलीवर्दी खाँ एक फारसी कहावत कहते थे, जानते हैं मीरज़ाफ़र खाँ साहब। सम्भवत: अमीर खुसरो की लिखी थी, "दीवार क्यों टूटी, राह क्यों लूटी, राज न था।"

मीरज़ाफ़र : वह बूढ़ा अलीवर्दी काव्य-साहित्य के बारे में कुछ भी नहीं जानते थे मोहतरमा।

लुत्फुन्निसा : हो सकता है। किन्तु वे यह क्यों कहा करते थे, कहते हैं उस समय यह बात अच्छी तरह से नहीं समझ पाती थी। अब मैं समझ सकती हूँ। *(हँसकर कहती है)* राजा प्यासा क्यों, गधा उदासा क्यों, लोटा न था। मीरज़ाफ़र खाँ साहेब, मनुष्य जब अपनी विनाश की ओर दौड़ता है, तो वह समझ नहीं पाता। और समझता नहीं, इसीलिए वह उसी दलदल स्थान पर अचानक

रात में जल उठने वाली लौ की तरह विनाश को सही ठहराता है। उसे उस समय लगता है कि वह जो कर रहा है, वह ठीक ही कर रहा है।

मीरज़ाफ़र : मिश्रण! मिश्रण! जैसे यह आप मेरी ओर दौड़ती आ रही हैं। ठीक कर रही हैं मोहतरमा।

लुत्फुन्निसा : मैं कहीं नहीं दौड़ रही खाँ साहेब। प्लासी के युद्ध के बाद उन चार दिनों तक दौड़ते-दौड़ते मैं थक गई। मैं अब और दौड़ना नहीं चाहती। अब तो मैं बस खुशबाग में आपकी भाषा में वही बदसलूक और खुद्दार कम उम्र वाले नवाब स्वामी की कब्र की ओर देखते हुए शीत-ग्रीष्म-वर्षा का आना-जाना देखना चाहती हूँ। जीवनभर।

मीरज़ाफ़र : यह आपका नसीब नहीं है मोहतरमा। आपकी इतनी बदनसीबी बंगाल के नवाब को सहन नहीं होगी। आपको मैं जन्नत का सुख वापिस करना चाहता हूँ मोहतरमा।

लुत्फुन्निसा : मीरज़ाफ़र खाँ साहेब, आपके हाथ में अब असीम क्षमता है, आधारहीन उल्लास है। मैं इसी मुर्शिदाबाद में रहने वाली एक साधारण औरत हूँ, एक पति विहीन विधवा मात्र। लेकिन आप क्या जानते हैं, हम लोगों के जैसे सामान्य मनुष्यों की दुआ या श्राप धीरे-धीरे खुदा के खाते में इकट्ठा होते रहता है खाँ साहेब। वही सारा जब एक साथ मिलकर ठोस होकर समय की नदी में कूद पड़ता है, तब आपकी यह क्षमता, गद्दी, खर-पतवार की तरह बह जाती हैं खुदाबन्द।

मीरज़ाफ़र : *(जैसे बात न सुनी हो। सिर दबाते हैं)* उफ़! मेरे सिर का दर्द अब मुझे मार ही डालेगा। *(लुत्फुन्निसा की ओर देखते हैं)* मैं चाहता हूँ आप फिर शादी करें बेगम। आपके प्रति जो बेशराफती, जो बेइंसाफी हम लोगों ने की है उसका एक पश्चात्ताप कर हमें मेहरबानी करने दें।

[लुत्फुन्निसा देखती रहती है।]

गलत बोलूँ तो माफ कर दीजिएगा मोहतरमा। आपका यह विधवापन, आपका यह बेनजीर तराशा बदन केवल सिराज के खुशबाग की कब्र के निकट पड़े रहकर राख हो जाए यह मुझे बिलकुल पसन्द नहीं है।

लुत्फुन्निसा : समझी। कि आप क्या कहना चाहते हैं?

मीरज़ाफ़र : इसलिए मेरा आपको यही मशविरा है कि आप मेरे ज्येष्ठ पुत्र मेरे हक वारिसत मीरन...

[सन्नाटा।]

लुत्फुन्निसा : मीरन...

मीरज़ाफ़र : उस बेफर्ज बदतमीज से एकदम शादी न कर आप मुझसे निकाह करें मोहतरमा।

लुत्फुन्निसा : *(विस्मय से)* आपसे?

मीरज़ाफ़र : जी मोहतरमा मुझसे। मैं ही आपका ताज हूँ, आपका मुकद्दस करीम हूँ। आपके लिए मेरा अहसास पूरी तरह सच्चा है। मेरी तीन बेगमें हैं। विषम संख्या है। अनुग्रह करके अपनी त्वरित स्वीकृति दें वहीदा, मेरी प्यासी शुद्ध हृदय की धड़कन को आप सुकून अता करें नासिरा।

[घुटने मोड़कर बैठता है। एक मुहूर्त तक। अँधेरे से दौड़ता आकर मीरज़ाफ़र को पीछे से झपटकर दबोच लेता है मीरन।]

मीरन : तब रे हलार के भतीजे अब्बाजान, तुम्हारे मन में यह था? मैंने तो तुम्हारे ऊपर विश्वास करके तुम्हें अपनी नूरजहाँ के पास भेजा था, मेरे पक्ष में बात करने के लिए, और तू तो यहाँ मेरे ही टुकड़े वाली पक्षी की डाल पर आश्रय लेने वाला है। हरामजादे अब्बाजान, आज तेरा एक दिन क्या मेरा एक दिन है।

मीरज़ाफ़र : उफ़ बेटा मीरन। मेरी कुर्बानी, मेरे बेटे, तुम कुछ नहीं समझते। मैं असल में मुख्तसर नौटंकी कर रहा था। ताकि तुम अपनी शरारत धीरे-धीरे सुधार सको।

मीरन : शरारत। नौटंकी कर रहा था। कुछ नहीं। मुझे बेवकूफ बना रहे हो? मुझे बेवकूफ बनाना इतना ईजी है क्या? क्लाइव मेरा मित्र है, उसके साथ रहकर मेरी मक्कारी और भी बढ़ गई है। और मुझे तुम बेवकूफ बनाओगे। तुम बहुत बिगड़ गए हो! *(लुत्फुन्निसा से)* सुनिए महबूबा। आपके पास इस हरामी के पिल्ले को मैंने ही भेजा था। ताकि मेरी ओर से वो आपको निकाह का प्रस्ताव दे। और वे इतने बड़े मतलबी निकले कि बुढ़ापे की उम्र में आप जैसी हल्की-कोमल-स्वर्णिम नारी को मेरी बगल से हटा रहे हैं। सही ही हुआ, अब मैं ही आपका सही उम्मीदवार हूँ। आपके शव को बिस्मिल्लाह करने का कद्रदान मैं हूँ।

मीरज़ाफ़र : उफ़! वही महकती बदबू। मेरे जख्मी हलाक को और बढ़ा रही है।

मीरन : तुम्हारी बदबू की रोहू *(मछली)* मैं हूँ। मेरे बाप होकर मेरे ही धंधे में हिस्सा मार रहे हो। ऊपर से बड़ी-बड़ी बातें और अन्दर से इतना छलावा।

क्या सोचते हो, ये सारी फारसी-उर्दू की शायरी झाड़कर अपनी फारसी कनेक्शन को प्रूफ करोगे और चारों ओर से औरतें जुटाओगे। वह जमाना गया। तुम्हारी जिन्दगी में बहुत बड़ी मुसीबतों की कड़ी आने वाली है अब्बाजान!

[मीरज़ाफ़र और मीरन झगड़ा करते हैं। लुत्फुन्निसा उन्हें रोकती है।]

लुत्फुन्निसा : अच्छा, आप लोगों को क्यों लगा कि मैं फिर शादी कर सकती हूँ?

मीरन : इसमें लगने जैसी बात क्या है? विधवा हुई हैं, फिर निकाह कर लेंगी। एक मर्द चुन लेने की तो बात है। और हम वही मर्द हैं कि नहीं? यह जो मेरे अब्बाजान हैं! डायरेक्ट अरब रिवायत के हैं। उनका बेटा मैं। माने मैं भी नजाफी! वंश की प्रेस्टिज एक बार सोचकर देख लें मोहतरमा।

लुत्फुन्निसा : *(हँसकर कहती है)* नवाब मीरज़ाफ़र और नवाबजादा मीरन, मैंने आजीवन हाथी की पीठ की सवारी की है। और रही हूँ बाघ के संग। इस उम्र में अब गधे की सवारी नहीं कर सकती, सियारों के संग रह भी नहीं सकती।

मीरन : सियार? गधा? आपको अब्बाजान से निकाह करना नहीं होगा। कह तो दिया।

लुत्फुन्निसा : मैं आपके साथ भी निकाह नहीं कर सकूँगी नवाबजादा! आप लोगों में से किसी से भी नहीं।

[सन्नाटा।]

चलती हूँ। मेरे खुशबाग की कोठरी में जहूरा अब तक नींद से उठ गई होगी। उसके लिए मुझे भोजन बनाना होगा। रात बहुत हो गई है।

मीरन : सुनिए मोहतरमा! उस दिन मेरा दोस्त वही लाल मुँह वाला बच्चा क्लाइव मेरे पास बैठकर गप्पें मार रहा था। तो उसने मुझसे कहा कि उन लोगों ने कोठी बसाने के साथ एक नया शब्द इस बंग

देश में सीखा है। वह शब्द बंगाली लोग पहले जानते ही नहीं थे। वह शब्द है रेप, रेप घर्षण *(बलात्कार)*। कलकत्ते में सम्भवतः वे दो-एक जगहों पर ऐसे शब्द सुने हैं। अभी हम लोग अर्थात बंगाली लोग तो इस शब्द का अर्थ नहीं जानते। यदि एक बार जान ले पाते किन्तु देखते हैं, अब आपके नसीब में कितनी रातों की हैरानी है मोहतरमा।

लुत्फुन्निसा : ठीक है, पहले उस शब्द का अर्थ सीख तो लीजिए उसके बाद देखा जाएगा।

[चली जाती है। पीछे-पीछे मीरन जाता है।]

मीरन : सुनिए न! अरे सुनिए न मेरे दिल की प्यारी—

[पहले लुत्फुन्निसा, पीछे-पीछे मीरन बातें कहते-कहते निकलते हैं। मीरज़ाफ़र उठते हैं। सामने आते हैं।]

मीरज़ाफ़र : आजकल खाली ख्वाब देखता हूँ। दिन में, रात में, जब-तब। भाँग खाने पर भी देखता हूँ। न खाने पर भी देखता हूँ। ऊँघते-ऊँघते गहरी नींद में भी ख्वाब देखता हूँ। वही, कब मेरी अम्माजान सुर में लोरी गाती हैं, मैं अम्मीजान की गोद में गहरी नींद में सो जाता था। जैसे बीत गए सुखद पल—सारे। यही न? *(हँसते हैं)* खयालों में खयालों में—

[पार्श्व ध्वनि आती है। एक हिजड़ा सारंगी वादक और बौना तबलची हाथ में गलीचा लेकर आते हैं। गलीचा बिछाकर बैठते हैं। पीछे से एक कव्वाली गीत होता है। गीत के साथ सपने में मीरज़ाफ़र नाचते हैं। इनके रुकने के बाद सपने में लुत्फुन्निसा प्रवेश करती है। वह नाचती है। संग में हिल-मिल जाती है। संचारी के बाद क्लाइव और वाट्स आते हैं। वे भी नृत्य के बीच मीरज़ाफ़र से रुपया माँगते हैं। विलीन हो जाता है। अन्त में केवल मीरज़ाफ़र का मुँह प्रकाश-अँधेरा में दीखता है। गीत खत्म हो जाता है। मीरज़ाफ़र का दरबार है। दिन का समय है। मीरज़ाफ़र भाँग खा रहे हैं।]

मीरन : खुदाबन्द, क्लाइव साहेबों की जो चिट्‌ठी दो दिन पहले आई थी उस बारे में अभी आपके साथ डिस्कशन करना चाहता हूँ।

मीरज़ाफ़र : आहा, उस चिट्‌ठी में तो मेरे गोरे बेटे ने बताया है कि वो जल्द ही मुर्शिदाबाद आएगा। इस पर फिर नए सिरे से क्या चर्चा हो सकती है नवाबजादे?

मीरन : बात हो। किन्तु क्लाइव क्यों आ रहा है? आने का कारण पटना के कर्ता रामनारायण क्लाइव को यह कहकर उकसाता है कि आप रामनारायण के शहजादे की अली गोहार के हाथ से रक्षा करने के लिए युद्ध करने नहीं जा रहे हैं।

मीरज़ाफ़र : ताज्जुब की बात है। रामनारायण को खुद दिल्ली के शहजादे धमकी दे रहे हैं कि पटना दखल कर लेंगे। मैं तो दिल्ली के ही अधीनस्थ सूबेदार हूँ? अब उसी बादशाह शानी आलमगीर के लड़के के विरुद्ध मैं किस प्रकार युद्ध करूँगा?

मीरन : उस समस्या का समाधान तो हो रहा है जहाँपनाह। दिल्ली के वजीरे आली गाजीउद्‌दीन ने फरमान भेजकर आप लोगों को बता दिया है कि बादशाह शनि आलमगीर उस शहजादे अली गौहर को अर्थात स्वयं के पुत्र को उन्होंने बेदखल पुत्र कह दिया है।

मीरज़ाफ़र : वह गाजीउद्‌दीन ही सही में दिल्ली की गद्‌दी सँभालता है इसीलिए। उसने जबर्दस्ती कठपुतली बादशाह से लिखवा लिया है।

मीरन : यह हो सकता है। किन्तु वह विद्रोही शहजादा अली गौहर अयोध्या आकर इसी समय कर्मनाशा नदी पार कर चुका है। उनके साथ उनका सेनापति मुहम्मद कुली खाँ है। फ्रांसीसी लाल मुख वाला वो ज्यां लदै वो अलग ही मिल रहा है। वह हरामजादा अयोध्या का नवाब सुजाउद्‌दौला भीतर ही भीतर शहजादे अली गौहर की मदद कर रहा है।

मीरज़ाफ़र : वह तो सुना है। तो मेरे मुख्य वजीर दुर्लभराम कहाँ हैं? वे सभा में क्यों नहीं आते?

मीर अली : वह तो आठों पहर अपने घर में भय के मारे सोये पड़े हैं खुदाबन्द। उन्हें लगता है आप उनकी हत्या करा देंगे।

गुलाम अली : भाड़े पर रखी गई उसकी सेना की टुकड़ी रात-दिन उसको पहरा दे रही है।

खादिम हुसैन : तब भी उसे इतना डर है कि अपने हाथ में एक अँगूठी रख छोड़ी है। उसमें एक खतरनाक विष है।

मीरन : विष।

खादिम हुसैन : जी नवाबजादा, अर्थात उसे यदि नवाब की सेनावाहिनी उसके घर से उसे उठा लेने जाए, वो पकड़ में न आकर उस अँगूठी में रखा विष खाकर आत्महत्या कर लेगा?

मीरन : वह ठीक ही सोच रहा है। अरे इतने दिन मैंने ही उसे सूली पर चढ़ा दिया होता, यदि मेरे दोस्त हरामी का पिल्ला क्लाइव ने अपना थोड़ा सपोर्ट दिया होता।

मीरज़ाफ़र : मेरे गोरे बेटे क्लाइव के साथ देखता हूँ हिन्दुओं की बहुत ही दया-माया है। इधर दुर्लभराय, उधर राजबल्लभ, पटना में रामनारायण—सभी के संग मेरा गोरा बेटा सम्बन्ध बनाकर चलता है। अच्छा है, अच्छा है।

मीरन : हिन्दू सारे असल में मुख्य रूप से चमचे हैं न! इतने वर्षों से हमारी गुलामी कर रहे हैं। अब उनका मानना है कि अंग्रेज सारे देश में स्ट्रांग हो रहे हैं। सोच रहे हैं तख्ता पलट जाएगा, पारी बदल जाएगी! गुलाम जाति नए मालिक खोजती है। वे जानते नहीं, इस देश में हम लोग ही रहेंगे। अभी यह नवाब उसके बाद नवाब का बेटा मैं, इसके बाद मेरा बेटा—

खादिम : उसके बाद उसका बेटा—

मीरन : सही कहते हो खादिम। किन्तु नवाब, आपकी गद्दी को घर के लिए युद्ध में तो जाना ही है।

मीरज़ाफ़र : जंग? किसलिए जंग?

मीरन : अरे कहा न। क्लाइव की चिट्ठी आई पटना के निकट फतेबाग में रामनारायण शिविर लगा रहा है। रामनारायण ने क्लाइव को खत दिया है। क्लाइव ने सूचना दी है आपको कि वह उस ओर से और हम इस दिशा से फतेबाग जाएँगे। उसके बाद तीन सिर एकत्र होकर दिल्ली के शहजादे उस अली गौहर के साथ युद्ध करेंगे। चलिए नवाब।

[मीरज़ाफ़र गिरते-पड़ते उठते हैं।]

मीरज़ाफ़र : मुझे क्या पागल कुत्ते ने काटा है जो अभी मैं जंग में जाऊँगा? मैं नहीं जाऊँगा। कभी नहीं।

मीरन : नहीं, नहीं, तुम्हें तो जंग-जंग करते हुए जाना होगा बापू। जंग-जंग।

मीरज़ाफ़र : नामुमकिन! नामुमकिन! मैं जंग में नहीं जाऊँगा। मैं अपने किसी सिपाही को तनख्वाह दे नहीं पा रहा। सिपाहियों का दल यदि

बीच रास्ते में हम लोगों को छोड़ भाग जाए तब कौन बचाएगा मुझे? नहीं जाऊँगा मैं।

मीरन : *(गीत गाता है)* नवाब चले हैं जंग में। जंग में जंग में।

[मीरज़ाफ़र 'नहीं' 'नहीं' बोलते हुए उठते हैं। मीरन उनका पीछा करता है। सभा में दोनों जन दौड़ते हैं। मीरन दौड़ता है। मीरन मीरज़ाफ़र को पकड़ लेता है। खींचातानी होती है। पार्श्व ध्वनि आती है। दुर्लभराम प्रवेश करते हैं। हाथ जोड़कर। दुर्लभराम लगभग काँप रहे हैं। उन्हें देखकर सभी रुक स्थिर हो जाते हैं।]

खादिम : यह क्या? सिपहसालार दुर्लभराम आप?

दुर्लभराय : *(हाथ जोड़कर)* नवाब, मैं अस्वस्थ हूँ फिर भी आया। असल में आज थोड़ी देर पहले क्लाइव और वाट्स अचानक मेरे घर आए हुए थे।

मीरन : मतलब?

दुर्लभराय : वे लोग कल रात कलकत्ता से आकर कासिम बाजार वाली कोठी में ठहरे। सुबह मेरे घर आए। जानना चाहा कि आप लोगों को मेरे साथ सम्बन्ध कैसा जा रहा है? मैंने उन्हें बताया बहुत बढ़िया। हमेशा की तरह ही।

मीरज़ाफ़र : अरे ताज्जुब की बात है। मेरा गोरा बेटा यह सारी पूछताछ करता क्यों है? सभी जानते हैं मेरे साथ आपके रिश्ते अच्छे हैं।

खादिम : आप लोगों ने मिलकर सिराज को कैसे परास्त किया था, मुर्शिदाबाद का एक बच्चा भी जानता है।

दुर्लभराय : मैंने भी यही बात कही उनसे।

मीरन : न कि उलटा कहा है? मुझे तो लग रहा है कि आपने उस क्लाइव से नवाब के नाम से नालिश करके उनके हाथ से खुद को बचाने के लिए दोनों साहबों को बुलाया है।

दुर्लभराय : छिः छिः छिः बल्कि उलटा। मैंने कहा, मेरे और नवाब के बीच जो मधुर सम्पर्क हैं, उसकी तो कल्पना ही नहीं की जा सकती। किन्तु क्लाइव साहेब इस बात का विश्वास नहीं किया। मुझे तुरन्त इस दरबार में आने को कहा। बोले वे लोग भी अभी ही आ रहे हैं। मीरज़ाफ़र से आपके साथ मेरा गले लगाना ही उनका मूल लक्ष्य है। इसके बाद हम लोग दो जनों के मिल जाने पर सभी यहाँ से एक साथ पटना जाएँगे युद्ध करने के लिए।

मीरज़ाफ़र : कहाँ जाएँगे?

मीरन : *(ताली बजाता है)* युद्ध। जंग। उस क्लाइव के बच्चे की बुद्धि देखो। दुर्लभराम को पकड़कर दरबार में लाता है, जिससे सैनिकों के वेतन में कोई परेशानी न हो। खजांचीखाने का हिसाब, फेहरिस्त सभी तो उसके पास है। शाबाश। वजीर दुर्लभराम बकाया मिटाएँगे और हम लोग युद्ध करेंगे। शाबाश गोरा बच्चा।

दुर्लभराय : वह। वह क्लाइव आ रहे हैं।

[नगाड़ा बजता है। पार्श्व ध्वनि होती है। साथ ही साथ शाम के समय अजान होती है। उसके साथ क्लाइव और वाट्स के पाँव के बूटों की आवाज मिल जाती है। इसके बाद उनकी बड़ी छाया राजदरबार में प्रवेश करती है मीरज़ाफ़र आदि बाहर की ओर देखते रहते हैं। पर्दा गिरता है।]

विरति

द्वितीयार्द्ध

तृतीय दृश्य

[मुर्शिदाबाद में मीरज़ाफ़र का दरबार। दिन का समय। मीरज़ाफ़र, मीरन, क्लाइव, वाट्स, गुलाम अली, मीर अली जगत सेठ महातप चाँद और मीरकासिम उपस्थित हैं। मीरकासिम सामने आकर घोषणा करते हैं।]

मीरकासिम : आज से बंगाल सूबे के नवाब मीरज़ाफ़र नाजाफि मोहबत जंग के आदेश से कलकत्ता, गोविन्दपुर और इससे संलग्न पचास गाँवों की जागीर गवर्नर राबर्ट क्लाइव साबूत जंग नौशेरदोल्ला के नाम लिख दी गई। यह फरमान कल से प्रभावी हो रहा है—ए-ए।

[सभी करतल देते हैं। एक चित्रकार आकर क्लाइव के जागीर पाने की छवि बनाता है। पार्श्व ध्वनि होती है। दिन धीरे-धीरे रात में परिवर्तित होता है।

ज़ाफ़रागंज के राजमहल में रात की भोज सभा चल रही है। बीच में एक भुनी हुई भेड़ है। निकट की टेबुल पर पर्याप्त पीने का द्रव। एक बाई आती है। वह नेपथ्य से आने वाली ताल पर नाचती है। क्लाइव वाट्स और जगत सेठ सामने बढ़ आते हैं। वे बातें करते हैं। बीच-बीच में बेयरा आकर उन्हें भोजन की सामग्री दे जाता है।]

क्लाइव : आपको बहुत-बहुत थैंक्स महाराज जगत सेठ महातप चाँद। आपके कारण ही मैं आज कलकत्ता का जागीरदार बन सका।

जगत सेठ : बात यह है कि जागीरी प्रथा तो मुर्शिद कुली खाँ ने इस बंगाल मुल्क से कब का हटा दिया था। तो आपने जब सेवा की जागीरदारी माँगा तो मैं सोचकर समझ नहीं पाया। बंगाल में उड़ीसा की तो सारी जमीन नमकयुक्त है। बाकी बचा बिहार। किन्तु उतनी दूर की जागीर लेकर आप कैसे चलाएँगे—इसी चिन्ता के मारे मैं थका जा रहा था।

क्लाइव : करेक्ट। किन्तु जागीरदारी पाए बिना भी तो मेरा नहीं चल रहा था। अपने फ्यूचर जेनरेशन की बात तो मुझे सोचनी पड़ेगी। है न सेठ?

जगत सेठ : किन्तु क्लाइव साहेब आपने तो अभी तक शादी ही नहीं की है, तब?

क्लाइव : *(हँसता है)* जल्दी ही निकाह करने का मन में निश्चय किया है। मद्रास के साथी की बहन से। तब सम्भवतः बाल-बच्चे होंगे। मुझे तो उनके लिए सोचना होगा, है न?

जगत सेठ : निश्चित रूप से। निश्चित ही। इसीलिए किस-किस मुल्क के तीर्थ-वीर्थ पूरा करके मैंने नवाब से बातें की। उन्हें समझाया। बताया कि वह जो कलकत्ता जागीर का जितना खज़ाना *(कर)* होता है वह लगभग तीन लाख रुपया है।

वह तो अंग्रेजों ने अर्थात आप लोगों ने मीरज़ाफ़र खाँ साहब को देना कब का बन्द कर दिया है। इसके अलावा नवाब से भी आप उस प्लासी के लिए बहुत रुपया पाते हैं। इसलिए मैंने नवाब को समझाया कि वो जागीर आपको दे देने से उन्हें कोई नुकसान नहीं होगा। आप भी खुश नवाब भी खुश।

क्लाइव : इसे कहते हैं मारवाड़ी बनिया बुद्धि। इसकी कदर हम लोगों के

अलावा और कोई नहीं कर सकता सेठ जी। तो आपका भाई कहाँ है? सेठ महाराज रूपचंद?

जगत सेठ : उस स्वरूप की आज मनौती है। आमिष खाना देखना भी नहीं है। उसने बद्रीनाथ की पूजा की थी। इसीलिए आ न सका। मैं भी न आता। किन्तु इतनी बड़ी एक घटना घटने जा रही है बिना आए कैसे रह सकता था?

क्लाइव : आप दारू तो देख रहे हैं लेकिन पी नहीं रहे। तब पार्टी में क्या खा रहे हैं?

जगत सेठ : वह कचौरियाँ और हलुआ। चुन्नीलाल मणिलाल ने मेरी कचौरियों पर गंगाजल छिड़ककर रखा है। दारू मैं पीता नहीं। किरीटेश्वरी में व्रत रखा था। लेकिन वो हम लोगों के लड़के माने वो खुशाल चंद और उदय चाँद सुनता हूँ आप लोगों के कलकत्ता जाने पर किसी मजलिस में दारू भी पीते हैं। रहने दें इसे। लेकिन तब यदि सुन लूँ कि वहाँ उन्होंने अंडे और मांस भी खाया है तो हमारी सम्पत्ति में से वे एक कानी कौड़ी भी नहीं पाएँगे। कुछ भी नहीं।

क्लाइव : अच्छा सेठ जी, वह नवाब का दामाद मीरकासिम यहाँ कैसे आया? उसको तो नवाब एकदम पसन्द नहीं करते?

जगत सेठ : वो सब मैं नहीं बता पाऊँगा। साहब उससे आप स्वयं पूछ लें।

[क्लाइव मीरकासिम को बुलाते हैं।]

क्लाइव : हैलो, मीरकासिम! कम हियर।

[मीरकासिम हाथ में शराब लिए सामने आता है।]

क्लाइव : क्या बात है? तुम रंगपुर छोड़कर अचानक मुर्शिदाबाद में क्यों? कोई खास बात?

मीरकासिम : नवाब ने बुलाया है। ससुर हैं मेरे। बताया कि सिपाही सभी वेतन नहीं पा रहे हैं। यदि मैं नवाब को कुछ उधार दे सकूँ।

क्लाइव : ओ हाँ, तुम्हारे पास, सुना है, बहुत रुपए हैं।

मीरकासिम : अब्बाजान के रुपए हैं। मैं भोग कर रहा हूँ। मेरे नाना कवि थे। इम्तियाज खाँ। पैसा-कौड़ी नहीं समझते थे। हम लोग राजदरबारों के कवि हैं, जागीर की देखभाल करता हूँ। रुपया हम लोगों को समझना पड़ता है।

जगत सेठ : अरे, अच्छा किया है। नवाब पर मेहरबानी की है। समझे क्लाइव साहेब। सिराज की बेगम लुत्फुन्निसा जब राजमहल के रास्ते पर

थी तो इन्हीं मीरकासिम के हाथ आ गई थीं तब इन्होंने बेगम के सारे जवाहरात लूट लिया था। एक भी गहना बेगम की देह पर नहीं छोड़ा!

क्लाइव : जानता तो हूँ। और उनका एक भी रुपया उस समय मुर्शिदाबाद की ट्रेजरी में वापस नहीं दिया।

जगत सेठ : बिलकुल नहीं। एक भी रुपया नहीं।

मीरकासिम : रास्ते पर पड़े चौदह आने को कौन लौटाता है सेठ साहब? हाँ, उस सिराज की बेगम लुत्फुन्निसा से बहुत लूटा था। मारूँ तो गंडार लूटूँ तो भंडार।

[वे पानी वाले टेबुल के निकट जाते हैं। मीरज़ाफ़र और मीरन सामने आते हैं।]

मीरन : तुम अब मेरे उस बदमाश बहनोई को रंगपुर वापिस जाने के लिए कहो अब्बाजान। वह गजलिरा गें आकर केवल क्लाइव के पास हुजूर-हुजूर करता है। बहुत ही दुष्ट स्वार्थी है *(गाली)*।

मीरज़ाफ़र : अरे, उसने आकर रुपया न दिया होता, तो सिपाही सारे मेरी गोद में आकर बैठ जाते! मेरी दाढ़ी पकड़कर खींचते। दरबार में उद्यम मचाते। हुकूमत चलाना सब बाहर निकल आता तब।

मीरन : वह काम तो खत्म हो गया है। अब तो पीठ दिखाओ। उसकी दागों भरी देह देखते ही मेरे शरीर में खस-खस करके खुजलाहट होने लगती है।

मीरज़ाफ़र : वो तुम्हारी जलन है बेटा। तुम जानते हो, वो तुमसे ज्यादा काबिल और होशियार है।

मीरन : कुछ भी नहीं। उस विष के थैले बहनोई को देखते ही मैं जल उठता हूँ। वो होशियार है। ऐसी एक-एक बात कहता है न अब्बाजान, सुनने पर तुम्हारा भी खून कर देने का मन करेगा। सुनो, उसे रंगपुर वापिस जाने के लिए कहा, कई दिन हो गए हैं कोई खून नहीं किया है। वो यहाँ रुका रहा तो मुझसे खून हो जाएगा। मेरे हाथ फड़क रहे हैं।

मीरज़ाफ़र : खून करते-करते बेटा मेरा अनोखा गौहर हो उठा है। *(गला दबाकर)* सोने का टुकड़ा है। पूरे का पूरा बाप का बेटा है। मेरे सिर का अफसर।

मीरन : तंज मत करो। सुनो, उस अमीना बेगम और घसीटी बेगम, उनके दिन घने होते जा रहे हैं। इस बार ढाका जाकर देखे, दोनों बहनें

खा-खा कर लाल कर्मचारियों की तरह फूल गई है। दूल्हा नहीं है, बच्चा नहीं है, फिर भी ढेर-ढेर खाने-पीने के लिए कोई कमी नहीं।

मीरज़ाफ़र : कैसे उनका कत्ल करोगे बेटा? देखना, कहीं खुलेआम खून-खराबा न हो जाए।

मीरन : अरे, मैं क्या भगवान गोला का खुला-छुटा बकरा हूँ कि खुल्लमखुल्ला खून-खराबा करूँगा। एक प्लान जो मैं सोच रहा हूँ न अब्बाजान, सुनकर तुम्हारा दिल-बिल बाहर आ जाएँगे।

मीरज़ाफ़र : क्या मनसूबा *(योजना)* है, सुनूँ बेटा?

मीरन : ऐ चुन्नीलाल, मणिलाल पुलाव दो। इस ओर निकट आओ अब्बाजान। छुपाकर बताऊँगा।

[दोनों जन पीछे जाते हैं। मीर अली और गुलाम अली सामने आते हैं।]

गुलाम अली : तुमने कितना गोश्त खाया रे मीर अली?

मीर अली : बहुत। हर प्रकार का गोश्त। सुनो, मजलिस हो जाने पर उस बाई को पकड़े, चल। आज की रात अच्छी कटेगी।

गुलाम अली : मैं सोच रहा हूँ मीरन कि पहरेदार उस हब्शी हिजड़े के साथ आज सोऊँगा। बहुत दिन से हिजड़े का साथ नहीं मिला। सीधा-सादा भोग अब अच्छा नहीं लगता मीर अली। आड़े-तिरछे चोरी का भोग चाहिए।

[पीछे क्लाइव ताली बजाता है। राजसभा का प्रकाश तेज होता है। क्लाइव एक छोटे से टेबुल पर बैठते हैं। बाई चली जाती है।]

क्लाइव : अटेंशन प्लीज। मुझे आप लोगों से कुछ कहना है।

[सभी बोलते हैं—कहिए, कहिए।]

क्लाइव : मैं पहले ही अपने अब्बाजान बंगाल के नवाब मीरज़ाफ़र को धन्यवाद देता हूँ आज की इस सुन्दर पवित्र भोजसभा के लिए। और जिस उपलक्ष्य में आज यह भोज, उसके लिए भी मैं अब्बाजान को धन्यवाद देता हूँ। आप लोगों को बताता हूँ कि मैं कुछ दिनों बाद लंदन लौट जाऊँगा।

[सामूहिक रूप में 'यह क्या', 'क्यों', 'नहीं, नहीं, ऐसा नहीं हो सकता' की ध्वनि।]

सॉरी। मुझे देश लौटना होगा ही। मेरी प्राइम मिनिस्टिर पीटर के साथ आवश्यक मीटिंग है। कैसे हम लोग पूरे भारत को दखल कर सकते हैं, इसका अर्थ है पूरे भारतवर्ष में किस प्रकार और वेलफेयर स्कीम्स चलाई जाए, मेरे प्रधानमंत्री विलियम पिट बहुत दिनों से सोच रहे हैं। इसके अलावा यहाँ से जो कच्चामाल हम लोग ले जा पाए, हमारे देश में लोग कहते हैं कि सिर्फ उससे ही सम्पूर्ण यूरोप में इंडस्ट्रियल रिवोल्यूशन प्रारम्भ हो जाएगा। उसी सम्बन्ध में मैं बात करने लंदन जाऊँगा। यद्यपि मैं जानता हूँ कि इस जागीर के लाभ से मेरे ईस्ट इंडिया कम्पनी के अनेक लोग ही खुश नहीं होंगे। यह भी जानता हूँ कि अनेक लोग ही इस कलकत्ता की जमींदारी की गंध पाने पर दौड़ पड़ते, तब भी मेरा मानना है कि वे लोग मुझ पर मुकदमा चलाएँगे। वो जो भी वह सब मैं समझ लूँगा। मैं अब्बाजान को एक नए उत्पात की ओर देखने के लिए कहूँगा। जी, हाँ, सामूहिक उत्पात। मैं कह रहा हूँ चूँचुड़ा के गोलंदाजों की बात है। मैंने फ्रांसीसियों के बारे में अब्बाजान को पहले ही सावधान किया था, नवाब ने उसका प्रमाण भी हाथों-हाथ पाया था। एक वर्ष पहले वह शहजादा गौहर, और अयोध्या के नवाब सुजाउद्दौला के साथ फ्रांसीसियों ने हाथ मिलाकर रामनारायण के पटना के किले को दखल कर लिया था। हम लोगों ने यदि समय पर न पहुँचकर उन्हें न भगा पाते, तो बोलने में खराब लग रहा है कि नवाब आज फ्रांसीसियों की जेल में बैठे होते। ठीक उसी प्रकार के खूनी डकैत और लुटेरे हैं वो डच अर्थात गोलंदाज। अब्बाजान की कृपा से इस गंगा पर जितने जहाज चलते हैं उनके सर्च वारंट हम लोगों के हाथ में है।

यह डच लोगों को पसन्द नहीं है। मुझे खबर मिली है कि उनके वाटभियर एडमिरल ने कासिम बाजार, चूँचुड़ा में जितने भी गोलन्दाजों के मकान, कोठियाँ हैं गोपन ढंग से इनकी सुरक्षा के लिए देशी सिपाहियों को नियुक्त करने का ऑर्डर पटना भेजा है। यह बात मुझे अच्छी नहीं लग रही है। मैंने इतने दिनों तक कुछ नहीं कहा, कारण था यूरोप में हमारा-उनका सम्पर्क अच्छा था किन्तु इसके साथ ही मैंने खबर पाई कि अब्बाजान भीतर ही भीतर डच लोगों के संग सम्पर्क कर रहे हैं।

[सभा में विरोध में टेबुल पीटे जाने की आवाज।]

नहीं, अनुग्रह करके आप लोग हम लोगों को स्टुपिड न समझें। हम ब्रिटिश हैं। शायद हम सरल हैं, सम्भवत: दयालु हैं, इतना पढ़े-लिखे नहीं हैं, माँ-बाप द्वारा खदेड़ी गई संतान हैं, किन्तु धूर नहीं हैं। यूरोप में अभी जो अवस्था है उससे हम लोग अनायास ही अभी इस बंगाल में डच लोगों को समाप्त कर सकते हैं। मैंने कर्नल फोर्ड और कर्नल नक्स को ऑर्डर किया है कि यदि कोई डच जहाज गंगा से होकर चूँचुड़ा से यहाँ तक कि सांकराइल के निकट आते हैं तब उन पर हम कमान दागेंगे। किन्तु मैं अब्बाजान से कहना चाहता हूँ कि बार-बार हाथ न जलाएँ। हम लोगों के सरल विश्वास की अमर्यादा न करने के लिए। अब्बाजान ने देखा है कि उनका विश्वस्त खादिम हुसैन तक पूर्णिया का दायित्व पाकर आजकल नवाब को नहीं मानता है। पटना के सूबेदार रामनारायण भी नवाब को नवाबी मर्यादा देने में आनाकानी करते हैं, उधर मराठा शिवभट्ट, शहजादा अली गौहर इत्यादि सुयोग पाते ही बंगाल पर चढ़ाई कर सकते हैं। याद रखें अब्बाजान हम लोग ही आपका हाथ पकड़कर बंगाल के इस तख्त पर आपको बैठाया है।
डच, फ्रांसीसी, पुर्तगीज कोई आपको मराठों या दिल्ली से बचा नहीं सकता। बचा पाएँगे सिर्फ यही सिविलियन ब्रिटिश लोग। किसी को कुछ कहना है?

मीरकासिम : *(हाथ उठाता है)* लॉर्ड क्लाइव खबर पाई है कि ढाका के दीवान राजबल्लभ ने जनता के सामने कहा है कि बंगाल के नवाब मीरज़ाफ़र अपना राजशासन ठीक से नहीं चला पा रहे हैं। प्रजा में असंतोष बढ़ रहा है।

क्लाइव : राजा राजबल्लभ! अच्छा! वाट्स तुम्हारा इस प्रसंग पर क्या वक्तव्य है?

वाट्स : राजा राजबल्लभ ज्ञानी होना चाह रहे हैं। बंगाल का ज्ञानी। पब्लिक इंटेलेक्चुअल होंगे वे सभी जमाने में सभी सुविधाएँ लेंगे, और साधारण लोगों में अपनी इमेज बनाए रखना चाहेंगे। राजा बल्लभ की बात छोड़िए। जितनी कम बातें की जाएँ उतना ही अच्छा।

क्लाइव : साधारण लोग? हा। प्लासी के युद्ध के बाद हम लोग जिस दिन

विजय मनाते हुए, पटाखे जलाते हुए मुर्शिदाबाद के सिंहासन की ओर आगे बढ़ रहे थे, पूरी राजधानी और आसपास के गाँवों की जनता भीड़ बनाकर हम लोगों को देखने आई थी। मेरे मन में आ रहा था कि यदि वे भीड़ में से एक ढेला फेंकें तो वहीं हम लोगों के जीते ही हमारी कब्र बन जाए। सॉरी टु से, आप लोग अधिकांश समय झगड़ा ही करते हैं और वर्णन करते हैं। काम कुछ नहीं करते। इससे हो सकता है आप लोगों को सुविधा होती है। किन्तु आम जनता का कोई काम आगे नहीं बढ़ता। *(अचानक)* अच्छा मीरकासिम आपने जो बात कही, उसके बारे में कलकत्ता की कोठी के हलवेल साहब के साथ आपकी कोई बातचीत हुई है क्या?

मीरकासिम : हलवेल साहब से? नहीं तो क्लाइव साहब! उनके संग तो मेरी कोई बात नहीं हुई।

क्लाइव : *(मीरकासिम की ओर देखते रहते हैं)* अच्छा। न हो, तो ही अच्छा है। दोस्तो, याद रखिए ये नवाब मेरे ही अब्बाजान हैं। मैं जितने दिन जिन्दा बचा हूँ, इस बंगाल की तख्त से मीरज़ाफ़र को कोई हटा नहीं सकता। जितने दिन तक मेरी देह में एक कतरा खून का है उसे देकर इस महान राजा की लोग रक्षा करेंगे। करेंगे ही। अरे ताली बजाएँ भाई।

[समवेत ताली।]

तब भी कहता हूँ प्रायः ढाई करोड़ रुपए मेरी कम्पनी के पाने पर भी अथवा ढेर सारे अलग-अलग नजराने पाने पर भी मेरी कम्पनी अब भी प्रायः साढ़े तीन लाख रुपए नवाब से पाती है। किन्तु नवाब के कोषागार में सम्भवतः रुपए नहीं हैं। मैं श्री जगत सेठ महातप चाँद से अनुरोध करता हूँ *(कि)* अढ़ाई करोड़ से बहुत-बहुत अधिक बाकी वही साढ़े तीन लाख रुपए नवाब की ओर से कम्पनी को चुका दें।

[सभी चुप।]

वाट्स : ओ, इस समय तो सभी मुँह पर ताले लगा लिए हैं? अच्छा है। अच्छा है।

क्लाइव : ठीक है। इस पर मैं बाद में नवाब और सेठ के साथ चर्चा कर लूँगा। जगत सेठों से मेरा द्वितीय आवेदन यह है कि हम लोग

कलकत्ता के पुराने फोर्ट विलियम को तोड़कर नया एक फोर्ट बनाएँगे। इसका कारण है कि सिराज ने पुराने फोर्ट को जैसे-तैसे इच्छानुसार नेस्तनाबूद कर दिया है। तो जो हो नया फोर्ट हम लोग कलकत्ता के दक्षिण गोविन्दपुर ग्राम में बनाना चाहते हैं कुछ बंगाली घर वहाँ हैं जरूर हैं, लेकिन सब कच्चे घर हैं, खर-पतवार से छाए।

तो वहाँ के निवासियों *(प्रजा)* में तांती एवं आप लोगों के ही अर्थात सेठ लोगों के ही जाति-कुटुम्ब हैं। आप लोगों के बड़ा बाजार में जो गोविन्द जी का मन्दिर है, वहाँ यदि वे प्रजा सारे आ जाएँ अथवा और भी उत्तर में शिमला, आरपुली, जानबाजार या बागबाजार नाम से जो ग्राम हैं वहाँ बहुत जमीन खाली है। हम लोग उनकी व्यवस्था वहीं कर दे रहे हैं। साथ में कुछ पैसा और क्षतिपूर्ति भी दे-दे रहे हैं। गोविन्दपुर की वह जमीन हम अधिग्रहण करेंगे। नया फोर्ट हमें उसी गोविन्दपुर में बनाने दीजिए।

जगतसेठ : अच्छा। यह अच्छा है। आप लोग कलकत्ता गोविन्दपुर, सूतानाटी ग्रामों को इसी प्रकार यदि धीरे-धीरे सजा दें तब बहुत अच्छा होगा।

क्लाइव : हम्म! सिर्फ सजाऊँगा नहीं। हमारी इच्छा है कि धीरे-धीरे मुर्शिदाबाद से—नहीं, वह रहने दें। तब मैं जो कहना चाहता हूँ—

[पार्श्व ध्वनि आती है। क्लाइव की बात दब जाती है। पीछे की मजलिस गायब हो जाती है। वाट्स और मीरकासिम सामने आते हैं।]

वाट्स : तुम्हें तो देखता हूँ कि तुम बहुत चालाक-चतुर छोकरा *(लड़का)* हो। तो क्लाइव साहेब ने जो कहा, वह क्या सच है?

मीरकासिम : नहीं, नहीं। मेरे साथ सच में उस हलवेल साहेब की कोई बैठक नहीं हुई। मतलब अभी तक नहीं हुई।

वाट्स : अभी भी नहीं हुई। बढ़कर बोलते हो जमाई राजा। अभी भी नहीं हुई। सुनो, तुम नवाब के अगेंस्ट यह कैम्प भीतर ही भीतर चलाते रहते हो। राजबल्लभ, कृष्णदासों के नाम से।

मीरकासिम : मेरा मुनाफ़ा?

वाट्स : मुनाफ़ा क्या है, तुम अच्छे से जानते हो। बहरहाल कुछ पैसे

निकालो। मरे हुए हाथी पर पैसे खर्च करने पर कोई मुनाफ़ा नहीं, समझे दामादराजा।

[बात करते-करते वे निकलते हैं। दूसरी ओर से मीरन और मीरज़ाफ़र आते हैं।]

मीरन : इतनी भाँग न खाना अब्बाजान! आजकल हर समय चूर रहते हो।

मीरज़ाफ़र : मेरा दामाद उन साहेबों के साथ इतनी क्या बातें करता है बेटा? क्या बात है उसके साथ? उनके साथ? काली घटाओं से घिरा हुआ है चहुँओर। कड़कती हुई बिजली, आसमान आसमान बिखरा हुआ है बेटा।

मीरन : उस दुर्लभराम को क्लाइवों ने दाखिल हक नहीं लौटाया। वो अब भी उसी कलकते में ही साहबों की गोद में चढ़ा रहता है।

मीरज़ाफ़र : चढ़ा रहे। वो अब ज्वाला वतन का हुआ, बिना विष का साँप उसे वहीं रहने दो।

मीरन : फिर सामने जंग आ रही है। जंग। तैयार हो अब्बाजान। मैं अन्तिम चाल का इक्का अब मारूँगा। गोरा बच्चा सोचता है कि वही एकमात्र चालाक है। उन्हें किस प्रकार कला दिखाना है यह हाला का बेटा हाला मीरन जानता है। उसी कासिम बाजार की कोठी के सामने के पथ पर उसे यदि नंगा करके उठक-बैठक न कराया तो मेरा नाम भी मीरन नहीं।

[अँधेरा। युद्ध के नगाड़े बजते हैं। घोड़ा और हाथी की आवाजें आती हैं। युद्ध के नगाड़ों की आवाज मिट गई। बिजली गिरती है। विद्युत चमकता है। प्रकाश होने पर दीखता है मीरन अकेला खड़ा है। पीछे एक तंबू दीखता है। वर्षा की आवाज आती है। हाथ में पेट्रोमैक्स के साथ मेजर कोलाड आते हैं।]

मीरन : क्या मेजर कोलाड, पकड़ पाए उस छक्के के बच्चे खादिम हुसैन को?

कोलाड : नहीं, भाग गया है। सारे अस्त्र-शस्त्र छोड़ गया है। केवल ऊँट की पीठ पर सारे जवाहरात लादकर गंडक नदी पार करके वो नेपाल की तराई की ओर भाग रहा है। एक फूटी कौड़ी भी नहीं पाया।

मीरन : *(हँसता है)* उफ़! आप लोगों की यह ब्रिटिश जाति कितनी लालची हो गई है। आज रात में थोड़ी फुर्ती से काम लेने की जरूरत है। मैं उस तंबू में हूँ थोड़ी देर बाद एक बाई जी को भेज दें। अभी जाइए। अपने अब्बाजान को मैं खत लिखूँगा।

[कोलाड सिर झुकाए मीरन के हाथ पेट्रोमैक्स देकर चला जाता है। मीरन तंबू के भीतर चिट्ठी लिखने बैठता है। उसकी बातें सुनाई पड़ती हैं। चारों ओर झींगुर की आवाज है। बीच-बीच में विद्युत की चमक आती है। मीरन की छाया मूर्ति दीखती है।]

मीरन : माइ डियर अब्बाजान, तुम्हारे दिल की तसल्ली खादिम हुसैन आज भाग गया। बादशाह का सेनापति वही कमबख्त कामगढ़ खाँ भी अपने कैम्प से हवा दे रहा है। बादशाह अली गौहर भी सारे पत्ते समेटकर रानीसराय में भाग रहे हैं। चारों ओर खुशखबरी है। इसी बीच दोहरी खुशखबरी यह है कि नौ दिन पहले उन दोनों मोटी औरतों आमिना बेगम और घसीटी बेगम को मैंने आदमी लगाकर ढाका के बूढ़ी गंगा के बीच डुबाकर मार दिया है। मरने से पहले वे नमाज पढ़ने के लिए हाथ-पाँव धो रही थीं। उस समय उस सिराज की अम्मीजान अमीना बेगम ने मुझे यह कहकर शाप दिया कि बिजली के गिरने से मरूँ। मैंने तभी कहा कि गिद्ध के मनाने से गाय नहीं मरती। ऐसा कहकर मैं गाय *(गोरू)* हुआ कि नहीं यह न समझ आने पर भी वे गिद्ध थीं, वह साबित हो गया। अब्बाजान इस चिट्ठी को हाथ में पाते ही खुशी के मारे मेरी ओर से मुर्शिदाबाद के पाँच सौ कुत्तों को रोटी-मांस खिला देना। सिराज के पक्ष का और कोई न रहा, इससे बड़ी शान्ति *(मोशारात)* और क्या हो सकती है? इति। तुम्हारा अनोखा गौहर बेटा मीरन।

[मीरन का पत्र लिखना समाप्त हुआ। एक बाई जी पाँव में कड़ा/पायल पहने छमछम करती आती है। मीरन तंबू से निकलता है।]

मीरन : सलामे इश्क मेरी जां जरा कबूल कर लो। बाई सुनो। बंगाल के एक्स नवाब सिराज का पूरा वंश खत्म हो गया। इसलिए कोई परेशानी नहीं रही।

[एक बिजली गिरती है। बाई जी अपने मुँह पर का कपड़ा हटाती है। देखा जाता है कि वह लुत्फुन्निसा है। मीरन अचम्भित हो जाता है। लुत्फुन्निसा हँसती है।]

लुत्फुन्निसा : मेरी सास की बददुआ याद आ रहा है मीरन साहब? जल में वे डूब गईं, उन्हें बाकी का समय जन्नत किन्तु आसानी से उपलब्ध हो गई।

[मीरन देखता रहता है।]

याद आ रहा आज से तीन वर्ष पहले आपने मेरे सिराज की किस प्रकार हत्या करवाई थी? याद आ रहा है नवाबजादा? उसके बाद हाथी के हौदे में मृत सिराज को रखकर मुर्शिदाबाद में घुमाया था। अब आपकी लाश भी ठीक उसी प्रकार से हाथी की पीठ पर रखकर राजधानी में प्रवेश करेगी। ठीक उसी तरह।

[फिर बिजली गिरती है। अन्धकार है। मीरन की आर्तनाद चीत्कार डूब जाती है। शान्त हो जाता है एक पल। इसके बाद थोड़ा-सा प्रकाश आता है। तंबू में मीरन की देह पड़ी है। झींगुर की आवाज सुनाई पड़ती है। मंच के बाईं ओर कोने में लुत्फुन्निसा दीखती है। वह एक गीत गाती है। वैष्णव पदावली।]

लुत्फुन्निसा : *(गीत)*
ऐ साथी हमारे, दु:ख का नहीं है ओर
यह भरा बादल माह भादों सूना है मन्दिर मोर।

[गीत के बीच में मंच के पीछे मीरन की देह ताबूत में ले जाई जा रही हो जैसे। हाथी की चिंघाड़ आती है। गाने के अन्त में मंच के पीछे मीरज़ाफ़र दीखते हैं। वे आकर खड़े होते हैं। उनके सामने आकर मीरकासिम के लोग खड़े होते हैं। जुबैर प्रवेश करता है। वह मीरज़ाफ़र के पैरों में साँकल बाँधता है।]

अँधेरा

चतुर्थ दृश्य

[नीचे दाईं ओर मीरज़ाफ़र के कलकत्ता के चितपुर के भीतर/अन्दर का घर पाँव में जंजीर बँधी है मीरज़ाफ़र के। निकट ही एक कटोरे में कुछ खाने की सामग्री है। मीरज़ाफ़र जंजीर बँधी अवस्था में ही टहल रहे हैं। रात का समय है।]

मीरज़ाफ़र : कौन? वह कौन है? वह क्या है? यह क्या फिर उसी सिराज का छिन्न-मस्तक? रक्तरंजित देह? सिराज की मृत देह। जाओ सब। मैं विश्वास नहीं करता। वो तारा फिर मुझे घेरकर नाच रहा है। *(चिल्लाता है)* चले जाओ।

[आरिफा आती है।]

आरिफा : क्या? क्या हुआ खाँ साहेब?

मीरज़ाफ़र : वही। वही सिराज की छिन्न-भिन्न देह, वही मीरन की बिजली से जला शरीर। वही-वही जल में डूबा घसीटी बेगम का फूला हुआ शरीर, वही उमिचाँद का उन्मत्त होकर राह में पड़ी मृत देह, वही पत्थर से पीटे जगत सेठ, सभी जैसे मेरे चारों ओर घिरकर रक्श कर रहे हैं—नाच रहे हैं। आः। आः। जाने को कहो। उन्हें जाने को कहो।

आरिफा : कहाँ? कोई तो नहीं है। *(देखती है)* क्या आपकी बुद्धि खत्म *(सूझ-बूझ कम)* हो रही है खाँ साहेब? जागते हुए ख्वाब देख रहे हैं।

मीरज़ाफ़र : *(सहसा हँसी से फट पड़े तब देखते हैं।)*
नौटंकी कर रहा हूँ रे आरिफा! तमाशा कर रहा हूँ। विवेक *(अक्ल)*? जमीर? इस समय किसके लिए जमीर? किसका जमीर? किसे विवेक *(अक्ल)* है? इस समय बेचैन होती विवेक *(अक्ल)* है, बेताब जज्बात इन सभी के लिए सही नहीं है। वक्त रहते *(समय रहते)* अपना यदि जमीर न रहे, तो इंसान की क्यों अक्ल रहेगी रे? अक्ल। जितनी फिजूल, बकवास है।

आरिफा : तब?

मीरज़ाफ़र : मैं इन्तजार कर रहा हूँ। सिराज गया। मीरन गया। वह मीरकासिम भी जाएगा। अंग्रेजों ने जितने रुपए मुझसे माँगे थे, उससे उसका

दुगुना माँगा है। वह मुंगेर भाग गया है। हरामजादा दामाद। अंग्रेजों ने उसे पहाड़ों में हराया है। जहाँ भी हो सकेगा अंग्रेज मीरकासिम को हराएँगे। अकेले मीरकासिम ने उस मुंगेर के दुर्ग में दोनों भाई जगत सेठ भाई, रामनारायण, राजबल्लभ सभी को, सभी को मारा है उसने। जगत सेठों के गले में बालू भरकर कलसी बाँधकर, मुंगेर के दुर्ग से उसने गंगा में फेंक दिया। उसके बाद डर के मारे कुत्ते की तरह भाग रहा है। आज मुंगेर तो कल पटना, आज कटोआ तो कल गिरिया भाग कुत्ता, भाग। तुझे उसी राह में घूमते-घूमते पागल कुत्ते की तरह मरना होगा। वे अंग्रेज फिर मेरे पास आएँगे। मेरा गोरा बेटा क्लाइव फिर मेरा हाथ पकड़कर मुर्शिदाबाद के तख्त-ए-ताऊस पर बैठाएगा। हाय खुदा! मेरा हाथ पकड़कर यहाँ कहाँ ले चले हो? *(हँसते हैं)* मुर्गाहाट में मुर्गाहाट में।

आरिफा : आप अभी भी गद्दी पर बैठने का ख्वाब देख रहे हैं खाँ साहेब? इस उम्र में भी?

मीरज़ाफ़र : जरूर। यह देख, मेरे गले में दर्द है। हकीम ने मुझे उस दिन बताया कि मुझे कोढ़ हो गया है, दवा दे गया है। वही दवा खा रहा हूँ। फिर भी मेरे गले का घाव ठीक नहीं हो रहा रे आरिफा! मैं जानता हूँ, मैं अधिक दिन और इस दुनिया में नहीं रहूँगा, तब भी मौत से पहले एक बार सिर्फ एक बार यदि उस ज़ाफ़रागंज की गद्दी पर बैठ पाता, एक बार यदि वही नाकाफी खूबसूरत क्षमता फिर से हाथ में पाता! ओह, आरिफा!

आरिफा : बूढ़े होकर मरने के करीब हो, राजनैतिक बन्दी हो, इसी कलकत्ता के चितपुर में नजरबन्द हो, फिर भी आपकी दावेदारी की लालच नहीं गई खाँ साहेब?

मीरज़ाफ़र : और जाएगी भी नहीं। मर जाऊँगा तब भी कुर्सी चाहिए रे आरिफा, तख्त चाहिए। और यह खाँ साहेब किसे कह रही हो? नवाब कहो, नवाब। नवाब मीरज़ाफ़र खाँ महाबत जंग।

[आरिफा अपना सर हिलाते हुए हताश मुद्रा में चली जाती है। मीरज़ाफ़र चिल्लाते हैं—खयालों में। खयालों में। फिर उसी पुरानी कव्वाली की धुन आती है। प्रकाश धीमा होता है। स्वप्न में लुत्फुन्निसा आती है।]

लुत्फुन्निसा : क्या नवाब साहब कैसे हैं?

मीरज़ाफ़र : आप मुझसे निकाह नहीं करेंगी मोहतरमा? मैं ही आपका एकलौता कद्रदान हूँ, मेरा वह बदतमीज-बदसलूक लड़का मीरन नहीं।

लुत्फुन्निसा : आपको कफन देने के जनाजे में मैं रहूँगी नवाब। आपकी लाश पर मैं पहली चादर चढ़ाऊँगी। आपकी लाश कयामत तक जाएगी और कयामत तक मेरा अभिशाप भी आपके संग-संग जाएगा।

मीरज़ाफ़र : बदचलन! धोखेबाज! रंडी! दूर हो! यहाँ से दूर हो।

[लुत्फुन्निसा हँसते-हँसते चली जाती है। सर्वांग जला हुआ मीरन आता है।]

मीरन : क्या अब्बाजान? मर गया इसलिए बहुत खुश हो न? सोच रहे हो कि अब तुम्हारा कोई रक़ीब नहीं है। घसीटी बेगम और अमीना बेगम की बददुआ मत भूलो अब्बाजान। हम सभी अपघात से मरे हैं। तुम भी वैसे ही मरोगे अब्बाजान। वैसे ही मरोगे जिन्दा रहते कोई सुख-सहूलियत नहीं पाओगे अब्बाजान। जिन्दगी भर तन्दूर में जलोगे। पंख छिले मुर्ग की तरह जलोगे।

मीरज़ाफ़र : दूर हो बदतमीज रूह! दूर हो।

[मीरन हँसते-हँसते चला जाता है। क्लाइव आता है।]

क्लाइव : क्या रे मीरज़ाफ़र, कैसा है?

मीरज़ाफ़र : यह क्या मेरा गोरा बेटा। तुम? तुम आए हो?

क्लाइव : हाँ, मैं आया हूँ, मैं। कैसा है तू मीरज़ाफ़र?

मीरज़ाफ़र : यह क्या बेटा, तुम मुझे 'तू'-तकार कर रहे हो क्यों? मुझसे इतनी दौलत कमाने के बाद भी?

क्लाइव : यह नहीं तो क्या अब्बाजान कहूँगा? सुन, तेरे वजीर दुर्लभराम को भी मैं चचाजान दुर्लभराम कहता था। उससे क्या? मेरे हिन्दू चचा-मुस्लिम बाबा हो गया है। जब जरूरत थी अब्बा-चचा कहा, अब जरूरत से तुम लोगों के बीच बवाल फैलाऊँगा। और ताली बजाते-बजाते कहूँगा, मारो। इसे मारो, उसे मारो।

मीरज़ाफ़र : और तेरा? तेरा क्या होगा क्लाइव? तू जाएगा? हम लोग नहीं बचेंगे, सभी पर बददुआ रहेगा, सभी आफत से मर जाएँगे। और तेरा क्या होगा? बोल क्या होगा?

क्लाइव : मैं तेरा दिया धन-दौलत लेकर लंदन में अपने वर्कले स्क्वायर के फ्लैट में बैठकर चीज, सलामी और फ्रेंच वाइन खाएँगे-पीएँगे। पीछे से हल्की धुन में बेटोवेन की सिम्फनी बजेगी।

मीरज़ाफ़र : हरामी! सूअर की औलाद।

[क्लाइव हँसते-हँसते चला जाता है। प्रकाश स्वाभाविक होता है। पार्श्व ध्वनि थम जाती है। मीरज़ाफ़र की जैसे आश्वस्ति लौट आती है। वे ताली बजाने लगते हैं।]

मीरज़ाफ़र : चुन्नीलाल, मणिलाल।

[चुन्नीलाल, मणिलाल डंडे में बँधा गोश्त ले आते हैं। साथ में मद भी। गुलाम अली, मीरअली भी आते हैं। वे मीरज़ाफ़र को गिलास में ढालकर मद देते हैं। अन्य पार्श्व ध्वनि आती है। मीरज़ाफ़र खाते-पीते रहते हैं। जुबैर आता है। वह आपे से बाहर है।]

जुबैर : खाँ साहेब! अच्छी खबर है। बक्सर में मीरकासिम से अंग्रेजों का जंग आरम्भ होने जा रहा है। अन्तिम जंग। अंग्रेजों की ख्वाहिश है आप फिर से बंगाल का नवाब हों और उस जंग में फतह हासिल करें। वे तुरन्त ही आएँगे खाँ साहेब। अपने किले से वे लोग निकल पड़े हैं। आप फिर भी नवाब हैं! खाँ साहब! फिर नवाब। सोच पा रहे हैं?

[मीरज़ाफ़र जोर से अट्टहास कर उठते हैं।]

मीरज़ाफ़र : जंग। फिर जंग। फिर नवाबी। फिर कुर्सी। ओ रे, कौन कहाँ है, मेरी तलवार ले आओ। मैंने फिर जीता है। फिर! फतह जंग! मीरज़ाफ़र जिन्दाबाद। ओरे चुन्नीलाल मणिलाल, जसनेवाना कहाँ है, लुत्फुन्निसा? कहाँ है, वह हरामी की औलाद क्लाइव? कहाँ है मेरा मरा हुआ बेटा, क्या करोगे अब तुम लोग? क्या होगा तुम लोगों का?

[चिल्लाते-चिल्लाते मीरज़ाफ़र बाहर चले जाते हैं। पीछे जुबैर, चुन्नीलाल, मणिलाल, गुलाम अली, मीर अली भी जाते हैं। धीमा होता हुआ अँधेरा। फिर युद्ध के नगाड़े बजते हैं। घोड़ा और हाथी की चीत्कार आती है। व्होटोमेन की सिम्फनी की आवाज आती है। मिडिल स्टेज पर क्लाइव के लंदन के बर्कले स्क्वायर का

घर आता है। एक आरामकुर्सी, बगल में एक छोटी टेबुल रखे हैं। वहाँ ग्रामोफोन है। उस पर व्लाटामेन वाद्य यंत्र बज रहा है। क्लाइव मुँह पर ढेर सी शेविंग क्रीम लगी दशा में मंच पर आते हैं। टेबुल के ऊपर रखे दाढ़ी बनाने वाला रेजर उठाते हैं। दबी हुई हँसी हँसते हैं। उसके बाद अपने गले पर चलाते हैं। गले से निकलते रक्त के साथ गिरते हैं। मर जाते हैं। पीछे खबर होती है। 'पिछले 22 नवम्बर, 1774 लंदन के वर्कले स्क्वायर के फ्लैट में बैरन ऑफ प्लासी लॉर्ड क्लाइव की रहस्यमय तरीके से मौत हुई। उन्होंने अपना गला काटकर आत्महत्या की है। मृत्यु के समय उनकी उम्र उनचास वर्ष थी। कुछ दिन पहले उनके खिलाफ पार्लियामेंट ने एक अनुसंधान कमिटी बनाई थी। जनरल जॉन बार्गो उस कमिटी के प्रधान थे। उनकी मृत्यु पर लंदन की रानी ने गम्भीर शोक प्रकट किया है। लॉर्ड क्लाइव रॉयल सोसायटी ऑफ लंदन...। पार्श्व ध्वनि आती है। अँधेरा हो जाता है। पर्दा गिरता है।)

[समाप्त]

अनुशोचना

अनुवाद : *प्रतीक सिंह*

पात्र

शारिपुत्र
मौदगल्यायन
वृद्ध देवदत्त
सुदर्शन
उत्पलवर्णा
अजातशत्रु
बिंबसार
तरुण देवदत्त
कोकालिक
गुप्त तीरंदाज
समुद्रदत्त
प्रौढ़ देवदत्त
रेवत
सुभद्र
कोलित
धर्मदत्त
आनन्द
और
कुछ संन्यासी

[स्थान : कुशीनगर! भिक्षु संघ से बाहर। मंच के एक कोने पर एक दल है। शारिपुत्र और मौदगल्यायन खड़े हैं। उनके सामने एक चारपाई है जिस पर वृद्ध देवदत्त अधलेटे हैं। उनके सामने देवदत्त के शिष्य सुदर्शन हैं। शारिपुत्र और मौदगल्यायन चुपचाप हैं। दूसरी दिशा में देखते हुए सुदर्शन अपनी बात कहते हैं।]

सुदर्शन : मेरे गुरु भिक्षु देवदत्त वास्तव में अत्यंत दुखी हैं। तीव्र पश्चात्ताप से उनका हृदय फटा जा रहा है। वे जानते हैं कि अब वे अधिक दिनों तक इस भू-लोक पर नहीं जी सकेंगे। फलतः वे अतीत में किए गए अपने सारे कुकर्मों के लिए क्षमाप्रार्थी हैं। एक बार, सिर्फ एक बार बुद्ध के दर्शन की अभिलाषा है उनकी। हे शिष्य शारिपुत्र, हे शिष्य मौदगल्यायन, आप लोग दयालु बनें। एक बार मेरे गुरु देवदत्त की बुद्ध के साथ साक्षात्कार की व्यवस्था कर दीजिए।

[नीरवता।]

शारिपुत्र : हे भिक्षु, हे शिष्य सुदर्शन! तुम जानते हो कि जो बन्धुओं की उन्नति में अपने स्नेह की तलाश करते हैं, विपत्ति के समय साथ नहीं छोड़ते वही वास्तविक साथी होते हैं, वही सहृदय होते हैं। भिक्षु देवदत्त बुद्ध के चचेरे भाई हैं, वे यशोधरा के सहोदर थे।

मौदगल्यायन : वे बुद्ध के भी ऋणी थे। स्पष्ट बोलो शारिपुत्र। स्पष्ट बोलो। देवदत्त की सामाजिक प्रगति ही हुई है प्रभु तथागत के स्पर्श से। उसके बावजूद भी वे बिना कुछ सोचे-समझे मेरे प्रभु से ईर्ष्या करते रहे हैं।

सुदर्शन : भंते मौदगल्यायन, भिक्षु देवदत्त आज मृत्यु के सम्मुखीन हैं। उन्हें एक असाध्य प्राणघातक व्याधि ने जकड़ लिया है।

महान बुद्ध के महापरिनिर्वाण के पहले भिक्षु देवदत्त उनसे एक बार साक्षात्कार के अभिलाषी हैं। क्या उनसे एक बार भी साक्षात्कार नहीं कर सकते हैं?

शारिपुत्र : शिष्य सुदर्शन, आज से तीन महीने पहले वैशाली में प्रभु अमिताभ ने हम लोगों को बताया था कि इसी महीने की पूर्णिमा तिथि के तीसरे प्रहर में वे देहत्याग करेंगे। कल संध्या के समय जब सूर्य अस्त होने वाला था, तभी हम सभी संघों के प्रधान भिक्षुगण इस कुशीनगर नामक छोटे नगर में आ गए थे।

मौदगल्यायन : आबुसो आनन्द ने कहा था, यह कुशीनगर नगरी एक बड़े वृक्ष के छोटे तने सा लघु है। यह छोटा शहर बुद्ध के महापरिनिर्वाण के लिए उपयुक्त स्थान नहीं है। हे तथागत, आप इस लोक का परित्याग करना चाहते हैं तो उसके लिए उचित स्थान—राजगृह, श्रावस्ती या चम्पा हैं। आप वहाँ चले जाएँ।"

शारिपुत्र : इसके बावजूद प्रभु बुद्ध ने निश्चित किया है कि यह कुशीनगर ही उनके प्रयाण के लिए योग्य स्थान है। इसका कारण यह है कि यह अनोखी नगरी प्राचीन काल में अत्यंत प्रसिद्ध और समृद्ध थी। यह स्थान श्रेष्ठ और उत्तम वस्तुओं का केन्द्र था। इसीलिए आज रात के तीसरे प्रहर में उनका महाप्रयाण है। इस समय उन्हें जाकर यह बताना कि भिक्षु देवदत्त अभी उनके साक्षात्कार के हेतु इच्छुक हैं, यह बहुत कठिन कार्य है सुदर्शन।

मौदगल्यायन : इसके अलावा भिक्षु देवदत्त ने जो व्यवहार बुद्ध के साथ किया है, षड्यंत्र और ईर्ष्या के जो विष उन्होंने करुणा के सागर बुद्ध के प्रति प्रदर्शित किया है, इन कारणों से लगता नहीं है कि प्रभु बुद्ध आज इस समय उनसे मुलाकात करेंगे।

[नीरवता। वृद्ध देवदत्त अपनी चारपाई से किसी तरह उठते हैं।]

वृद्ध देवदत्त : हे थेर मौदगल्यायन, हे थेर शारिपुत्र सभी जानते हैं कि यह दर्शन रूपी फल दिव्य है। इसलिए अब इस फल की आशा नहीं करता। मैं सिर्फ इतना ही कह सकता हूँ कि पछतावे का पल्लव समूह अन्य पल्लवों की भाँति नहीं है। प्रभु बुद्ध के गुणों का परिमाप करना मेरे लिए असाध्य है। जलकूप के

द्वारा सागर की सीमा मापने जैसा ही असाध्य है। किन्तु आज मैं भी तो मृत्युमुखी ही हूँ, इसलिए क्या वे करुणा के सागर बुद्ध मुझसे एक बार भी साक्षात्कार नहीं करेंगे?

[भिक्षु संघ के अन्दर से थेरी उत्पलवर्णा आती हैं। देवदत्त के सामने खड़ी होती हैं।]

उत्पलवर्णा : नहीं भिक्षु देवदत्त! आपके साथ प्रभु बुद्ध का साक्षात्कार नहीं होगा, आज उनके महाप्रयाण का दिन है। उन्होंने निश्चित किया है कि आज रात्रि के प्रथम प्रहर में इसी कुशीनगर के मल्ल राजकुमारों के निकट वे धर्मोपदेश देंगे। उससे पहले करुणा के सागर बुद्ध अभी ध्यानावस्था में हैं। इसीलिए उनसे साक्षात्कार की आशा का परित्याग करें आप।

वृद्ध देवदत्त : थेरी उत्पलवर्णा, आप मुझ पर दया करें। सुना है, यौवनावस्था में आप इतनी रूपवती थीं कि आपके पिता सशंकित रहते थे कि यदि वे आपको किसी राजा के कुमार या श्रेष्ठ पुत्र के हाथों में दान करें तो आपसे परिणय के इच्छुक ईर्ष्या में अन्धे होकर आपको और आपके पिता को क्षति पहुँचाने का प्रयास कर सकते हैं। इसीलिए उन्होंने सोचा था कि आप यदि भिक्षुणी धर्म ग्रहण करें तो इस प्रकार के अनिष्ट का समूल नाश हो जाएगा। उन्होंने आपको बुलाकर पूछा था कि आपको भिक्षुणी-वृत्ति ग्रहण करने की इच्छा है या नहीं।

उत्पलवर्णा : सत्य है। किन्तु हे भिक्षु देवदत्त, मेरे पिता के मुझसे जिज्ञासा करने के पहले ही मैंने मानसिक तैयारी कर ली थी कि यदि मेरा कोई अभीष्ट अर्थ है तो वह भिक्षुणी संघ में ही है, यदि कोई लक्ष्य है तो एकमात्र प्रभु तथागत हैं।

वृद्ध देवदत्त : जानता हूँ थेरी। किन्तु मेरा कथन वह नहीं है। मेरे कहने का अर्थ है कि आपके पिता जिस तथ्य से पूर्णतः अवगत थे वह यह था कि इस पृथ्वी पर एक भय का विषय है और वह है ईर्ष्या।

शारिपुत्र : ज्ञानी और गृहस्थ का अर्थ ही है कि वे अवगत होते हैं भिक्षु देवदत्त। अन्तर केवल इतना है कि, ज्ञानी ईर्ष्या के स्वरूप को जानते हुए भी उसका अतिक्रमण कर सकते हैं, सच्चे गृहस्थ नहीं कर सकते। वे उससे केवल भयभीत हो सकते हैं।

मौदगल्यायन : थेरी उत्पलवर्णा के पिता का भय इसीलिए कभी भी मिथ्या नहीं था।

उत्पलवर्णा : नहीं, आप लोग प्रतीक्षा करें। लग रहा है भिक्षु देवदत्त अन्य कोई बात कहना चाहते हैं।

देवदत्त : सत्य है थेरी। मैं कहता हूँ, ईर्ष्या तो वास्तव में काम, क्रोध, मोह और नशे की तरह ही एक सच है। सभी व्यक्ति ज्ञानी नहीं हैं। शत्रु दमन ही परम सत्य है—ऐसा जानकर भी सभी उस ऊर्ध्व स्तर पर टिक नहीं पाते। मैं उसी वृहद, वास्तव और अपराजेय ईर्ष्या नामक शत्रु के प्रभाव से ग्रस्त हुआ था। उसी ईर्ष्या से एक चरम विद्वेष का जन्म हुआ था। मैं उसी महामारी के प्रकोप से घिर गया था और घिरने का कारण भी था।

उत्पलवर्णा : कारण? क्या कारण था भिक्षु? परम प्रभु की दिव्यकान्ति? उनके कर्म? उनकी जगप्रसिद्ध ख्याति? इनके अलावा और क्या कारण हो सकते हैं—बताइए हमें।

देवदत्त : कारण थे थेरी। आप जानती हैं, मैं रिश्ते में यशोधरा का सहोदर हूँ। इसका अर्थ है बुद्ध मेरे रिश्तेदार हैं। मैं इसीलिए आश्वस्त था कि हम लोगों के संघ में इन बुद्ध-शिष्यों शारिपुत्र या मौदगल्यायन की अपेक्षा मेरा प्रभाव अधिक होगा। किन्तु मेरी धारणा भ्रान्ति सिद्ध हुई। मैंने देखा कि संघ में मेरी अपेक्षा वे लोग अधिक महत्त्व पा रहे हैं। मेरे भीतर तब एक मर्मांतिक अग्नि का आविर्भाव हुआ थेरी। मैंने तब स्वयं से कहा कि क्या मेरी योग्यता इनसे भी कम है? मैं क्या इन लोगों से भी लघु हूँ?

शारिपुत्र : भिक्षु आप अस्थिर न हों।

देवदत्त : नहीं थेर शारिपुत्र, मुझे बोलने दीजिए। मैं जानता था कि मानवता की दृष्टि से थेर शारिपुत्र एवं श्रम के सन्दर्भ में थेर मौदगल्यायन मुझसे अग्रणी हैं। किन्तु मेरे अन्दर तो इन दोनों गुणों का मिश्रण है। तब? बाद में समझा, हे थेरी उत्पलवर्णा, मानवता में श्रम नहीं रहता वह तो वंशानुगत होता है। फिर जो श्रम-संवेदना शून्य होता है, वह निःसन्देह व्यर्थ होता है। फलतः मेरे अन्दर इन दोनों का ही अभाव था जिसकी सूचना मेधावी बुद्ध को क्षण मात्र में ही हो गया था।

मौदगल्यायन : तब तो समस्या खत्म ही हो गई। इस अनुभव का तुम्हारे भीतर आविर्भाव होते ही तुम्हारे भीतर तब तर्क का जन्म हुआ।

देवदत्त : हुआ। लेकिन वह बहुत बाद में। थेर शारिपुत्र, थेर मौदगल्यायन, मेरे अन्दर तब तर्क नहीं उससे भी अधिक पीड़ादायक एक

विचार आ रहा था कि मुझे मेरे बचपन के मित्र बुद्धदेव समझ रहे हैं कि मैं कर्म से, योग्यता में, तार्किक बुद्धि में, प्रतिभा में अपने समसामयिक लोगों से पीछे हूँ। उनके अन्दर की भावना की यह स्पर्धा मुझे क्रोध से पागल बना दे रही थी। उनकी इस सोच का अभिमान मेरे अन्दर एक साथ ही हीनभावना और हिंसा का दंश उत्पन्न कर रहा था।

मौदगल्यायन : तब तुम्हें राजपुत्र अजातशत्रु की आवश्यकता उत्पन्न हुई। यही न भिक्षु देवदत्त?

देवदत्त : राजपुत्र! राजपुत्र अजातशत्रु। ठीक है। न जाने क्यों वह शैशवकाल से ही मेरे प्रति निष्ठावान था, और शैशवकाल से ही वह घोर पितृ विरोधी था अर्थात महाराज बिंबिसार का विरोधी था।

[दाहिनी ओर के छोर पर राजपुत्र अजातशत्रु दीख पड़ते हैं। उनकी कमर से तलवार लटक रही है। उनके बगल में तरुण देवदत्त दीखते हैं। पार्श्व ध्वनि बजती है। बाकी सारे चरित्र गायब हो जाते हैं। राजमहल के कोने में ये दो लोग हैं।]

तरुण देवदत्त : वत्स अजातशत्रु!

अजातशत्रु : बोलें प्रभु!

तरुण देवदत्त : क्या तुम नहीं चाहते कि उस झूठे बुद्धदेव का ध्वंस हो? तुम बुरा न मानो, राजा बिंबसार ने बुद्ध के प्रति जो दया दिखाई है वह अकारण है। निष्प्रयोजन है? उस परिमाण में प्रशंसा पाने पर तो कोई अदूरदर्शी व्यक्ति भी ख्याति के चरम मार्ग पर जा सकता है। ऐसा क्या तुम्हें नहीं लगता?

अजातशत्रु : लगता है प्रभु। सोचता हूँ दूसरों के लिए जो कष्ट अनुभव करता है, टूटकर भी जो मधुर बना रहता है, जिसका उद्भव समय की अपेक्षा करते-करते क्लांत हो जाता है, वह असल में गन्ने की तरह होता है। वही गन्ना यदि किसी अनुपजाऊ क्षेत्र में हो तो वृद्धि नहीं करता, इसमें क्या गन्ने का अपराध है न कि उस मरुभूमि का अपराध है।

तरुण देवदत्त : तुम्हारे पिता राजा बिंबिसार वही ऊसर मरुभूमि हैं। बुद्ध के प्रति प्रेम भावना में वे इतने रमे हुए हैं कि अपने पुत्रों की उन्नति की ओर भी उनका कोई ध्यान नहीं है। वह जीवन

ही धन्य जीवन हो उठता है जब किसी को धनी के द्वार पर धरना नहीं देना पड़ता, विरह व्यथा नहीं सहनी पड़ती और असहायता का कोई कथन जिस जीवन में एक बार भी नहीं रहता। बुद्धदेव के नश्वर जीवन को स्वयं राजा बिंबिसार ने सुसज्जित कर दिया है। ये तीन समस्याओं ने इसीलिए उन्हें कभी टूटने नहीं दिया। फलत: वे आसानी से सभी अनर्थक सिद्धान्तों की रचना कर सके हैं।

अजातशत्रु : सिर्फ यही नहीं, वे इतने ही अन्धे हो गए हैं कि मेरी माँ क्षेमा तक जब बुद्ध के दिव्यत्व को देख पाईं एवं सांसारिक धर्म को छोड़ भिक्षुणी के रूप में रूपान्तरित हुईं, संन्यास ग्रहण करने की अनुमति माँगा, मेरे पिता ने आनन्द के साथ सम्मति दे दी। यह आचार्य देवदत्त और मेरी आँखों-देखी घटना है। जबकि मेरी माँ, महारानी क्षेमा पहले वे सर्वदा बुद्ध की अनदेखी कर चलती थीं।

तरुण देवदत्त : स्वाभाविक है। उन्होंने सुना था कि सौन्दर्य की कमी पकड़ना ही सम्भवत: बुद्ध का स्वभाव है। जबकि महारानी का सौन्दर्य जगप्रसिद्ध था। वही महारानी क्षेमा ने बुद्ध के परामर्श के बाद तुम्हारे पिता को आकर बताया कि वे भिक्षुणी बनेंगी, और सम्भवत: परम निर्वाण प्राप्त करेंगी।

अजातशत्रु : वह दिन मुझे अच्छी तरह से याद आता है। माँ वेणुवन से अन्त:पुर में लौटीं। उस दिन ही उस भ्रष्ट बुद्ध के संग उनका पहला साक्षात् हुआ। लौटकर जब महल में पिता बिंबिसार के संग माँ का साक्षात् हुआ, मैंने जीवन में पहली बार देखा है, हे आचार्य देवदत्त, मैंने पहली बार देखा कि मेरी माँ ने पिता को झुककर प्रणाम नहीं किया। जीवन में प्रथम बार। पिता ने अनुमान से समझा कि माँ ने अपनी योग्यता अर्जन कर लिया है। योग्यता! हा : पल भर में मेरी माँ के लिए राजमहल, उनके स्वामी–संतान सब मिथ्या हो गए। फिर भी मेरे पिता, मेरे दृष्टिवान यद्यपि अन्धे पिता ने माँ से पूछा कि क्या उन्होंने बुद्ध का दर्शन किया है? मेरी माँ ने, मेरी एकमात्र अवलम्ब मेरी माँ ने, मेरे पिता को बताया कि उन्होंने आँखों से नहीं, अपनी आत्मा से उस भ्रष्ट बुद्ध को देखा है। कहा कि, राजा बिंबिसार की दृष्टि से वह दर्शन सैकड़ों योजन गुणा अधिक है।

तरुण देवदत्त : जानता हूँ वत्स। और उसके दूसरे दिन ही महारानी क्षेमा ने सम्पत्ति के त्याग के माध्यम से अपनी भिक्षुणीवृत्ति के ग्रहण अनुष्ठान को सम्पन्न किया। महाराज बिंबिसार ने महासमारोह में तुम्हारी माँ को बुद्ध के पास भेजा, वही तथाकथित भिक्षुणी, संघ में।

अजातशत्रु : वह बुद्ध आदमी सिर्फ 'भ्रष्ट ही नहीं' है वह असल में एक कामुक व्यक्ति है उसके निकट नारी मात्र ही घृत का पात्र है, और वह स्वयं एक तप्त अंगार है। मेरे पिता प्राज्ञ व्यक्ति होकर घृत और अंगार को एक ही जगह नहीं रखते थे। महाराज बिंबिसार को केवल मात्र इसी अपराध के लिए कभी क्षमा नहीं किया जा सकता। मैं अन्ततः अपने इस जीवन में तो नहीं कर सकूँगा क्षमा।

तरुण देवदत्त : तुम बिंबिसार की हत्या करो वत्स! उसके बाद बुद्ध की हत्या मैं करूँगा तुम्हारे लिए उपयुक्त जगह राजसभा है। और मेरा योग्य पद संघचालक है। पत्थर तोड़ देने पर फिर से नहीं जुड़ता। तुम अपने पिता से मानसिक रूप से विच्छिन्न हो गए हो। कौन नहीं जानता कि मेघ की छाया, दुष्टों के प्रति प्रीति, नारी के यौवन और नई फसल कुछ क्षणों के लिए उपभोग योग्य होते हैं, उसके बाद उनकी महिमा समाप्त होने के लिए बाध्य है। बुद्ध की महिमा भी ऐसी ही है, इस राज्य में भूतपूर्व हो चुकी है। हे वत्स, मणिहीन मुकुट जैसे नहीं होता वैसे ही क्षमता बिना कर्म कभी भी सार्थक नहीं हो सकता। कभी भी नहीं।

अजातशत्रु : सत्य बात कही है आपने आचार्य।

तरुण देवदत्त : शीत से आक्रान्त व्यक्ति क्या चन्द्र किरणों से आराम पा सकता है? पसीने से तरबतर व्यक्ति को क्या सूर्य की किरणों से प्रेम हो सकता है? उसकी हत्या किए बिना तुम कैसे अपना अभीष्ट अर्जन करोगे वत्स अजातशत्रु? मित्रों और शत्रु को क्षमा करना, वह तो ऋषियों का काम है। किन्तु वही गुण यदि राजपुत्र होकर भी तुम अपने अपराधी पिता को दिखाओगे, तब तुम ही एक जघन्य गम्भीर पाप से आच्छन्न हो जाओगे। वत्स कौन नहीं जानता सर्वभक्षक ब्राह्मण, अवज्ञाकारी पत्नी, दुष्ट मित्र, अभिमानी नौकर और अकर्मठ कर्मचारी की भाँति ही दयावान राजा अवश्य ही परित्याग योग्य होता है। महाराज

बिंबिसार दया नामक उसी व्याधि से आक्रान्त हैं जो ऋषियों, मुनियों को शोभा देता है। किसी राजा को नहीं।

अजातशत्रु : किन्तु जनता के लिए वे महान सम्राट के रूप में जाने व माने जाते हैं। उनकी हत्या के बाद यदि राज्य में कोई क्रान्ति हो जाए तब आचार्य? हम लोग उसका प्रतिरोध कर पाएँगे तो?

तरुण देवदत्त : क्रान्ति नहीं होगी वत्स! जनगण व्यक्तियों का ही समूह है और वे आत्मस्वार्थ ही समझते हैं, समग्र के स्वार्थ को समझना उनका काम नहीं। इसके अलावा वे जानते हैं कि जब प्रबल तूफान आता है तब वह तृण को उच्छेदित नहीं करता, वह करता है बड़े वृक्षों को उखाड़ फेंकने का काम। फलस्वरूप तुम अपने अन्दर के तूफान को प्रवाहित करो वत्स। यह वही शुभ क्षण है। आगे बसंतोत्सव आ रहा है। सभी नागरिक विलास में डूबे रहेंगे। यही वह अवकाश है। महाराज बिंबिसार की हत्या करो वत्स।

[प्रचंड तूफान की आवाज आती है। रुकती है। फिर प्रकाश होने पर कुशीनगर के भिक्षु संघ का सामना दिखाई पड़ता है। सभी उपस्थित रहते हैं। उत्पलवर्णा बोलती हैं। वृद्ध देवदत्त दिखाई देते हैं।]

उत्पलवर्णा : इसके बाद उत्सव के अवकाश में अजातशत्रु ने बिंबिसार का वध किया यही न?

[वृद्ध देवदत्त सिर हिलाते हैं। पार्श्व ध्वनि आती है। पीछे दिखाई पड़ता है कि बिंबिसार की हत्या अजातशत्रु कर रहे हैं। कुछ क्षण पश्चात् पार्श्व ध्वनि लुप्त हो जाती है। फिर भिक्षु संघ लौट आता है, वृद्ध देवदत्त अपनी बात कहते हैं।]

वृद्ध देवदत्त : पुत्र ने हत्या की पिता की। सिंहासन पर बैठा अजातशत्रु और उसका प्रधान परामर्शदाता हुआ मैं।

[पीछे अजातशत्रु और तरुण देवदत्त दिखाई देते हैं।]

वृद्ध देवदत्त : जो चाहा था वही हुआ। राजा का अनुग्रह पाया। निश्चित किया है कि अब अपने निर्देशों के अनुसार ही संघ को प्रारम्भ करूँगा। किन्तु देखा है कि यह शारिपुत्र, यह मौदगल्यायन,

यह आनन्द ये राजा को नहीं समझते, क्षमता को नहीं समझते, आत्मस्वार्थ नहीं समझते, वे केवल बुद्ध को समझते हैं। सिर्फ बुद्ध।

[पीछे अजातशत्रु बोलता है। उसके निकट उसका तरुण देवदत्त है।]

अजातशत्रु : निर्बोध भिक्षु-दल। वे समझ नहीं पा रहे कि बिंबिसार अब और इस राज्य के स्वामी नहीं हैं। मैं ही अब सम्राट हूँ। फलतः यदि संघ मेरे द्वारा मनोनीत व्यक्ति को नहीं मानेगा तब राजभंडार से वे बिंदुमात्र सहायता नहीं पाएँगे। इतना बड़ा प्रतिष्ठान, इतने सारे मनुष्य! उन लोगों के सभी खर्च, पूरा निर्वाह कहाँ से व्यवस्था करेगा वह भिक्षु संघ?

तरुण देवदत्त : यह तो उन लोगों ने भी समझा है। उसके बावजूद वे कहना चाहते हैं कि आवश्यकता पड़ने पर भिक्षा माँगकर संघ के कर्मादि चलाएँगे। अतिरेक कम कर देंगे, फिर भी बुद्ध के मार्ग का वे परित्याग नहीं करेंगे।

अजातशत्रु : यह भिक्षुदल हास्यास्पद और अदूरदर्शी है। वे यह नहीं समझते कि समाज, देश, राजनीति वर्तमान पर निर्भर होकर चलता है। राष्ट्रनीति में अतीत जैसा कुछ नहीं होता। जो वर्तमान का मूल्य नहीं समझते, वे अति मूर्ख हैं। जो राज अनुग्रह को तुच्छवत मानते हैं, उन्हें आजीवन दरिद्र ही रहना पड़ता है। निर्धन पुरुष का तो उसकी पत्नी भी त्याग कर देती है, और वे संघ राज्य-अनुग्रह के बिना चलाएँगे? असम्भव है।

तरुण देवदत्त : वे बुद्ध को अन्तिम पंथ मानते हैं महाराज। अन्तिम अवलंबन। वे शास्त्र नहीं समझते हैं। वे नहीं समझते यौवन, संचित अर्थ, प्रियजनों के साथ मिलना और गुरुवचन—ये सभी वस्तुतः पलभर के अतिथि हैं। जैसे कोई पथिक राह चलते-चलते तरु छाया में विश्राम करता है, तत्पश्चात् फिर पथ पर चल देता है, उसी प्रकार इस संसार में गुरु और शिष्य का मिलना है। नदी की धारा प्रवाहित ही होते रहती है। वह फिर पूर्वस्थान पर लौटकर नहीं आती। गुरु भी बदलते हैं। बदलना पड़ता है। यह सत्य वाक्य यह निर्बोध-दल समझता ही नहीं।

अजातशत्रु : तब इसका उपाय? आचार्य आपको तो उसी पद पर आसीन होना ही होगा। भिक्षु संघ का नियंत्रण आपको ही लेना होगा।

अन्यथा इस साम्राज्य पर अपने पूर्ण कर्तव्य की छाप छोड़ूँगा कैसे?

तरुण देवदत्त : उस पथ के बारे में भी सोचा है। हे सम्राट श्रेष्ठ अजातशत्रु! जिस क्षण से मनुष्य जन्म लेता है, उसी क्षण से वह मद्धिम गति से मृत्यु का समीपवर्ती होने लगता है। बुद्ध ने कहा था—चर्म, स्नायु, भेद, रक्त, अस्थि, मांस, केश जैसा एक अपवित्र समष्टि है यह मनुष्य शरीर। फलतः स्वयं को इस देह से परे ले जाना होगा और जीवन की सारहीनता का अनुभव कराना होगा। मैं इसलिए उसे वही अनुभव ही आज दान करूँगा, हे नरश्रेष्ठ!

अजातशत्रु : अर्थात!

तरुण देवदत्त : अर्थात? *(पुकारते हैं)* शिष्य कोकालिक।

[देवदत्त के शिष्य कोकालिक आते हैं।]

तरुण देवदत्त : देखिए सम्राट! इसका नाम कोकालिक है। संघ का भिक्षु है। किन्तु मेरा अनुयायी है। कोकालिक उन कुछ लोगों में से एक है जो यह मानता है कि इस संघ में देवदत्त ही हैं बुद्ध नहीं। इसीलिए आज उसे मैं एक महत्त्वपूर्ण दायित्व सौंपूँगा। कोकालिक अपनी धारणा सम्राट अजातशत्रु को बताओ। निर्भय हो बोलो।

कोकालिक : हे राजा, हम लोग अल्पसंख्यक हैं, संघ में हम लोग संख्या में लघु हैं, फिर भी हम बुद्ध का विनाश चाहते हैं। उनकी मृत्यु चाहते हैं। एकमात्र उनकी मृत्यु ही हम लोगों के जीवन को घोर तमस से प्रकाश का पथ दिखा सकती है।

अजातशत्रु : वह तो हम लोगों की भी आकांक्षा है। किन्तु किस तरह, वह बताओ। किन्तु सावधान! बुद्ध की मृत्यु इस राज्य में अस्थिरता ला सकती है। फलतः इस घटना को गोपनीय ढंग से निःशब्द पूर्ण करना होगा।

कोकालिक : हम लोगों ने भी वही सोचा है आर्यश्रेष्ठ! *(रुकता है)* मैंने चम्पा से एक अज्ञात तीरंदाज को बुलाया है सम्राट, जिसका निशाना अचूक है। और उसके प्रत्येक तीर की नोंक पर शंखचूड़ा सर्प *(कोबरा)* का खतरनाक विष लगाया हुआ रहेगा। लोग कहते हैं कि इस तीरंदाज ने अपने जीवन में एक बार भी निशाना लगाने में भूल नहीं की है। वह इस कार्य के लिए बहुत

अधिक मूल्य लेता है। बहुत धन देकर हम लोगों को उसे लाना पड़ा है।

तरुण देवदत्त : ओह! उसकी कीमत राजा अजातशत्रु समझ लेंगे। तुम राजा को अपनी पूरी योजना के सम्बन्ध में बताओ।

कोकालिक : कल वैशाखी पूर्णिमा है। इस दिन भोर में बुद्ध जेतवन में जाते हैं। अकेले ही जाते हैं। बोधि वृक्ष के नीचे ध्यान में मग्न रहते हैं। साथ में किसी को नहीं ले जाते हैं। यहाँ तक कि भ्रमण करने वाले भिक्षुओं को भी नहीं ले जाते। यहीं किसी एक दिन ब्रह्ममुहूर्त्त में सम्भवत: बोधिसत्व ने अक्षयज्ञान अर्जित किया था। जिस ज्ञानार्जन में दिल की लालच, क्रोध, मोह इत्यादि सभी अपवित्रताएँ सदैव के लिए दूर हो जाती हैं। हर वैशाखी पूर्णिमा को ब्रह्ममुहूर्त में बोधिवृक्ष की वेदी इसीलिए बुद्ध के लिए निर्दिष्ट हुई रहती है। कल भी वे अवश्य ही जाएँगे और इसीलिए ब्रह्ममुहूर्त में जब वे जेतवन की ओर अकेले यात्रा शुरू करेंगे तब प्रत्येक वृक्ष के अन्तरों में, प्रत्येक पेड़ के पत्ते के संग मिलकर कीटों की तरह छुपकर एक साथ जाएगा मेरा वह चम्पा का अज्ञात तीरंदाज। बुद्ध ध्यान में बैठेंगे। वह भी किसी छायादार पेड़ के नीचे छिपकर बैठेगा। उसके धनुष में मृग के कस्तूरी का छीलन रहेगा। गुण में और अधिक घातक सिद्ध होगा। तूणीर को वह खींचकर तीव्रता से छोड़ेगा। ध्यानमग्न भ्रष्ट बुद्ध के खुले वक्ष में हृदय तक वह तूणीर प्रवेश कर जाएगा। हा! हम लोग भी अर्जित करेंगे हम लोगों का इच्छित परमाकांक्षित अभीष्ट लक्ष्य। राजा हम लोगों की यही योजना है। तरुण भिक्षुओं के हाथ ही हत होंगे तथागत।

[सभी अन्धकार में विलीन हो जाते हैं। सिर्फ चम्पा का गुप्त तीरंदाज दिखाई देता है। वह आकर मंच के एकदम सामने दर्शकों की ओर पीठ करके बैठ गया। उसके कंधे पर धनुष की टोकरी है। हाथ में धनुष है। धनुष की टोकरी से एक तीर बाहर है। ध्यानमग्न छायामूर्ति दीखती है। पार्श्व ध्वनि सुनाई दे रही है। पर्दा गिरता है।]

विरति

द्वितीय अर्द्धांश

[पर्दा गहरी ध्वनि की लय के साथ खुलता है। कुशीनगर के भिक्षु संघ का महाविहार लौट आता है। वृद्ध देवदत्त, सुदर्शन, शारिपुत्र, मौदगल्यायन और थेरी उत्पलवर्णा दीख रहे हैं। थोड़ी देर नीरवता रहती है। गंग—एक आवाज होती है। सुदर्शन स्तब्धता भंग करता है।]

सुदर्शन : सभी जानते हैं कि वह गुप्तघाती जब बुद्ध की ओर तीर चलाने को तत्पर हुए, उन्होंने अपनी आँखें टिका रखी थीं ध्यानमग्न बुद्ध की तरफ। किन्तु वह उजली सुबह, उगते सूरज की रक्तिम छटा और नीलाभ पूर्ण जल; आकाश के नीचे वह कातिल अचानक काँप उठा। उसे याद आया कि वह कौन सा कर्म करने जा रहा है? सहसा तथागत का भी ध्यान भंग हो गया तब उन्होंने भी देखा उस गुप्त धनुर्धारी को। अमिताभ मृदु हँसी हँसे और धनुर्धारी के हाथ से धनुष गिर पड़ा। बुद्ध ने उसे एक और अंगुलिमाल समझा, जिसने क्षणमात्र में योग्यता अर्जित कर ली है। बुद्ध ने कहा, "प्रिय हत्याकारी, हे मेरे प्रिय घातक, जीवों के जन्म-मरण चक्र में पुनर्जन्म ग्रहण करने की अवस्था मेरे इस जीवन में वापस नहीं आएगी किन्तु तुम अभी भी शेष जन्म तक नहीं पहुँच पाए हो। अत: तुम अभी भी इस चक्र के धावक हो। तुम जन्म चक्र के घेरे में अब भी भ्रमणशील हो।" यह बात सुनते ही बुद्ध के पैरों तले जा गिरा वह गुप्तघातक। बुद्ध ने भी उसे शिष्यत्व प्रदान कर जेतवन विहार ले गए।

[नीरवता। वृद्ध देवदत्त चारपाई पर आ बैठे। अन्य-मनस्क हो जाते हैं।]

वृद्ध देवदत्त : संघ! मेरा संघ। मेरा बड़ा होना। चबूतरे से पसरती हुई आती घंटे की ध्वनि, खुले पड़े कतारों में कमरे– जिनके सामने लंबा खिंचा पतला बरामदा, बीच-बीच में रखी कुप्पियाँ, दालान, मेहराब, बौद्ध मठ, स्तूप चारों ओर से घेरते खड़ी प्राचीर... मेरा संघ। मैं जब बड़ा पद पर गया तो सोचा कि इस बार

निश्चित ही मुझे स्वाभाविक मर्यादा मिल पाएगा। मैं अपने अन्तस में बुद्ध से अपनी तुलना करता। बुद्ध मुझसे कहाँ आगे हैं? क्यों उसका भक्तमंडल मेरे मंडल से अधिक है? प्रचार के बल से? मधुर व्यवहार से? किससे? मैं नहीं समझ पाता, शिक्षा से? मेरे पास भी तो कल्पना शक्ति है। वह तो शिक्षा से भी अधिक है। तब? मेधा से, बुद्धि से? मेधा तो एक अमूर्त धारणा है, बुद्धि भी वही है। इसके अलावा कौन नहीं जानता कि बुद्धि और चातुर्य के बीच का अन्तर मानव समाज आज तक नहीं कर पाया। इसके अलावा वितर्क प्रसारित करने में, विवाद की सृष्टि करने में बुद्ध तो मेरे समक्ष सामान्य सा है। वाक्पटुता के लिए तो बुद्ध स्वयं ही कहते थे कि कोलाहल जैसे थके हुए और सुषुप्त व्यक्ति की निद्रा में बाधा देता है, आध्यात्मिक एकाग्रता जो लाभ पहुँचाती है, वितर्क उसके लिए वैसी ही बाधा है।

मौदगल्यायन : उससे क्या हुआ? यह हम लोगों के पहली ध्यान क्रिया के अन्त में जहाँ प्रभु कहते हैं कि इसे हासिल कर लेने पर मन ऐसी एक अवस्था पाएगा, जहाँ वितर्क-विचार नहीं है वरन् मन की एकाग्रता के फलस्वरूप आनन्द, प्रशान्ति, तृप्ति सब है।

वृद्ध देवदत्त : अहा! उसका अर्थ क्या हुआ? उसका अर्थ हुआ कि बुद्ध वितर्क नहीं चाहते हैं। वे वितर्क-विरोधी हैं। इसका अर्थ है कि तर्क, युक्ति, विचार आदि पर बुद्ध विश्वास नहीं करते। इसीलिए मेरे उठाए गए प्रश्नों के सामने वे निरुत्तर रहते हैं।

शारिपुत्र : भिक्षु देवदत्त, आप—

देवदत्त : अहा! मैं वही सोचता था। तर्क करता था और क्या। अन्यथा कैसे अपनी सत्यता अपने लिए ही प्रभावित होगी थेर शारिपुत्र? कैसे तब अपने अन्दर बुद्ध के ऊपर अपने को स्थान दूँगा? इसीलिए चम्पा का गुप्त धनुर्धर ने भी जब प्रभु के निकट समर्पित हुआ तब मेरी प्रतिहिंसा का पंजा और भी तीक्ष्ण हो उठा। मैंने कोकालिक को बुलाया—

[तरुण देवदत्त और कोकालिक को देखा जाता है।]

कोकालिक : आचार्य, सूचना है। कल बुद्ध यात्रा करेंगे वैशाली से राजगृह की ओर। साथ में रहेंगे संघ के अजस्र संन्यासी। राह में दो छोटे पर्वत पड़ेंगे। बुद्ध जब एक पर्वत से उतर दूसरे पर्वत

पर आरोहण करेंगे तब राह में एक पर्वत श्रृंखला पड़ेगी। हम लोग इसी अन्तराल में पहले से ही छुपकर रहेंगे। हम लोगों के हाथ में बड़ा सा एक पत्थर का गोला रहेगा। बुद्ध जैसे ही उस पर्वत श्रृंखला के नीचे आएँगे उन्हें लक्ष्य करके हम लोग पत्थरखंड को लुढ़का देंगे। पर्वतों में गम्भीर धात्विक आवाज उठेगी खड़खड़। खड़खड़। वह पत्थर खंड घास, ढालू जमीन, कंकड़मय पथ पर लुढ़कने लगेगा। सीधे जाकर बुद्ध के सिर पर गिरेगा। उनका मस्तक विदीर्ण हो जाएगा। उस निःसंग एकान्त घाटी में पड़ी रहेगी सिर्फ उनकी कपड़े से लिपटी दीर्घ सुन्दर देह। चलिए प्रभु सूर्य अस्त होने जा रहे हैं। हम लोग अभी ही निकल पड़ें। प्रातः में ऊषा के पहले ही उसी स्थान पर हम पहुँच जाएँगे।

[तरुण देवदत्त और कोकालिका चले जाते हैं। थेरी उत्पलवर्णा कहती हैं।]

उत्पलवर्णा : वह चेष्टा भी तो आपकी व्यर्थ हो गई?

वृद्ध देवदत्त : हुई। हम लोगों के द्वारा संगृहीत वह विशाल पत्थर खंड हम लोगों के सामने ही सैकड़ों खंडों में विभक्त हो गया और ठीक उसी समय बुद्ध उस पर्वत श्रृंखला को पार कर रहे थे। बुद्ध चले गए। निश्चिन्त होकर। निःशब्दता के साथ। पीछे-पीछे अगणित संन्यासी गए। मैंने कोकालिक के मुँह की ओर देखा। कोकालिक ने भी मेरी ओर देखा। उस शून्य, शुष्क पर्वत पर दो विस्मित सिर सिर्फ परस्पर एक-दूसरे को घूरते हुए देख रहे थे फिर दिखाई दिया नीचे कतारबद्ध संन्यासियों और उनके भिक्षुओं का बादामी पोशाक धूल-धूसरित हो धूल से भर उठे हैं।

शारिपुत्र : तत्पश्चात्?

वृद्ध देवदत्त : तत्पश्चात् मैं नालागिरि के शरणापन्न हुआ।

मौदगल्यायन : नालागिरि?

वृद्ध देवदत्त : बहुत बड़ी एक हस्ती है। राजा अजातशत्रु का सर्वाधिक प्रिय वाहन, जिसकी पीठ पर चढ़कर शिकार पर जाते थे राजा।

[पीछे साइक्लोरामा पर नालागिरि की छाया दीखती है।]

वृद्ध देवदत्त : अजातशत्रु ने ही यह बुद्धि दी थी। कहा था—*(अजातशत्रु और तरुण देवदत्त दीखते हैं।)*

अजातशत्रु : सुनिए आचार्य, मैंने सोचकर देखा कि कोई देहधारी मनुष्य बुद्ध के सामने आने पर वे वशीभूत हो जाएँगे। आचार्य, मैं नालागिरि को औषधि के प्रभाव से मदमस्त करता हूँ। बुद्ध जब प्रतिदिन की भिक्षा संग्रह करने राजगृह नगर में प्रवेश करेंगे तब उन्हें पैरों के नीचे गिराकर कुचल देगा वह विशाल नालागिरि।

तरुण देवदत्त : अच्छा, तब उसे शीघ्र औषधि दो। उसके मुँह, कपोल और सूँड़ से मदधारा झड़ पड़े। उसके कर्णताल के गम्भीर आघात से दुंदुभी-ध्वनि भी जैसे पराभूत हो। महावतों को बताओ कि वे उसके पथ से हट जाएँ। उद्धत, मदमस्त नालागिरि आज उन सभी को अमान्य करे। एक बार में खोल लो उसके पीठ पर के हौद और तामझाम को। नालागिरि इस बार जितना मदमस्त होगा उतना ही विनाश करेगा। उसके शुभ्रशंख की तरह दो गजदंत के बगल से तिक्त फेना झड़कर रिसने लगेगा उसकी शान्त आँखें क्रम से कुटिल और उन्मत्त हो उठेगी। आँखें लाल रक्त के समान रक्तिम हो जाएँगी। अपरिसीम क्रोध के कारण रक्तिम सा हो उठेंगे उसके सभी अंग। अब उसके पाँव में लगी कील जंजीर खोलो। आवाज हो—झनझन झनझन। स्वशिक्षित महावतों का एक झुंड! अब तुम लोग सिर के ऊपर लगने वाला अंकुश एक साथ उठाओ। चलाओ बलपूर्वक नालागिरि के विशाल मस्तक पर। हट जाओ। हट जाओ। हट जाओ सभी।

[तीव्र आवाज होती है। नालागिरि के दौड़ने की आवाज आती है। साइक्लोरामा पर दीखता है। वह जैसे दूर लुप्त हो जाता है। अन्धकार होता है। उसमें भी नालागिरि की गर्जना आती है। प्रकाश होता है। कुशीनगर का भिक्षु संघ दीखता है। सभी उपस्थित हैं। पार्श्व ध्वनि थमती है। वृद्ध देवदत्त बोलते हैं।]

वृद्ध देवदत्त : थेर शारिपुत्र। थेर मौदगल्यायन याद है उस दिन की बात?

[शारिपुत्र आदि नीरव रहते हैं।]

तुम लोगों ने बुद्ध से बार-बार अनुरोध किया था कि वे नालागिरि के पथ पर न जाएँ। वे तब भी गए थे।

शारिपुत्र : याद आता है। याद आता है मैंने स्वयं प्रभु के दो कोमल हाथ पकड़कर कहा था हे गुरुप्रिय तथागत आप नहीं जाएँगे उस विशाल पशु के निकट। यह प्राणी मनुष्य नहीं है, ऊपर से मदमस्त है वह आपको नहीं पहचानेगा प्रभु।

मौदगल्यायन : प्रभु ने कहा था जिसमें प्राण है उसमें अज्ञानता भी है और फिर उसमें ज्ञान भी है। मदमस्त तो मनुष्य भी रहता है। कभी उसे नशे का अहंकार, कभी नशे का भय है। फिर कभी वह नशे में धुत्त जानवर भी है। मनुष्य के लिए यदि जन्तुओं के लक्षण के विशेषण दिए जा सकते हैं तो जन्तुओं के क्षेत्र में हम क्यों 'मानवीय' शब्द का प्रयोग नहीं कर सकते क्या?

शारिपुत्र : यह बात जब हो रही थी उसी समय राजपथ के ऊपर तिरछा घूमकर हठात् उल्का की भाँति आ खड़ा हुआ नालागिरि। हम लोगों से मात्र पचास कदम दूर। कितना रौद्र रूप था उसका। मैं और मौदगल्यायन डर के मारे हट गए और ठीक इसी समय एक महिला भी भय के मारे अपने गोद के शिशु को उसी राह पर फेंक दिया। सोचकर देखें, कितना भयानक था वह मदमस्त जानवर कि माँ भी अपने दूध पीते शिशु को फेंककर चली जा सकती है।

वृद्ध देवदत्त : ठीक। बुद्ध हत्या देखने के लिए मैं नालागिरि के पीछे भेजा था कोकालिक और अपने एक अनुचर समुद्रदत्त को। उन लोगों ने भी आकर बताया था उस शिशु के भय से क्रंदन की बात।

उत्पलवर्णा : और उसके बाद?

वृद्ध देवदत्त : *(देखते हैं। हँसते हैं)* उसके बाद?

[तरुण देवदत्त दीखते हैं। उनके सामने कोकालिक और समुद्रदत्त आते हैं।]

तरुण देवदत्त : क्या खबर है?

कोकालिक : आचार्य! आज जो देखा वह अविश्वसनीय है।

तरुण देवदत्त : क्यों? क्या हुआ है? नालागिरि ने हत्या नहीं की उस भ्रष्ट की?

कोकालिक : हत्या? *(हँसता है)* तुम्हीं आचार्य को विवरण दो सतीर्थ समुद्रदत्त।

समुद्रदत्त : नालागिरी ने जब देखा कि उससे केवल दस हाथ दूर बुद्धदेव और पाँच हाथ पर वह शिशु है, वह क्षण भर के लिए

दुविधाधाग्रस्त हुआ। हम लोगों ने स्पष्ट रूप से यह गौर किया। उसके बाद वह बुद्ध की ओर से दृष्टि फेरकर उस शिशु की ओर दुगुना गति से दौड़ पड़ा, शिशु की माँ का विलाप और क्रंदन भी तुरन्त ही बढ़ गया। शिशु का नाम विजय था। उसकी माँ आर्तनाद करते हुए बोल रही थी, "विजय! मेरा बच्चा विजय नालागिरि ने उस आर्तनाद पर ध्यान नहीं दिया। क्षण भर में विद्युत की गति से वह उस शिशु विजय के सामने उपस्थित हुआ। उसका खम्भे जैसा बायाँ पैर जब वह विजय के सिर पर उठाया, ठीक तभी बुद्ध का स्वर सुनाई पड़ा।

कोकालिक : बुद्ध ने कहा, "वत्स नालागिरि तुम्हें मदमस्त करके भेजा गया है मेरी हत्या करने के लिए। इस जीवन को नष्ट करने के लिए नहीं, या अन्य किसी मनुष्य की हत्या करने के लिए नहीं। इसीलिए वत्स तुम शिशु विजय को छोड़कर मेरे पास आओ।"

समुद्रदत्त : आचार्य देवदत्त, यह स्पष्ट उच्चारण जब उस रात मस्त हाथी के कर्ण में गया तो हम लोगों ने जैसे भानुमती की लीला देखा प्रभु! नालागिरि का उठा हुआ पाँव धीरे-धीरे फिर धरती को स्पर्श कर लिया। उसकी लाल रक्तिम आँखें शान्त हो गईं और उद्धत सूँड़ जैसे मंत्र के बल से स्खलित हो गई। वह स्वयं तब अति धीरे-धीरे सयत्न उस शिशु को सूँड़ से उठाकर उसकी माँ की गोद में फिर से लौटा दिया। अविश्वसनीय आचार्य! अविश्वसनीय!

कोकालिक : उसके बाद नालागिरि मंथर गति से आकर बुद्ध के सामने खड़ा हो गया। बुद्ध की वह षट्वर्णी दिव्यज्योति जैसे नालागिरि को क्षण-क्षण वशीभूत किए दे रही थी। वह ठीक बुद्ध के सामने सूँड़ झुकाकर ऐसे बैठा जैसे वह बुद्ध को साष्टांग प्रणाम निवेदित कर रहा हो। प्रभु हम लोगों की यह चेष्टा भी व्यर्थ हुई है। जीत हमारे संग आकर भी नहीं आ रही है आचार्य!

[कुछ क्षण नीरवता। उसके बाद तरुण देवदत्त आर्तनाद करता है। हाथ के निकट जितने धातु निर्मित वस्तुएँ थी सबको उठाकर फेंक देता है। कोकालिक और समुद्रगुप्त को मारने जाता है। कोकालिक आदि सभा में चीखते हैं। उसके बाद बेहोश होकर तरुण देवदत्त सो पड़ता है। कुछ देर बाद समुद्रदत्त उसे बुलाता है।]

समुद्रदत : आचार्य! आप नाराज न हों। आप नई योजना ग्रहण करें आचार्य।

कोकालिक : सिर्फ राजा नहीं। राजानुग्रही परिषद भी नहीं, हम लोग भी नहीं, हम लोगों में से किसी की भी बुद्धि से बुद्ध का कुछ नहीं होगा। बहुत होगा तो यही कि अपने स्व-चक्र में लिप्त रहकर कुछ रंगरस और कटु-काट कर देह की ज्वाला को मिटा सकते हैं। किन्तु उससे कोई लाभ नहीं। आचार्य, यदि कुछ करना है तो आप स्वयं अपनी बुद्धि से करें। आपके मस्तिष्क की वक्रता और क्रूरता हम लोगों की आपके प्रति मूल आकर्षण है प्रभु! और शक्ति को आप लघु न समझें।

समुद्रदत्त : कर सकने की बात है तो आप ही कुछ कर सकेंगे प्रभु! आप हम लोगों को परिकल्पना बताएँ। हम उसे फलप्रसु करेंगे।

कोकालिक : हम लोग यदि बुद्ध को अपनी आँखों से देखकर भी, उनके माहात्म्य को समझकर भी उनका विरोध कर सकते हैं तब तो उस संघ में निश्चित ही और भी अनेकों हैं जिनके मन बुद्ध-विरोधी होंगे। हम लोग केवल उन्हें छाँट नहीं पा रहे हैं।

समुद्रगुप्त : कौन नहीं जानता यहाँ तक कि चंदन के पेड़ की जड़ में भी सर्प, फूलों पर विषाक्त भौंरे, डालियों पर बन्दर और शिखर पर भालू रहते हैं। तब बुद्ध के चहुँओर ऐसे लोग या जन निश्चित ही हैं जो प्राकृतिक तत्त्व और प्रतिभा के अभाव में यथार्थ बुद्ध विरोधी नहीं हो पा रहे हैं।

कोकालिक : प्रभु उठें। हृदय कड़ा करें। पूरा दम लाएँ। आइए, बुद्ध को ध्वंस करें।

[देवदत्त उठता है। उठकर उन लोगों को देखता है। उसके पश्चात् उन लोगों का हाथ पकड़कर खींचते-खींचते पहली विंग्स से बाहर चला जाता है। पार्श्व ध्वनि आती है। भिक्षु संघ के कई संन्यासी आते हैं। उनके सामने थेर रेवत हैं। वे लोग ध्यान लगाने बैठते हैं। कुछ क्षणों तक ध्यान चलता है। उसके बाद पीछे शेष विंग्स से प्रौढ़ देवदत्त, कोकालिक और समुद्रदत्त प्रवेश करते हैं। रेवत आँख खोलते हैं। उन्हें देख पाते हैं। विस्मित होते हैं। रेवत और शेष श्रमण धीरे-धीरे उठते हैं। उनके बीच एक गुंजन होता है। रेवत हाथ हिलाकर उन्हें रोकते हैं।]

रेवत : क्या बात है भन्ते देवदत्त? आप आज इतने दिनों बाद संघ में? दिशा भूलकर क्या?

प्रौढ़ देवदत्त : नहीं। आप लोगों के प्रभु बुद्ध हैं, वे कहाँ हैं आबुसो रेवत?

रेवत : वज्जिवंशी कुछ भिक्षु लिच्छवि से आए हैं। उनके मन में कुछ संशय उत्पन्न हुए हैं। प्रभु बुद्ध संघ के बाहर वाले उद्यान में उनके संग आलोचना करने बैठे हैं।

प्रौढ़ देवदत्त : इसका अर्थ है बुद्ध फिर अपना वही अनर्थक पिंडवत भ्रमित शब्दबाजी कर रहे हैं। सत्य ही आबुसो रेवत, आप लोग कैसे दिन पर दिन ये सारे तुच्छ अक्षय भाषण सहन करते हैं, आप लोग ही जानें।

रेवत : *(हँसते हैं)* भन्ते देवदत्त, आपका बुद्ध-विरोध अब किंवदंती बन गया है। मुझे लगता है इतना कठोर होना आपके लिए समीचीन नहीं है।

प्रौढ़ देवदत्त : कठोर? आबुसो रेवत, जो केवल मात्र इस असंख्य जनता में से एक व्यक्ति होना नहीं चाहता वह अपने प्रति कठोर होगा ही। और वही होना उचित भी है। आप लोगों के चरवाहे सोचते हैं—दया, संयम, विनय, जनसेवा, सहानुभूति ये सारे शायद गुण हैं और ये सारे ही जीवन साधना से अर्जन करना उचित है।

सुभद्र : *(संन्यासी)* हाँ, यही तो उचित है भन्ते देवदत्त! जीवनचर्या में मोक्ष लाभ सद्गुणों की चर्चा से ही होगा।

प्रौढ़ देवदत्त : *(हँसता है)* आबुसो रेवत, इनकी तरह निरीह का पुरुष भेड़ सब शैशव से यही सब सीखकर समाज में केवल एकनायक तैयार करते रहे हैं। एकनायक। और इन सारे एकनायकों को क्षमताच्युत करने के लिए अधिकतर बुद्धिमान व्यक्ति की आवश्यकता होती है। इन्हें धीरे-धीरे गुप्त रूप से समूहीकृत करना होगा ताकि एकनायक की मृत्यु असंख्य एकनायकों के हाथों ही हो।

सुभद्र : आप केवल क्षय और हत्या की बातें कहते हैं भन्ते देवदत्त। आपसे हम लोगों को कुछ भी नहीं सीखना है।

प्रौढ़ देवदत्त : हे मेमने संन्यासी, तुम और कुछ सीखने की चेष्टा भी नहीं करते। वह तुम्हारी क्षमता के लिए अतीत है। रेवत से कहते हैं, आप बुरा न मानें हे आबुसो रेवत, स्वयं को क्षय करने के अलावा दूसरी तरह से जो जीते हैं उन्हें और जो भी हो पर श्रद्धा करना नहीं बनता। सोचते नहीं कि अवमानना ही इस

दुनिया का एकमात्र उद्देश्य है? स्वयं के क्षय और ध्वंस के बाहर इस पृथ्वी पर अन्य कोई खोज करने वालों से मैं घृणा करता हूँ आबुसो रेवत।

रेवत : भन्ते देवदत्त—

प्रौढ़ देवदत्त : अपने को तपाना सीखिए आबुसो रेवत। क्षय करना सीखें। जिन बकरों और सूअर पिंडों के दल का जन्म-दर जन्म आप लोग उत्पादन करते आ रहे हैं उनका प्रश्नहीन अनुकरण करने के अलावा और कोई मोक्ष नहीं। इनकी चमड़ी चकचक करेगी, मोटापे और मूर्खतामय आत्म-प्रतारणा में जीएँगे और अन्त में जाकर एकबारगी ही प्रश्नहीन भेड़ की तरह ही मरेंगे। हे शान्ति प्रचारक गण! तुम लोग अपने अन्दर की अशान्ति को वास्तव में बाहर लाने से डरते हो और आजीवन आँत में, धमनी में, शिराओं में उस अशान्ति को लिये मरते हो। तुम लोगों का वशीकरणता वास्तव में तुम लोगों की अक्षमता और आलस्य का एक स्वाभाविक परिणाम है।

[कुछ संन्यासी देवदत्त की बातें सुनते हैं। उत्साहित होते हैं।]

प्रौढ़ देवदत्त : यदि आप लोगों का त्याग, यदि आप लोगों की प्रशान्ति, यदि आप लोगों की साधना और संकल्प सत्य सिद्ध हों, तो मैं संघ की नियम-नीति के संग और भी पाँच नियम योग करना चाहता हूँ। यदि आप लोगों से सम्भव हो तो इन नियमों को संघ की मूलधारा में सन्निविष्ट करें।

[कोलित नामक एक संन्यासी बात करता है।]

कोलित : हाँ भन्ते देवदत्त। हम सुनना चाहते हैं। आप अपने नियमों को बताएँ। यदि हम लोगों के नियमों में कोई असम्पूर्णता है तो अवश्य ही शुद्धि योग्य है।

[शारिपुत्र और मौदगल्यायन आते हैं।]

शारिपुत्र : क्या, क्या हुआ है? आबुसो रेवत?

रेवत : भन्ते देवदत्त अचानक मठ में आकर कुछ नियम-नीति प्रचलित करना चाहते हैं, कहते हैं कि वे अभी सब के सामने कहेंगे।

मौदगल्यायन : हम लोग सुनने के हेतु आग्रही नहीं हैं। भिक्षु देवदत्त जिस नियम-नीति की बात बताएँगे वह निःसन्देह ही शरारतपूर्ण होगी।

प्रौढ़ देवदत्त : मूर्ख मौदगल्यायन! इस पृथ्वी पर सफलता किसी न किसी प्रकार के विनष्ट बुद्धि से ही उद्भूत है। एकमात्र प्रताड़ना ही आपको क्षमता के शीर्ष पर ले जा सकती है। सद्बुद्धि नहीं ले जा सकती। कठोर श्रम और विचार के मार्ग के गहरे सम्बन्ध के बिना आप इस भ्रष्ट दुनिया में सफल नहीं होंगे।

शारिपुत्र : हम लोग आपके ये सारे कल्पित दर्शन की बात सुनने को उत्सुक नहीं हैं। आप इसी क्षण संघ छोड़ें।

कोलित : हम लोग उत्सुक हैं। बताएँ आबुसो देवदत्त! आप जिस नियम के प्रचलन की बात कह रहे हैं बोलें आप।

[और भी चार लोग कहते हैं, "आग्रही हैं हम। हम सुनना चाहते हैं।"]

सुभद्र : हम नहीं चाहते। जो यह ध्वंसात्मक बातें सुनना चाहते हैं, वे संघ के बाहर चले जाएँ।

[उसे दो लोग समर्थन देते हैं।]

कोलित : संन्यासी सुभद्र, तुम आबुसो देवदत्त को बाहर जाने के लिए कहने वाले कौन हो?

[कोलित और सुभद्र के बीच कहा-सुनी होती है। उसके बाद उनमें एक खंड युद्ध होता है। शेष में से कुछ लोगों के बीच मारपीट भी शुरू हो जाती है। शारिपुत्र, मौदगल्यायन और रेवत उन्हें रोकते हैं। कोकालिक और समुद्रदत्त मारपीट करने वालों को वाहवाही दे रहे थे। देवदत्त मुँह पर हाथ रखकर गर्जन करते जा रहे थे। कुछ देर पश्चात् परिस्थिति शान्त हुई। शारिपुत्र सुभद्र की शुश्रूषा कर रहे हैं। कोलित की मौदगल्यायन अन्त में रेवत से कहते हैं।]

रेवत : बोलिए भन्ते देवदत्त। किस नियम की बात आप कहना चाह रहे थे वह बोलें अब।

प्रौढ़ देवदत्त : हाँ, आप लोग शान्त हों। जब विपरीत मत आता है तब यहाँ तक कि संत भी उसे मान नहीं पाते। जबकि उस मत को सुनना उचित है। तभी पृथ्वी चलती है अन्यथा इतने दिनों में पृथ्वी चित्र बन जाती।

रेवत : आप बोलिए भन्ते। भाषण का अब प्रयोजन नहीं है।

देवदत्त : मैं कहता हूँ संघ में आज से,
एक, बौद्ध भिक्षु सभी आजीवन वन में निवास करेंगे।
कभी भी गाँव या नगर में नहीं।
मैं कहता हूँ संघ में आज से,
दो, भिक्षुगण भिक्षा द्वारा जीवन निर्वाह करें, कभी किसी से कोई भोजन का निमंत्रण ग्रहण न करें।
मैं कहता हूँ संघ में आज से,
तीन, भिक्षुगण परित्यक्त कपड़े अपना परिधान बनाएँ, कभी भी साधारण जन से कोई पाठ ग्रहण न करें।
चार, भिक्षुगण आजीवन वृक्ष की छाया में रहें, कभी किसी छाई हुई जगह पर रात्रियापन न करें।
मैं कहता हूँ आज से,
पाँच, भिक्षुगण समस्त जीवन निरामिष हों, काभी एक बार भी मत्स या मांस भक्षण नहीं करेंगे।

[अनेक भिक्षुओं ने जय-जयकार किया, कुछ भिक्षुओं ने आपत्ति की, किन्तु समझा जाता है कि अधिकांश भिक्षु ही देवदत्त के पक्ष में थे। सिर्फ कोकालिक समुद्रदत्त से कहता है।]

कोकालिक : आबुसो समुद्रदत्त, इन नियमों को तो स्वयं आचार्य देवदत्त ही नहीं मानते हैं।

[समुद्रदत्त हँसता। कोकालिक भी। सरसराहट आती है। अन्धकार होता है। फिर कुशीनगर का संघ दीखता है। वृद्ध देवदत्त, सुदर्शन, शारिपुत्र, मौदगल्यायन और थेरी उत्पलवर्णा हैं। सभी कुछ पल तक नीरव रहते हैं। उत्पलवर्णा स्तब्धता भंग करती हैं।]

उत्पलवर्णा : आपने जानबूझकर नियम सारे बताए थे न भिक्षु देवदत्त?

वृद्ध देवदत्त : *(सिर हिलाते हैं)* हाँ, यह बात जानकर कि अधिकतर भिक्षु इन्हें पूरे जीवन नहीं मान पाएँगे। किन्तु जो नहीं मान पाएँगे उनके अन्दर चूँकि अनर्थक त्याग की भावना है उन्हें भ्रम होगा मानो इन नियमों को वे आजीवन मानकर चल पाएँगे। उससे ही जैसे कठोर आत्मशुद्धि होगी। इसके अलावा सुनने में भी नियम सारे अच्छे हैं।

शारिपुत्र : इतना ही अच्छा है कि प्रभु बुद्ध ने सुनकर प्रशंसा की। कहा भिक्षु देवदत्त के प्रस्ताव सारे अच्छे हैं।

मौदगल्यायन : हाँ, किन्तु इसके साथ यह भी कहा कि संघ के सभी सदस्यों के पक्ष में इन नियमों की मान्यता देना सम्भव नहीं है। थोड़े से लोग ही मान पाएँगे!

शारिपुत्र : संघ में परम्परानुसार विवाद हुआ। अनेक भिक्षुओं की दृष्टि में बुद्ध हेय हो गए। कुछ भिक्षु देवदत्त के अनुयायी हो गए। उन्हें लेकर आप संघ छोड़कर बाहर आ गए भिक्षु देवदत्त।

वृब्ध देवदत्त : हाँ, और हम लोग जब उन लोगों को लेकर नगर से कुछ बाहर चले आकर विश्राम कर रहे तब सहसा वहाँ आप लोग आविर्भूत हुए। शिष्य शारिपुत्र और शिष्या मौदगल्यायन! आप लोगों को किसने भेजा था? प्रभु बुद्ध?

शारिपुत्र : नहीं। जीवन में प्रथम बार हम लोग उनकी अनुमति लिए बिना आप लोगों का पीछा किया था।

वृब्ध देवदत्त : *(हँसता है)* और मैंने समझा था कि आप लोग मेरे साथ मेरे पथ पर साथ देने के लिए आए हैं। मेरा शिष्यत्व ग्रहण करना चाहते हैं आप लोग।

[अन्धकार होता है। प्रकाश होता है। नगर के बाहर है। प्रौढ़ देवदत्त, कोकालिक, समुद्रदत्त और कुछ श्रमण। शारिपुत्र और मौदगल्यायन जहाँ हैं।]

वृब्ध देवदत्त : बोलिए आप लोग। आप लोगों को क्या कहना है, बोलें। मैं सुनने के लिए आग्रही हूँ।

मौदगल्यायन : तुम्हीं बोलो आबुसो शारिपुत्र।

शारिपुत्र : आप क्या मुझे अनुमति दे रहे हैं प्रभु देवदत्त?

वृब्ध देवदत्त : निश्चित ही। कहा तो कि मैं सुनने के लिए आग्रही हूँ। आप बोलें शारिपुत्र। बोलें आप।

शारिपुत्र : हे भिक्षुगण, आप लोगों में से जो बुद्ध को छोड़कर आए वे अपने आप से जिज्ञासा करें यह काम आपने ठीक किया या नहीं। भिक्षु देवदत्त ने जिन नियमों की बात बताई है आप लोग उनसे एक बार पूछें कि इन नियमों को वे जीवन भर मानकर चलने को प्रस्तुत हैं कि नहीं। देवदत्त मुँह से जिन नियमों की बात करते हैं। उसमें से एक भी क्या आज तक अपने स्वयं के जीवन में मान्यता दी है?

प्रौढ़ देवदत्त : यह क्या, यह सब आप क्या बोल रहे हैं शिष्य शारिपुत्र?

कोलित : नहीं, उसे बोलने दीजिए। हम सुनेंगे। श्रवण ही गणतंत्र है आपने ही कहा है आचार्य देवदत्त।

धर्मदत्त : *(और एक श्रमण)* ठीक। आबुसो शारिपुत्र आप बोलें। आपकी बात भी हम लोगों को सुनने की आवश्यकता है। हम लोग आग्रही हैं।

[शारिपुत्र बोलना शुरू करते हैं।]

शारिपुत्र : हम सभी जानते हैं कि माननीय देवदत्त पक्के मांसाहारी हैं। यहाँ तक कि वे स्वयं सबके सामने प्राय: कहते रहते हैं कि निरामिष उन्हें नहीं भाता। उन्होंने स्वयं जो पोशाक पहन रखी है वह हम लोगों से बिलकुल स्वतंत्र और अलग है। उन्होंने मलमल की लँगोट धारण की है। जो राजा अजातशत्रु द्वारा प्रदत्त है। अर्थात आबुसो देवदत्त स्वयं ही मुख्यत: भोगी, विलासी और वासनालोलुप हैं, तो जो मुँह से एक बात बोलते हैं और निजी जीवन में अन्य चर्चा करते हैं, वे किस तरह से आप लोगों के आचार्य हो सकते हैं? आप लोग सोच-विचार कर देखें।

मौदगल्यायन : आप लोगों के सामने इसीलिए एक ही मार्ग *(रास्ता)* है। वह प्रभु बुद्ध का मार्ग है। वे स्वयं कहते हैं, जगत जब अनित्य तब शक्ति अथवा क्षमता भी क्षणस्थायी है। वे कहते हैं, यह जगत अन्त में बुढ़ापा और मृत्यु का शिकार है। यदि ऐसा अनुभव उपलब्धि कर लें तब भीतर की शक्ति का अभिमान अन्ततः नहीं रख पाएँगे। आप लोग भूल मत जाइएगा कि आप सब बौद्ध हैं। आप लोगों के लिए प्रभु की प्रथम वाणी यही थी कि उत्तमों में वही उत्तम हैं जो शेष पर्यन्त सारे दुखों को धारण करके भी उसे तुच्छ बनाकर अन्य सभी के लिए शान्ति वचन वहन कर लेते हैं।

शारिपुत्र : आप लोग स्वयं को समझना सीखें श्रमण। तभी प्रभु बुद्ध को आप लोग समझ पाएँगे। समझिएगा कि आप लोगों ने जीवन में जितना कर सके हैं वह आप स्वयं हैं। और जो कर पाते हैं उसका सरोत्सार हैं तथागत।

[संन्यासी सभी हड़-हड़ करते हैं। वे स्वयं की भूल समझ सकते हैं।]

धर्मदत्त : हम लौट जाना चाहते हैं। आबुसो शारिपुत्र, हम संघ में लौट जाना चाहते हैं।

कोलित : यह द्विचारी पाखंड देवदत्त के साथ और एक मुहूर्त के लिए भी नहीं। चलो, चलो तुम लोग, संघ में लौट जाएँ चलो।

[सभी बलपूर्वक सम्मति देते हैं। सभी बाहर निकल जाते हैं। मौदगल्यायन उन्हें ले जाती हैं। अन्त में शारिपुत्र निकलते हैं। निकलने से पहले वे देवदत्त पर एक दृष्टि डालकर जाते हैं। प्रौढ़ देवदत्त, कोकालिक और समुद्रदत्त जाएँगे। देवदत्त शान्त रहते हैं। किन्तु बाद में कोकालिक गुस्से से फट पड़ते हैं।]

कोकालिक : हम लोगों का सब गया। सब *(प्रौढ़ देवदत्त से)* आपकी मूर्खता के कारण हुआ। आप, आप एक व्यर्थ आदमी हैं। हम लोगों का सारा श्रम पानी में मिल गया। राजा अजातशत्रु का आशीर्वाद पाकर भी कुछ नहीं कर पाया।

[देवदत्त से—मोटे, तर्कहीन, मूर्ख।]

समुद्रदत्त : *(कोकालिक को रोकता है)* ओह, कोकालिक, धीरे।

कोकालिक : क्या धीरे? और कितने दिन धीरे? इस मूर्ख आत्मकेन्द्रिक के कारण ही तो हम लोगों का सारा प्रयास नष्ट हो गया। तीरंदाज, नालागिरि सब-सब। और आज यह मूर्खता। अहंकारी जन्तु।

समुद्रदत्त : क्या हो रहा है आबुसो कोकालिक? वे हम लोगों के आचार्य हैं।

कोकालिक : आचार्य? वे एक झूठ, बुद्धिहीन और अद्यान्त व्यर्थ मनुष्य हैं। हम लोगों के इतने दिनों का प्रयास-प्रचेष्टा आज वितस्ता के जल में डूब गया। सिर्फ उनके कारण। मूर्ख, क्षमताहीन, अहंकारी।

समुद्रदत्त : कोकालिक—

[कोकालिक समुद्रदत्त को धक्का देकर हटा देता है। उसके बाद प्रौढ़ देवदत्त के सीने पर पदाघात करता है। प्रौढ़ देवदत्त रक्त की कै करते-करते गिर पड़ता है। कोकालिक वहाँ से निकल जाता है। समुद्रदत्त उसकी सेवा करता रहता है। अन्धकार होता है। पार्श्व ध्वनि आती है। फिर प्रकाश होता है। कुशीनगर के भिक्षु संघ के बाहर। वृद्ध देवदत्त बोले।]

वृद्ध देवदत्त : मैं अब सोचता हूँ कि कोकालिक ने काम अच्छा ही किया था। मैं अपने गुरु को तो केवल नहीं अपने कृतज्ञताबोध की वास्तव में हत्या करना चाह रहा था। मेरी जितनी भी ख्याति है, जितना भी पुण्य है वह तो उन्हीं प्रभु बुद्ध के कारण ही है। और मैं उन्हें ही अस्वीकार कर रहा था। अर्थात मैं पदाघात कर रहा था अपने अतीत को, अपने स्वाभाविक कृतज्ञताबोध को। मेरी तात्कालिक प्रवृत्ति वह मुझसे करवा रही थी। और मैं यदि अपने गुरु को अस्वीकार कर सकता हूँ, तो कोकालिक भी वह क्यों न करे?

शारिपुत्र : ठीक है। आप शान्त हों भिक्षु। आपको कष्ट हो रहा है।

वृद्ध देवदत्त : ना, नहीं हो रहा है। मुझे बोलने दें आबुसो शारिपुत्र। गत तीन माह से मैं चरम रूप से अस्वस्थ हूँ। मैं जानता हूँ कि मेरा यह नश्वर शरीर अति अल्प समय के अन्दर ही इस प्रकाश ज्योत्स्ना-नक्षत्र खचित पृथ्वी से चिरकाल के लिए चला जाएगा। मैं चिर सुषुप्ति में चला जाऊँगा। जाने से पहले मैंने समझा है कि मोक्ष ही परमार्थ है।

मौदगल्यायन : सत्य है। पृथ्वी पर सब कुछ अनित्य है। समुत्पन्न सारे संस्कार ही अनित्य हैं। आप सम्यक् समाधि के किनारे पहुँच गए हैं।

शारिपुत्र : एकदम मेरे प्रभु की तरह ही।

वृद्ध देवदत्त : मैं इसीलिए इतने दिनों से आत्म-दंश से झुलस रहा हूँ। उस अमोघ चरम क्षण के आने से पहले एक बार भी क्या मैं उस सर्वदर्शी का दर्शन कर पाऊँगा? एक बार? तत्पश्चात् खबर पाया कि आप लोग सब कुशीनगर आए हैं। यहाँ ही सम्भवत: आज बुद्ध महापरिनिर्वाण प्राप्त करेंगे। सुनकर बहुत दुख हुआ मुझे मैंने अपने कुछ अनुचरों को बुलाकर कहा कि वे कम से कम एक बार बुद्ध के समीप मुझे ले चलें। एक बार, मैं उन्हें देखूँगा और उन्हें अपना प्रणाम दूँगा। किन्तु—

उत्पलवर्णा : किन्तु! किन्तु क्या भिक्षु?

[वृद्ध देवदत्त चुप रहते हैं। सुदर्शन बात करते हैं।]

सुदर्शन : सभी ने अस्वीकार कर दिया। उन लोगों ने कहा कि उनके लिए यह काम असम्भव है। विशेष रूप से जो अन्याय-आचरण आचार्य देवदत्त की बातों से प्रभावित होकर उन लोगों ने दिन प्रतिदिन प्रभु तथागत के संग किया है, उसके बाद इस तरह

से उनके निकट और नहीं जाया जा सकता। सिर्फ मेरे मन में आया पाप हो या पुण्य हो, ज्ञान दें या अज्ञान दें, सुबुद्धि दें या दुर्बुद्धि, आचार्य तो मेरे ही आचार्य हैं। बचपन से ही उनके साथ समय बिताया है। मेरा जो भी अच्छा या बुरा है—यह तो उनका ही दान है। उनकी अन्तिम अभिलाषा को मैं अस्वीकार कैसे करूँ? इसीलिए आज बहुत तड़के मैं उन्हें लेकर निकला।

थेरी उत्पलवर्णा : तुमने ठीक ही किया है वत्स। सही काम।

वृद्ध देवदत्त : थेरी, आप बताएँ, एक बार भी क्या यह अशक्त, मृत्यु-पथ-यात्री बुद्ध-दर्शन नहीं पा सकता?

मौदगल्यायन : तुम्हारी कोई अन्य योजना नहीं है, इसका क्या प्रमाण है? तुम्हारी कमर में छुपाया गया अस्त्र नहीं है जो बुद्ध का संहार कर सकता है—इसकी निश्चयता क्या है?

शारिपुत्र : आह आबुसो मौदगल्यायन देख नहीं रहे हो देवदत्त बिलकुल ही आलसी हैं। अस्त्र चलाने में जिस सक्षमता की आवश्यकता होती है वह उनकी देह में अब नहीं है।

[वृद्ध देवदत्त तब भी आते हैं। अपने दोनों हाथ ऊपर उठाकर खड़े होते हैं। उसके बाद अपनी पोशाक उतारने को कहते हैं।]

उत्पलवर्णा : थम जाएँ भिक्षु। मुझे अन्दर जाने दें। अभी रात्रि का दूसरा पहर है। थेर आनन्द को प्रभु बुद्ध ने कहा है श्रमण सुभद्र को उनके पास भेजने को। उनके सम्भवत: कुछ प्रश्न हैं। थेर आनन्द ने सुभद्र को प्रभु के पास जाने से मना किया था, तब भी प्रभु बुद्ध ने उनसे कहा है, "आनन्द सुभद्र को मेरे पास आने में बाधा मत देना। उससे मैं कुछ कहना चाहता हूँ।" प्रभु की वाणी सुनकर सुभद्र थोड़ी देर बाद ही 'योग्यता' प्राप्त करेगा। उसके बादआएगा रात का तीसरा पहर। मैं जाकर प्रभु से बात करती हूँ। देखूँ आपके साथ साक्षात् करने के लिए वे सहमत होते हैं कि नहीं।

[वृद्ध देवदत्त सिर हिलाते हैं। उत्पलवर्णा चली जाती है। पार्श्व ध्वनि आती है। मौदगल्यायन देवदत्त के निकट आते हैं।]

मौदगल्यायन : सच बताइए भिक्षु, आप क्या सच में ही ग्लानि से पूर्ण हैं या यह आपका कोई नया छल है?

शारिपुत्र : आह आबुसो—

मौदगल्यायन : मैं उनका विश्वास नहीं करता आबुसो। जो कठोर बातें, जो निंदा, जो गुप्त हमला वे पल-दर-पल करते रहे हैं। इन पर और विश्वास नहीं होता। इसके अलावा इनके आक्रमण के शिकार तो हम लोग भी हुए हैं आबुसो। हम लोग केवल बुद्ध के मार्ग का अनुसरण करते हैं, इसी से, बुद्ध हम लोगों के गुरु हैं इसलिए इन्होंने अपने अनुचरों समेत जिस तरह से आजीवन हम लोगों पर आक्रमण किया है, कि इनका उसके बाद विश्वास नहीं किया जा सकता। बोलिए भिक्षु, उत्तर दें।

शारिपुत्र : भिक्षु देवदत्त, आबुसो मौदगल्यायन आपसे कुछ बोल रहे हैं। भिक्षु देवदत्त, आप सुन नहीं पा रहे?

[वृद्ध देवदत्त उनकी ओर देखते हैं। मंद-मंद हँसते हैं। कुछ बोलते नहीं। मौदगल्यायन देवदत्त के ऊपर झपट पड़ते हैं।]

मौदगल्यायन : बोलना ही होगा। मूक और वधिर बने रहने पर कम से कम मैं आपसे हार नहीं मानूँगा। बोलना ही होगा।

[देवदत्त गिर पड़ते हैं। मौदगल्यायन उनके सिर को दबाकर बैठते हैं। शिष्य आनन्द आते हैं।]

आनन्द : आह आबुसो मौदगल्यायन! उन्हें छोड़ो।

[मौदगल्यायन उठ पड़े। शारिपुत्र आनन्द के निकट जाते हैं। चिन्तित स्वर में कहते हैं।]

शारिपुत्र : क्या? आबुसो आनन्द, क्या कहा प्रभु तथागत ने?

[आनन्द सिर हिलाते हैं देवदत्त भी उठकर बैठ जाते हैं। आनन्द को देखते हैं।]

शारिपुत्र : अर्थात?

आनन्द : प्रभु देवदत्त से नहीं मिलेंगे।

[मौदगल्यायन हर्ष ध्वनि करता है।]

शारिपुत्र : क्या कहा प्रभु ने?

आनन्द : प्रभु ने कहा कि जिस व्यक्ति ने बुद्ध को पाँच नियमों और सिद्धान्तों से परिचय कराना चाहता था उसने उसके बाद ऐसा

कुछ नहीं किया केवल मात्र पछतावे के दंश के प्रकोप से वह बुद्ध-दर्शन अथवा बुद्ध-प्रणाम कर सकता है।

[मौदगल्यायन फिर अपनी हर्षजन्य ध्वनि उत्पन्न करता है।]

आनन्द : आबुसो शारिपुत्र, आबुसो मौदगल्यायन तुम लोग अन्दर जाओ। रात्रि का तीसरा प्रहर शुरू हो गया है। वे इसी समय अपने नश्वर जीवन के शेष वाक्य का उच्चारण करेंगे। अभी वे ध्यान लगाएँगे।

वृद्ध देवदत्त : क्या? प्रभु की अन्तिम वाणी क्या है थेर आनन्द?

आनन्द : प्रभु ने कहा, "भिक्षुगण तुम लोगों के लिए मैं यह वाणी रख गया। समस्त सृष्टि पदार्थ ही विनाशी *(ध्वंस प्रकृति के)* हैं। तुम लोग इसीलिए पूर्णरूप से *(बिना किसी नशे के)* चूर होकर मनोनिवेश *(मन लगाओ/ एकाग्रचित्त हो जाओ)*।"

[शारिपुत्र रोते हैं। मौदगल्यायन भी। थेर आनन्द हाथ उठाते हैं।]

आनद : आप लोग अन्दर जाएँ आबुसो। चन्द्रमा आकाश के मध्य भाग में है। आप लोग इसके बाद फिर प्रभु को नहीं देख पाएँगे।

[शारिपुत्र और मौदगल्यायन दूत अन्दर चले जाते हैं। आनन्द भी जा रहे थे। शेष पल में गर्दन घुमाकर देवदत्त के निकट आए।]

आनन्द : भन्ते देवदत्त, आप बलपूर्वक संघाराम के अन्दर प्रवेश करने की चेष्टा न करें। प्रभु बुद्ध ने मुझसे कहा है कि यदि आप उनका अनुरोध सुनकर अभी ही वापस नहीं लौट जाते हैं, या बलपूर्वक संघाराम में प्रवेश करने जाते हैं तो उसके पहले ही वे देह त्याग कर देंगे। उन्हें आप नहीं देख पाएँगे। उन्होंने आपको क्षमा नहीं किया है। बिलकुल ही क्षमा नहीं किया है।

[आनन्द संघाराम में चले जाते हैं। किन्तु श्रमण आकर खड़ा हो जाता है। वृद्ध देवदत्त आर्तनाद करते हैं।]

वृद्ध देवदत्त : मैं भी तो मृत्यु-पथ का यात्री हूँ। आज ही मेरा प्रयाण-दिवस है। प्रभु क्या मुझे एक बार भी अपने निकट जाने नहीं दे सकते। एक बार?

[संन्यासी सब उन्हें घेरकर पकड़ लेते हैं। वृद्ध देवदत्त बल लगाकर कहते हैं।]

वृद्ध देवदत्त : निष्ठुर! निर्दयी! अन्ततः आज क्या मैं उनकी थोड़ी सी भी करुण-वर्षा प्राप्त नहीं कर सकता था? प्रभु, मैं क्यों तब अपने अन्तिम दिनों में भी आपके करुण-स्पर्श पाने से वंचित रह गया? क्यों?

[वृद्ध देवदत्त रोते हैं। पार्श्व ध्वनि आती है। संन्यासी सभी उन्हें पकड़े घूमते रहते हैं। एक गैंग पर आघात करते हैं। पार्श्व ध्वनि बजता रहता है। पर्दा गिरता है।]

अन्तिम रात

अनुवाद : *गोस्वामी जैनेंद्र कुमार भारती*

पात्र

मोहम्मद अली जिन्ना
फातिमा जिन्ना
दीना वाडिया

[मोहम्मद अली जिन्ना का मुम्बई मालाबार हिल्स के साउथ कोर्ट का तीन मंजिला घर। दो तल्ले में उनका चेम्बर तथा बाहर का घर। मिडस्टेज में एक टेबल और चेयर। पीछे बुक रैक। जिसमें कानून की किताबें भरी हुई हैं। कुछ रैक खाली पड़े हुए हैं। साथ में एक कैबिनेट। वह बन्द पड़ा है। टेबल के सामने एक-दो लोगों के बैठने की जगह है। टेबल के ऊपर एक काला फोन रखा हुआ है। डाउन लेफ्ट में दो छोटे-छोटे सोफे तथा एक टेबल रखा है। मंच के पीछे कुछ पैकिंग किए हुए बॉक्स रखे हुए हैं। जो अच्छे से बँधे हुए हैं। ऐसा मालूम पड़ता है कि उसमें बहुत सी किताबें रखी हैं। पर्दा उठने पर प्रकाश पड़ता है और दिखाई देता है कि थ्री पीस सूट पहना हुआ एकहत्तर वर्ष का जिन्ना अपने चेयर पर बैठकर फोन कर रहे हैं। उनके हाथ में एक जलता हुआ सिगार। समय संध्या छह बजे। 5 अगस्त, 1947।]

जिन्ना : *(फोन पर)* जी हाँ, मैं कल दिल्ली जा रहा हूँ, तो क्या? नहीं, कल सारा दिन नहीं हो पाएगा। मैं परसों सीधे कराची चला जाऊँगा, लियाकत से कहो, वह मुझसे वहीं मिले। दिन के समय मेरी बड़े लॉट के साथ मीटिंग है।...नहीं-नहीं, संध्या समय मैं मुलाकात नहीं कर पाऊँगा। मेरे शरीर में अब वह ताकत नहीं है। इतना दबाव मैं नहीं ले पाऊँगा। लियाकत खूब अच्छी तरह से जानता है कि मेरा हाल कैसा है?... फिर यह मंत्री सभा। उसे इतना दिमाग लगाने को कौन कहता है? जो करना होगा मैं करूँगा। मैंने सब सोचकर रखा है।
(फिर शान्त होकर) देखो खालिक, श्रम और कानून मंत्री कौन होगा वह मैंने सोचकर रखा है, समय आने पर मैं बताऊँगा। लियाकत को

कहो अपना काम करने के लिए। शपथ ग्रहण समारोह में कोई कमी न रहे, इस ओर उन लोगों को ध्यान देने के लिए कहो। ठीक है? अब मुझसे और अधिक न बुलवाओ। रखता हूँ।

[फोन रखते हैं। सिगार बुझाते हैं। एक नया सिगार लाइटर से जलाते हैं। उठकर खड़े होते हैं फिर अँगड़ाई लेकर पूरे घर को देखते हैं। उसके बाद जोर से पुकारते हैं।]

जिन्ना : फातिमा, फाति।

[जिन्ना की बहन फातिमा आती है। चौवन वर्ष की उम्र। हाथ में दवा और गिलास। जिन्ना आश्चर्यचकित हो जाते हैं।]

जिन्ना : यह क्या, तुम क्यों दवा लेकर आई? अबूल कहाँ है?

फातिमा : मैंने उसे रसोईघर में भेजा है। तुम्हारा स्टेक भी ओवेन में लगभग तैयार हो गया है। अबूल को मैंने एक बार देखकर आने के लिए कहा है।

जिन्ना : *(दवा लेते हैं)* वह कुछ नहीं समझेगा। अबूल सच्चा मुसलमान है। सूअर के मांस का स्टेक जीवन में कभी नहीं खाया। कितना भूना जाएगा वह समझ भी नहीं पाएगा। गौहर जैसा बनाता है बनाने दो।

[दवा लेते हैं।]

फातिमा : स्टेक क्या क्राफोर्ड मार्केट से लिया?

जिन्ना : हाँ। लौटते समय रास्ते में क्राफोर्ड पड़ा। इच्छा हुई। सिकंदर को भेजकर मैंने मँगवा लिया।

फातिमा : गाड़ी रोककर?

जिन्ना : हाँ।

फातिमा : अद्‌भुत। यदि कोई आपको पहचान लेता तो?

जिन्ना : कैसे कोई पहचानेगा? मैं अपने पैकार्ड में था। लोग देखने के बाद भी मुझे पहचान नहीं पाते। इसके अलावा मैं अपना सिर झुकाकर बैठा हुआ था। यह दवा क्या नई वाली है?

फातिमा : हाँ। गत सप्ताह ही आया है। डॉ. पटेल ने इसे दिन में एक बार खाने के लिए कहा है। डिनर से दो घंटा पहले।

जिन्ना : पटेल कुछ जानता नहीं है। फेफड़े का घाव कभी दवा से ठीक नहीं होता।

फातिमा : गजब है! दर्द तो कम कर सकता है?

जिन्ना : हाँ, वह कुछ कम कर सकता है।

[सिगरेट ऐशट्रे में फेंक देते हैं। और एक नया सिगरेट जलाने जाते हैं। फातिमा छीन लेती है।]

जिन्ना : अरे क्या गजब करती हो? क्या हो रहा है यह?

फातिमा : डॉ. पटेल ने आपका कोटा फिक्स कर दिया है। दिन में बीस से ज्यादा आप नहीं पी सकते। इसके बावजूद आप लगातार पी रहे हैं।

जिन्ना : देखो फातिमा, इस विषय को लेकर तुम्हारे साथ बहुत बात हो चुकी है। मेरे व्यक्तिगत विषय में तुम इतना दखल मत दिया करो। एक ही बात बार-बार कहना मुझे अच्छा नहीं लगता।

[फातिमा के हाथ से सिगार ले लेते हैं। जलाते हैं, फिर टेबल के ड्रॉर खोलते हैं।]

फातिमा : आप कहाँ गए थे? इस तरह एयरपोर्ट से घर आते ही सामान रखकर बाहर चले गए। थोड़ा भी विश्राम नहीं किया।

जिन्ना : *(ड्रॉर में कागज खोज रहे हैं)* क्या करूँगा? फ्लाइट बीस मिनट देर थी। तुम तो जानती हो मैं एकदम समय से चलता हूँ। तुम घर में बैठकर क्या कर रही थीं?

एक बार घर से निकलकर मलाड में अपने पुराने चेम्बर को तो देखकर आ सकती थीं? ऐसा लगता है फिर कभी यहाँ पर नहीं आ पाओगी।

फातिमा : धत्त, वह चेम्बर कब का बन्द हो गया है। सुना है कि जिसने मुझसे खरीदा था उसने एक सैलून वाले को बेच दिया है।

[रुककर।]

क्या होगा देखकर? पुराने सामान को जितना जल्दी भुला दिया जाए उतना ही अच्छा है।

मैंने दोपहर में सब पैकिंग कर लिया है।

जिन्ना : हम्म! *(कागज उठाकर)* सुनो तो, यह ड्राफ्ट कैसा हुआ है। ग्यारह तारीख को कराची में मैं यह पढ़ूँगा। सुनाकर बताओ।

[फातिमा अचानक बोली।]

फातिमा : आप आज सुबह रुक्ति के कब्र पर गए थे न?

[जिन्ना मानो बात को अनसुना करते हुए।]

जिन्ना : देखो, इस द्वितीय अनुच्छेद में मैंने लिखा है, "ध्यान रखिएगा, आप लोग अभी एक सार्वभौम कानूनन क्षमता के अंश हैं।" यहाँ 'क्षमता' शब्द बदलकर मैंने 'शरीर' किया है। इसके बाद मानो—

फातिमा : मैंने सही कहा न? रुक्ति के कब्र पर गए थे कि नहीं?

जिन्ना : अन्त में मैंने लिखा है, मुस्लिम सम्प्रदाय जिस प्रकार पठान, पंजाबी, सिया, सुन्नी इत्यादि भागों में बँटा हुआ है ठीक उसी प्रकार हिन्दू सम्प्रदाय के बीच भी ब्राह्मण, वैष्णव, क्षत्रिय, बंगाली, मद्रासी इत्यादि में विभाजन है।

फातिमा : भाईजान!

जिन्ना : मुझे संशय हो रहा है, ब्राह्मण या क्षत्रिय के बाद बंगाली शब्द लिखना ठीक हुआ है या नहीं? कारण देखो 'बंगाली ब्राह्मण' और 'बंगाली मुस्लिम' ये दोनों शब्द तो एक ही साथ हो सकता है। है न? तो फिर—

फातिमा : *(जोर से)* मैं एक बात जानना चाहती हूँ भाईजान—

[शान्ति। जिन्ना फातिमा की तरफ देखते हैं।]

जिन्ना : *(हँसते हुए)* भाईजान?

फातिमा : हाँ, आप तो मेरे भाईजान हैं।

जिन्ना : और तुम मेरी बहन। ठीक तो?

[दोनों एक-दूसरे को देखते हैं। कुछ समय के लिए चुप्पी। जिन्ना चुप्पी को तोड़ते हैं।]

जिन्ना : हाँ, आज मैं दोपहर को मजगाँव गया था। उसके बाद बाकी काम किया।

[रुकते हैं।]

उस समय आकाश में बादल छाए थे। बाईकुल्ला स्टेशन जब मैंने पार किया, उसी समय चिर-परिचित मछली का गंध मेरे नाक में आया। उसके बाद तराना पार करते ही फिर सागर की लहरें, वही पत्थर का किनारा...

[अन्यमनस्क हो जाते हैं।]

हाँ फाति। मैं गया था आज उसी मजगाँव के कब्रिस्तान में।

फातिमा : इसलिए आप बहुत व्यस्तता के बीच भी हड़बड़ाकर दिल्ली से एक दिन के लिए बॉम्बे चले आए। मैं तो समझ ही नहीं पा रही थी कि

आप क्यों अचानक बॉम्बे आना चाहते हो। आपने कहा था, कुछ सामान साउथ कोर्ट के घर से लेना है।

जिन्ना : है तो। यह सब किताबें और कुछ-कुछ चीजें...

[रुकते हैं।]

नहीं जानता इस बॉम्बे शहर में मैं फिर कभी वापस आ पाऊँगा या नहीं!

[खिड़की के पास जाते हैं।]

बॉम्बे। यह शहर मेरे सम्पूर्ण सत्ता के साथ जुड़ा हुआ है फातिमा। यह मालाबार पहाड़, शान्त समुद्र, नरीमन पॉइंट, चर्च गेट, विक्टोरिया, टर्मिनल फैशन स्ट्रीट से रोज चलकर बॉम्बे हाई कोर्ट में केस लड़ने जाना, रात-रात भर जागकर वकालतनामा लिखना...इस शहर ने मेरी जवानी को निचोड़ लिया। मैंने भी इस शहर को अपना सब कुछ दिया। इस शह्रर ने भी मुझे बहुत दिया। बहुत।

[अचानक गुस्सा हो जाते हैं।]

फाति चाहकर भी अचानक अतीत को मिटाया नहीं जा सकता। जीवन कोई ब्लैकबोर्ड नहीं है जिसे डस्टर के द्वारा पिछले समय को मिटाकर चमकाया जा सके।

फातिमा : हाँ ठीक है। समझ गई। आज इतनी बातें क्यों कर रहे हैं? आश्चर्य।

जिन्ना : हम्म। ज्यादा बातें कर रहा हूँ इसलिए? असल में इस शहर को छोड़कर मैं सदा के लिए चला जाऊँगा और कभी भी कराची से बॉम्बे वापस नहीं आऊँगा। मैं जानता हूँ। फिर भी यह सोचने में कितना आश्चर्य लगता है। छोड़ो, इतना उत्तेजित होना ठीक नहीं। सही कह रहे हो।

फातिमा : मेरे डेंटल के चेम्बर की बात तक याद है आपको भाईजान? आपने ही तो बना दिया था।

[जिन्ना अपने चेयर पर बैठते हैं।]

जिन्ना : हाँ, वह तो याद रहेगा ही। छोड़ो—सुनो, गौहर को बोलो ओवेन पर स्टेक को और ज्यादा न जलाए। तुम खुद जाकर देखो। और मुझे थोड़ा कॉफी भेजो। थकान महसूस हो रही है। मैं इस ड्राफ्ट को कई बार पढ़ूँगा। जाओ।

[फातिमा खड़ी ही रहती है। जिन्ना देखते हैं।]

फातिमा : रुक्ति के कब्र पर आपने कौन सा फूल चढ़ाया? क्रिसेनथिमाम? उसका प्रिय फूल।

जिन्ना : याद नहीं। ग्लोरी चर्च के बाहर एक बच्चा फूल बेच रहा था, जो फूल उसके हाथ में था उसी को लेकर मैंने कब्र पर चढ़ाया है। अभी जाओ, और हाँ सुनो, मेरे बेडरूम के पास रैक में देखना कैम्ब्रिज का कम्प्लीट शेक्सपीयर है। उसे पैक करना। बाकी किताब मैं कुछ समय बाद देखूँगा। कौन सा लूँगा और कौन सा नहीं। और हाँ—

[रुक जाते हैं।]

फातिमा : क्या हुआ?

जिन्ना : मेरा सूट, कुछ देर पहले ही मैंने पैक किया है। किन्तु वार्डरोब के भीतर कुछ और पोशाक हैं—

[रुक जाते हैं। फातिमा हँसती है।]

फातिमा : जानती हूँ। रुक्ति का गाउन और स्कर्ट तो? मैंने तो उन सबको आपके बिस्तर के ऊपर सजाकर रख दिया है।

जिन्ना : रख दिया?

फातिमा : हाँ, दोपहर को ही। आप कौन सा बैग लेंगे, यह तो मैं नहीं जानती थी न?

जिन्ना : हाँ, मैं देख लूँगा। देखना कोई न छुए। किसमें रखूँगा वह मैं देख लूँगा।

फातिमा : हाँ, ठीक है। मैं आपकी कॉफी भेज रही हूँ।

[फातिमा चली जाती है। जिन्ना थोड़ा अन्यमनस्क होते हैं। उसके बाद फिर ड्राफ्ट देखने लगते हैं। फोन करते हैं।]

जिन्ना : हैलो, जरा पीरजादा को दीजिएगा तो।

[इन्तजार करते हैं। उसके बाद बोलते हैं।]

हाँ पीरजादा, सुनो, तुम बड़े लॉट के सचिव से कहो, सात तारीख यानी परसों भारत से फ्लाइट से मैंने कराची जाना तय किया है...हाँ, मैं जानता हूँ कि बड़े लॉट इस बात को जानते हैं किन्तु मैं जो बोलता हूँ वह सुनो। उन्होंने पिछले दिन मुझे दिल्ली में कहा था कि अपना व्यक्तिगत विमान मुझे कराची जाने के लिए उधार देंगे। इस मामले में

फातिमा को छोड़कर और कौन-कौन इस विमान में जाएगा उसकी तालिका मुझे प्रस्तुत करनी होगी। तुम चागला को बोलो एक तालिका तैयार करके रखने के लिए। मेरे कल सुबह दिल्ली पहुँचने के बाद वह मुझे एक बार तालिका दिखा दे।...क्या, क्या हो गया है? कौन तुम्हारी बात नहीं सुनेगा? माउंट बेटन के सेक्रेटरी? हाँ बड़े लॉट, तो क्या? पीरजादा तुम भूलना मत, तुम अभी पाकिस्तान के प्रथम गवर्नर जनरल के ए. डी. सी. हो। ठीक है? रखता हूँ।

[फोन रखते हैं। बाहर देखते हैं तो अवाक् हो जाते हैं। दीना वाडिया, अर्थात जिन्ना की बेटी प्रवेश करती है। उसकी उम्र सत्ताईस वर्ष। लम्बा कद, देखने में सुन्दर। उसके हाथ में एक टोकरी। जिन्ना अपने को सँभाल लेते हैं।]

जिन्ना : यह क्या, मिसेज वाडिया आप?

दीना : जी, मैं मिस्टर ग्रे उल्फ। कैसे हैं? सुना है आज सुबह आप हमारे शहर में आए हैं।

जिन्ना : *(देखते हैं)* आपका शहर?

दीना : जी हाँ, मेरा ही शहर। प्रायः दस बरस हो गया मुझे इस शहर में रहते हुए।

जिन्ना : हाँ। यह ठीक है। आपको किसने बताया कि मैं बॉम्बे आया हूँ?

दीना : क्या बोलते हैं? कायद-ए-आजम कब कौन से शहर में रहेंगे, यह जानने के लिए क्या किसी दूसरे स्रोत की जरूरत पड़ेगी? पूरा देश उसे जानता है। मुझे शाम को ही खबर मिल गई थी।

जिन्ना : नहीं-नहीं, मैं मात्र एक दिन के लिए बॉम्बे आया हूँ। किसी को न बताकर आया हूँ। कल मैं दिल्ली चला जाऊँगा। उसके बाद परसों कराची चला जाऊँगा। पूरी तरह से।

दीना : जानती हूँ। *(हाथ की टोकरी को दिखाकर)* इसे कहाँ रखूँ?

जिन्ना : क्या है इसमें?

दीना : मंगलदास के सामने बढ़िया फल मिला। पीच, करौंदा, कैरमबोला। ले आई थोड़े से। यही है...और बुआ कहाँ हैं?

जिन्ना : भीतर हैं। *(बेल बजाते हैं।)*

तुम उठाकर क्यों ले आई? तुम्हारा ड्राइवर कहाँ है?

दीना : नीचे है। आपकी सुरक्षा जाँच ने उसे रोक दिया। तो मैंने सोचा, मैं ही लेकर चलूँ। बहुत भारी तो नहीं है।

जिन्ना : तुम्हारे टोकरी में पर्पल जामुन है क्या? यदि हो तो एक देना। खाकर देखें।

दीना : हाँ। मैंने सब मिला-जुलाकर खरीदा है।

[टोकरी का मुँह खोलकर खोजती है। पर्पल जामुन पाती है। जिन्ना को दे देती है। जिन्ना खाते हैं। फातिमा आती है। उसके हाथ में ट्रे। उसमें कॉफी का फ्लैक्स और कप है। फातिमा भी आश्चर्यचकित होती है।]

फातिमा : यह क्या तुम?

दीना : हाँ बुआ, मैं। सुना है आप लोग आज आए हैं। सोचा एक बार मिलकर आऊँ। अब जाने कब आप लोगों से मुलाकात होगी—

[रुक जाती है। टोकरी दिखाती है।]

यह कहाँ रखूँ बुआ?

फातिमा : दो, मुझे दो, मैं रखकर आती हूँ। खाकर जाओगी तो?

दीना : नहीं-नहीं, बच्चा रोने लगेगा। वो सो रहा था यही देखकर मैं बाहर निकली। सोकर उठते ही मुझे ढूँढ़ने लगेगा।

फातिमा : नस की उम्र कितनी हुई?

दीना : साढ़े तीन। मुझे थोड़ी कॉफी दीजिएगा बुआ।

जिन्ना : यह लो कॉफी यहाँ रखी है।

[हल्के हाथों से डालती है। फातिमा जल्दी-जल्दी आती है।]

फातिमा : तुम नहीं डाल पाओगी। मैं देखती हूँ।

[फातिमा कॉफी देती है।]

जिन्ना : अबूल को बोलिए और एक कप देने के लिए।

फातिमा : आप लोग पीजिए। मैं फल की टोकरी को अन्दर रखकर आती हूँ। यह लो।

[दीना की तरफ कॉफी के कप को बढ़ाती है।]

तुम बैठो। मैं एक बार रसोई में जाऊँ। कुछ तो खाओगी न?

दीना : आप परेशान मत होइए बुआ। मैं जल्द ही चली जाऊँगी। जल्दबाजी में चली आई। आपके लिए कुछ नहीं ला पाई।

फातिमा : मेरे लिए अब क्या लाओगी। तुम आई हो यही बहुत है।

[फातिमा फल की टोकरी को लेकर भीतर जाती है। जिन्ना सिगरेट जलाते हैं।]

जिन्ना : नस शाम को ही क्यों सोता है? दोपहर में क्या करता है वह?

दीना : दोपहर में ही सोता है। दरअसल शाम के समय उसके टीचर आते हैं। कल रात उसे थोड़ा बुखार आया इसलिए वह थका हुआ था। इसके बाद वह सो गया।

जिन्ना : ओह, उसे लेकर आज एक बार आ सकती थी।

दीना : मैंने भी सोचा। आपने भी उसे बहुत दिनों से नहीं देखा है। किन्तु आज यही समस्या हो गई। इसके बाद आप भी तो बड़े व्यस्त हैं।

जिन्ना : क्या वह बहुत चंचल है?

दीना : मेरे सामने शान्त रहता है। नहीं तो ऐसे चंचल है।

जिन्ना : पढ़ाई-लिखाई तो मन से करता है न?

दीना : हाँ कर रहा है।

जिन्ना : मेरा घर इतना तितर-बितर हो रखा है। घर का हाल देख रही हो। सब कुछ प्रायः पैकिंग किया जा चुका है। नहीं, मैंने एक महीना पहले ही एक बहुत बड़ा खेप कराची भेज दिया है। सब कुछ चला गया है औरंगजेब रोड के घर में। और कुछ थोड़ा सामान इस घर में पड़ा हुआ है। तब क्या देकर मैं नस को बोलता? तुम्हारे हाथ से भेजता।

दीना : कुछ नहीं देना होगा आपको। उसके पास बहुत खिलौने हैं, कुछ नहीं चाहिए उसे।

[देखते हैं।]

तो मिस्टर ग्रे उल्फ आप बॉम्बे आए थे सिर्फ इसलिए? घर खाली करने के लिए?

[जिन्ना दीना की तरफ देखते हैं।]

जिन्ना : उससे आपको क्या मिसेस वाडिया? आपके पिता कब कहाँ जाते हैं, किसलिए आते हैं, इससे आपको कुछ लेना-देना नहीं है।

दीना : मैं आपकी सब खबर रखती हूँ ग्रे उल्फ। एक वर्ष भी नहीं हुआ, इसी घर में जवाहर अंकल के साथ आपकी मीटिंग हुई थी।

जिन्ना : इस खबर को पूरा भारतवर्ष जानता है। दस दिन बाद से मेरी खबर पूरा पाकिस्तान रखेगा। इससे आपका क्या?

दीना : *(शान्त भाव से)* इतने दिनों बाद आपसे मुलाकात हो रही है, आज रूखा व्यवहार न करने से नहीं होता। जाने दीजिए। आप कर सके। आपके सिवा कोई भी अकेला एक देश तैयार नहीं कर पाया है। आप आजादी से बोल पाएँगे मेरे दो लड़के-लड़कियाँ हैं, दीना और पाकिस्तान।

जिन्ना : मैं परसों कराची चला जाऊँगा। बड़े लॉट के व्यक्तिगत विमान से मैं जाऊँगा यही सोच रहा हूँ। वे लोग वहाँ पर मेरा स्वागत करेंगे।

दीना : हाँ। तब आप आज दिल्ली छोड़कर यहाँ क्यों?

जिन्ना : कहा तो, इस घर को देखने तथा कुछ छोटा-मोटा सामान था उसे ले जाने के लिए। वही मेरा कुछ किताब, पत्र, पुराना फाइल यही सब और क्या। ये सब पड़ा है।

[दीना जिन्ना की तरफ देखती रहती है। उसके बाद हठात् बोली।]

दीना : आप आज मेरी अम्मी के कब्र पर गए थे, हाँ तो ग्रे उल्फ? मुझे एक व्यक्ति ने बताया। उसने आज आपको मजगाँव में देखा था।

[जिन्ना देखते रहते हैं।]

इसलिए आए थे एक बार। यही तो शायद और किसी दिन भी नहीं आ सकेंगे। आखिरी बार की तरह अम्मी की कब्र पर फूल देने, हाँ?

[फातिमा अपनी कॉफी लेकर प्रवेश करती है।]

फातिमा : गौहर को कहा है, तुम्हारे लिए कुछ कीमा का कटलेट बनाने दे। रुको, हो जाने पर ले आती हूँ। रुको, तुम्हें और थोड़ी कॉफी दूँ।

[दीना को कॉफी दे देती है।]

कूकीज खत्म हो गया है। अबूल लेकर रखा नहीं है। अबूल का वेतन आज मैंने दे दिया भाईजान। वह कल सुबह अपने घर वर्ली चला जाएगा।

जिन्ना : अबूल को कहा है दो दिन बाद दिल्ली आने के लिए। उसको मैं कराची में गौहर के साथ एक फ्लैट दे दूँगा। किन्तु अबूल बॉम्बे छोड़ने के लिए तैयार नहीं है। कहता है, बाप-दादा का घर छोड़ नहीं सकता। पुराने खयाल का है। मैं अपने इस साउथ कोर्ट को छोड़ रहा हूँ, लेकिन वह अपने झोपड़ी को छोड़ नहीं सकता। ये लोग पाकिस्तान का अर्थ ही नहीं समझते।

[कॉफी पीते हैं।]

मात्र दस-ग्यारह वर्ष हुआ इस घर में आए हुए। वैले ने कहा, अभी इस घर को बनाने में दो लाख रुपया लगेगा, मेरे कोर्ट के दोस्तों में से बहुत की आँखें लगी हुई थीं।

और कितना दाम होगा बताओ तो माऊंट प्लैसेंट रोड के इस घर का? साउथ बॉम्बे अब्बू! और वह यह अरब सागर।

दीना : आप क्या इस घर को बेच रहे हैं अब्बू?

जिन्ना : तो क्या करूँगा? मैंने अपना चारों घर बेच दिया है। बचा था केवल दिल्ली के औरंगजेब रोड का बँगला। उसे मेरे मुवक्किल सरदार बैशाख सिंह ने खरीद लिया। इस घर को भी सोच रहा हूँ उसे ही—

दीना : इसका अर्थ आप—

जिन्ना : नहीं, वादा नहीं किया है। यदि दूँगा तो उसे ही दूँगा।

[हँसते हैं।]

वह सोच रहा है कि शोभा सिंह की तरह वह भी अंग्रेजों के द्वारा 'सर' उपाधि पाएगा।

[अपने मन में।]

यदि भविष्य में कभी दिल्ली का इतिहास लिखा जाएगा तब लिखना होगा कि पाँच सिख सरदारों ने मिलकर इस दिल्ली को बनाया है।

[जिन्ना सिगरेट बुझाते हैं।]

दीना : इस घर को मत बेचिएगा अब्बू।

जिन्ना : क्या? क्या बोल रही हो तुम?

दीना : नहीं बेचिएगा। घर को, अर्थात इस घर को रहने दीजिए।

जिन्ना : रहने दीजिए का अर्थ? किसके पास रहेगा यह घर?

दीना : आपका तो बहुत जान-पहचान है। आजाद भारत सरकार से कहिए न वे लोग यदि कुछ व्यवस्था कर सकें।

जिन्ना : क्या तुम पागल हो? अभी मैं उनमें से किसको बोलने जाऊँगा? और वे लोग मेरी बात सुनेंगे भी क्यों? नहीं-नहीं, यह नहीं हो सकता।

दीना : मैं आपकी एकमात्र लड़की हूँ अब्बू। मैं आपसे गुजारिश करती हूँ इस घर को मत बेचिए। ऐसा काम आप नहीं कीजिए। ऐसा करना आपके लिए ठीक नहीं होगा।

[शान्ति।]

जिन्ना : क्यों? तुम क्या इस घर में रहना चाहती हो?

दीना : नहीं। नेभिल के साथ तलाक होने के बाद भी मरीन ड्राइव वाले घर को मैंने पाया है वह घर मेरे लिए नेभिल के साथ रहने से कम नहीं है।

जिन्ना : हाँ, ठीक ही तो। मैंने कष्ट पहुँचाया मिसेस वाडिया आपको। इस घर में रहना चाहती हैं कि नहीं, इस प्रकार की बातों को मैंने पूछा। मुझे माफ करना।

दीना : अब्बू आप सदैव ऐसा ही करते हैं—
मैं आपसे सही बात सही समय पर करना चाहती हूँ।

जिन्ना : *(रोकते हुए)* यह घर तुम्हारे बुआ के नाम बिल किया हुआ है। आठ बरस पहले मैंने बिल करके रखा है। इस नियम के अनुसार इस घर की मालकिन अब फातिमा है। अब यदि फाति तुम्हारे गुजारिश को स्वीकार कर ले तो यह घर बिक्री नहीं हो सकता।

[दीना फातिमा की तरफ देखती है।]

फातिमा : भाईजान, आप अच्छी तरह से जानते हैं कि यह घर सिर्फ मेरे नाम से है लेकिन आप जो चाहिएगा वही होगा। लेकिन पहले से मैं दीना के मत से सहमत हूँ। दीना अगर नहीं चाहती है तो इस घर को मत बेचिए भाईजान।

जिन्ना : मैं—

फातिमा : यह घर आपका बुनियाद है भाईजान। आप सोचकर देखिए, आपका पेशा, आपकी राजनीति, आपके पाकिस्तान पाने तक पिछले दस वर्षों से इस घर ने विराट भूमिका का पालन किया है। घर को रहने दीजिए भाईजान।

जिन्ना : फाति, परसों हम लोग—

दीना : मेरी धारणा है कि आज यदि आप मजगाँव में अम्मी की कब्र के सामने खड़ा होकर पूछेंगे तो अम्मी के कब्र से भी यही जवाब मिलेगा।

[जिन्ना एक बार लड़की की तरफ देखते हैं उसके बाद फोन करते हैं।]

हैलो ऑपरेटर, जवाहरलाल से बात कराइए।

[फोन रखते हैं। थोड़ी शान्ति। इसके बाद जिन्ना पीछे के कैबिनेट में जाते हैं व्हिस्की, वाइन का बोतल और

गिलास निकालते हैं टेबल सजाते हैं। सजाते-सजाते दीना की तरफ देखते हैं।]

जिन्ना : मैं क्या बोल रहा था मिसेस वाडिया, कुछ समय पहले?

दीना : इस बार क्या बोलें?

जिन्ना : नहीं, बोल रही थी न। सही समय पर सही बात आप मुझे बताने आई थी।

दीना : हाँ, बताया तो। आपकी बातों से मुझे आपति है अब्बू?

जिन्ना : नहीं, सही समय में सही बात कहना हमेशा आपसे जुड़ा नहीं है। आपकी शादी के समय मैंने जब कहा था, देश के लाखों व्यक्तियों के बीच एक भी शिक्षित मुसलमान आप खोज नहीं सके, एक पारसी से ही शादी करना होगा। आपने मुझे क्या कहा था?

फातिमा : *(हँसती है)* किन्तु इसका उत्तर तो जुत्स ने ही दिया था आपकी लड़की को भाईजान।

जिन्ना : *(जो मन में आता है कहो)*
"देश में तो इतने लाखों-लाख सुन्दर और आधुनिक मुस्लिम लड़कियाँ थीं। आपने क्यों एक पारसी लड़की से विवाह किया था मिस्टर ग्रे उल्फ।"

[फातिमा जोर से हँसती है। जिन्ना धमकी देते हैं।]

जिन्ना : हँसो मत फाति।

[गिलास में व्हिस्की डालते हैं। दीना को वाइन देते हैं।]

चीयर्स। *(गिलास को चूमते हैं)* ठीक समय पर ठीक बात। हाँ, फाति, तुम लोग भूलना नहीं कि मुझसे विवाह करने से पहले रुक्ति ने धर्म बदला था और नाम भी।

दीना : हाँ। मरियम था अम्मी का बदला हुआ नाम। *(देखती है)* मैंने भी शादी से पहले अपना धर्म बदला था। तब तो सब मामला बराबर हो गया न। अब्बू, आप बचपन में मुझे कहते थे कि धर्म मनुष्य का एकमात्र परिचय नहीं हो सकता।

जिन्ना : *(झेंपते हुए)* मैं तुम्हें बचपन में क्या कहता था इस बात को याद नहीं दिलाने से भी चलेगा।
पिछले समय का मैं और आज के समय का मैं कभी भी एक आदमी नहीं हो सकता। और यह होना भी नहीं चाहिए।

[फोन बजता है। जिन्ना उठाते हैं।]

जिन्ना : हैलो जवाहर। मैं बोल रहा हूँ, मैं। हाँ, सुनो, तुमसे एक मामले में सहायता माँग रहा हूँ। हैलो, मैं अपने साउथ कोर्ट के घर को बिक्री नहीं करूँगा।

आने वाले पन्द्रह तारीख के बाद यदि तुम लोगों की सरकार इस घर को अधिग्रहण करेगी तो बहुत अच्छा होगा...हैलो...नहीं-नहीं, मैं तो वह नहीं बोल रहा था। तुम लोग मेरे घर को किसी विदेशी दूतावास को दे सकते हो। लेकिन वह किसी यूरोपियन देश का हो तो अच्छा रहेगा। दक्षिण-पूर्व एशिया के किसी देश का न होना ही अच्छा रहेगा। कृपा करके मेरे ऊपर उपकार करो। मैंने तुमसे कुछ भी नहीं माँगा है जवाहर। तुम अपने देश के प्रथम प्राइम मिनिस्टर, और मैं भी अपने देश का प्रथम गवर्नर जनरल। मेरे इस गुजारिश को तुम जरूर मानना।...क्या, अफसोस सुन नहीं पा रहा हूँ, हैलो क्या बोल रहे हो?... सोचो, अच्छा सोचो। ठीक है। मैं तुम्हारे ऊपर छोड़ रहा हूँ। धन्यवाद जवाहर। धन्यवाद। खेद है, तुम्हें तकलीफ देने के लिए। अच्छा जवाहर ठीक है।

[फोन रखते हैं। फातिमा उठती है।]

फातिमा : अच्छा आशा करती हूँ इस घर का कुछ तो इंतजाम हुआ। मैं जाती हूँ। गौहर क्या कर रहा है देखूँ। कटलेट बना कि नहीं।

[फातिमा भीतर चली जाती है। जिन्ना दीना के साथ चीयर्स करते हैं।]

दीना : आपकी तबीयत कैसी है अब्बू? आप अभी भी ड्रिंक करते हैं?

जिन्ना : *(हँसते हैं)* और तबीयत! अभी पहले से अच्छा है। अर्थात पिछले साल से काफी अच्छा है। लेकिन पहले से कम पीता हूँ। पिछले बरस शिमला से बॉम्बे लौटते समय क्या हुआ था जानती हो?

दीना : क्या?

जिन्ना : मैं ट्रेन में इतना अस्वस्थ हो गया था कि डॉ. पटेल को बुलाया गया। एक स्टेशन पर ट्रेन रोककर उनको ट्रेन में उठाया गया। पटेल ने कहा, तुम्हें उतारा नहीं जा सकता। वहाँ पर हजारों लीग समर्थक मेरा इन्तजार कर रहे थे। मुझे उतारा गया कल्याण में। वहाँ से सीधे हॉस्पिटल। एक्स-रे हुआ। पटेल ने कहा, सैनेटोरियम में चलिए, आपको तीन महीने आराम की जरूरत है। *(हँसते हैं)* बेटा हिन्दू तो। जानता था

जिन्ना तीन माह हॉस्पिटल में रहेंगे तो पाकिस्तान भी पीछे चला जाएगा। बड़ा डॉक्टर है, उसको मैं छोड़ भी नहीं सकता।

[रुकते हैं। उत्तेजित होकर कहते हैं।]

और मैं वह मौलाना आजाद नहीं जो शाम के बाद सब मीटिंग खत्म कर देता था।

दीना : सावधानी से रहिए अब्बू। आपके नए देश को आपकी बड़ी जरूरत है।

जिन्ना : यह क्या आपने सही समय पर सही बातें कही मिसेस वाडिया?

दीना : सही समय पर कहा है कि नहीं यह मैं नहीं बता सकती। लेकिन मैंने बात सही कही है।

[फातिमा खाना लेकर आती है। जिन्ना और दीना को परोसती है। काँटा, चम्मच और नैपकिन देती है। खुद भी लेती है। जिन्ना कटलेट खाते हैं।]

जिन्ना : धन्यवाद फातिमा। गौहर ने अच्छा खाना बनाया है। मेरा स्टेक कब तक तैयार होगा?

फातिमा : और कुछ समय लगेगा। आपके कच्चे स्टेक लाने के कारण वह उसे अपने तरीके से बना रहा है।

जिन्ना : हाँ, वह तो करेगा ही। वह शेफ कहाँ का था जानती हो? इस्पीरियल होटल का।

दीना : क्या आप उसे अपने साथ बॉम्बे लेकर आए हैं? आपका रसोइया कौन है?

जिन्ना : सही मायने में। गौहर को छोड़कर मेरे लिए स्वास्थ्यवर्धक खाना और कौन बना सकता है?

फातिमा : स्वास्थ्यवर्धक खाने का यही तो नमूना है। आज भी रोज रात में तुम्हारे पिता स्टेक खाते हैं रोज कहती हूँ थोड़ा उबला हुआ सब्जी खाओ। कहना नहीं मानते।

[फातिमा सिर हिलाती है। जिन्ना गिलास खत्म करके नया पेग डालते हैं।]

जिन्ना : काएद-ए-आजम इस तरह ही बचेगा फाति। अब तक इस तरह ही बचा हूँ, इस उम्र में मैं अपनी आदत नहीं बदल सकता, हाँ, उबला हुआ सब्जी। सब्जी यदि खाऊँ तो फिर किस तरह सभ्यता का विकास होगा। पेड़ से हम लोग नीचे क्यों उतरे थे?

[फातिमा और दीना हँसती हैं। जिन्ना दीना को वाइन देना चाहते हैं। दीना सिर हिलाकर कहती है कि अब नहीं चाहिए। उसका गिलास अभी भी भरा है।]

जिन्ना : ठीक। तब मिसेस वाडिया, आपका यह कोर्ट का घर तो बच गया। मैं नहीं कह सकता कि जवाहर मेरी बात मानेगा या नहीं। लेकिन वह भद्र आदमी है। मैं यह आशा करता हूँ कि इस घर को शत्रु सम्पत्ति कानून के अन्तर्गत नहीं रखेंगे।

फातिमा : शत्रु सम्पत्ति कानून? वह क्या है?

जिन्ना : *(हँसते हैं)* है। मैंने पिछले सप्ताह उसे देखा था क्रोली के नए संस्करण में। जवाहर भी बड़ा बैरिस्टर है। नहीं, मेरे जैसा बड़ा नहीं है। वह मेरे जैसा वकालत भी नहीं करता लेकिन वह कानूनी किताब को जरूर देखेगा। मुझे भी और पढ़ना होगा। देखते हैं।
जो भी हो मैंने तो तुम्हारी बात को माना मिसेस वाडिया।
इस बार आप मेरी बात मानिएगा तो? या हमेशा की तरह वही उद्दंड व्यवहार कीजिएगा?

फातिमा : और भाईजान। आप कब क्या किए हैं उसे भूल नहीं पाते। अतीत को भूलना सीखिए। अपनी पुत्री के साथ भी आप...आश्चर्य होता है।

जिन्ना : यही मेरी सबसे बड़ी समस्या है फाति। मेरी याददाश्त। मैं भूलना चाहता हूँ, लेकिन भूल नहीं पाता। क्यों, किसलिए नहीं जानता? क्या हुआ चुपचाप बैठी हो मिसेस वाडिया?

दीना : आप बहुत बड़े बैरिस्टर हैं अब्बू। आपके अदालत में आने से सब भय पाते हैं। क्या माँगिएगा वही सोच रही हूँ। कह सकते हैं मैं भी थोड़ी डरी हुई हूँ।

जिन्ना : तुम मेरी बेटी ही हो। अचानक कोई वादा मत करना।
(दीना हँसती है) ठीक ठीक

फातिमा : दीना, तुम्हारे पिता जो माँगेंगे उसे इनकार मत करना। बात रखना मेरी बेटी।

दीना : वे क्या चाहते हैं उसे नहीं बताने से मैं कैसे जानूँगी?

फातिमा : हाँ, बोलिए न भाईजान। मुझे भी जानने की बहुत इच्छा है।

जिन्ना : और क्या? आज़ाद पाकिस्तान में कायद-ए-आजम की बेटी कब अपना पैर रखेगी, प्रेसीडेंट के रूप में यह जानना मेरा कर्तव्य है।

दीना : *(अपने मन में कहती है)* पाकिस्तान। आज़ाद पाकिस्तान *(देखती है)* कुछ सोचा है अब्बू, कैसा होगा आज़ाद पाकिस्तान का झंडा?

जिन्ना : *(हँसते हैं)* जरूर। देखना तुम?

[ड्रॉर खोलकर पाकिस्तान का झंडा निकालते हैं दीना को दिखाते हैं।]

देखो, यह आने वाले ग्यारह तारीख को यानी आज से मात्र छह दिन बाद नए पार्लियामेंट में सबकी सहमति से मान लिया गया है, यह देखो हरा रंग, इसका अर्थ बिना किसी शर्त का इस्लाम के प्रति समर्पण। यह देखो सफेद रंग, इसका अर्थ है हमारा देश अल्पसंख्यक के सुरक्षा के प्रति प्रतिबद्ध रहेगा।

दीना : यह तो प्राय: आपके मुस्लिम लीग के झंडे की तरह ही दिखाई दे रहा है।

जिन्ना : *(हँसते हैं)* मुस्लिम लीग को छोड़कर तथा मूल रूप से प्रस्तावित तुम्हारे चेयर के उलटे साइड में बैठे हुए मनुष्य को छोड़कर पाकिस्तान का निर्माण हो सकता है क्या? ऐसी परिस्थिति में किसके अनुसार होगा देश का झंडा? अमीरुद्दीन किदवई ने इस झंडे के नक्शे को बनाकर मुझे दिया है। चौदह अगस्त को इसी झंडे के नीचे हमारे देश के नए मंत्री सभा का शपथ दिलाया जाएगा। यह कैसा बना है बोलो?

दीना : बहुत अच्छा। सबसे बड़ी बात अल्पसंख्यक समुदाय के सुरक्षा के प्रश्न को यह झंडा सुनिश्चित करता है। इससे बड़ी बात और क्या हो सकती है? तो आपके देश में अल्पसंख्यक समुदाय सही में सुरक्षित रहेगा अब्बू? या उसकी सुरक्षा सिर्फ झंडे में ही रह जाएगी?

जिन्ना : यहीं फोन है, अपने जवाहर अंकल को फोन करके पूछो ना, सुना है आपका स्वाधीन देश धर्मनिरपेक्ष देश होने जा रहा है, तो सब धर्म के लोगों को समान सुविधा, समान मर्यादा मिलेगी तो?

दीना : कॉल करके क्यों, यदि कभी भी उनके साथ मेरी मुलाकात होगी तो मैं सीधे उनसे ही पूछ लूँगी।

[दीना कंधे के बैग से एक राष्ट्रीय झंडा निकालती है।]

मेरे पास भी एक झंडा है अब्बू।

जिन्ना : यह क्या? तुमने इसे कहाँ से पाया? *(रुकिए)* उन लोगों का झंडा तो पिछले महीने के बाईस तारीख को ग्रहण किया गया। अब यह हर जगह मिल रहा है।

दीना : सही में। मैंने भी एक लिया है।

जिन्ना : तो उन लोगों के देश का तिरंगा तो कांग्रेस के झंडे के रंग से मेल खाता है इसको लेकर तुम्हारे मन में किसी प्रकार का प्रश्न नहीं आया? सिर्फ पिता को लेकर इतना प्रश्न, इतनी शंका?

[रुकते हैं। सन्देहजनक भाव से देखते हैं।]

तुम भारत के झंडे को मेरे पास लेकर क्यों आई हो? क्या करोगी तुम इस झंडे को लेकर?

दीना : कुछ नहीं। आने वाले 14 अगस्त को ठीक रात बारह बजे यानी 15 अगस्त आने वाला है—

जिन्ना : यानी तुम्हारा जन्मदिन?

दीना : ठीक अब्बू। उस दिन मेरा अट्ठाइसवाँ जन्मदिन। 15 अगस्त, 1947। उस दिन ठीक रात बारह बजे मैं इन दोनों झंडों को लेकर *(जिन्ना के हाथ से पाकिस्तान के झंडे को लेती है)* मैं अपने मेरिन ड्राइव के फ्लैट के छत पर अकेली इस झंडों को फहराऊँगी।
मेरे घर में नस उस वक्त सो जाएगा, मेरे घर के नीचे से असंख्य गाड़ियाँ गर्जन और आनन्द करते-करते नरीमन पॉइंट की ओर जाएँगी, चारों दिशाओं में खुशी ही खुशी होगी उस समय मैं चुपचाप इन दो झंडों को लेकर अपने छत पर फहराऊँगी। शायद मेरे आँखों में आँसू भरे होंगे। किन्तु मैं अपने हृदय से बोलूँगी मेरा भारत महान। और बोलूँगी पाकिस्तान जिन्दाबाद।

जिन्ना : *(गुस्सा हो जाते हैं। पाकिस्तान का झंडा दीना के हाथ से ले लेते हैं)* सही, मैं यही सोच रहा था। इसका अर्थ है कि तुम पाकिस्तान नहीं आओगी, यही तो? पिता के साथ तुम इसी विषय को लेकर लड़ाई करती रहोगी?

दीना : मैं तो अब गैर-मुसलमान हूँ। मेरा सामाजिक परिचय वहाँ क्या होगा, विशेषकर गैर-मुसलमान लड़कियों के प्रति अपना रवैया ठीक करें, उसके बाद अवश्य ही मैं आपके देश में जाऊँगी। *(हँसती है)* मेरे ग्रे उल्फ के खुद के हाथों से तैयार किया गया देश, और वहाँ मैं नहीं जाऊँगी? जरूर जाऊँगी।

फातिमा : यह देश? भारतवर्ष? यह देश तुम्हें यदि नागरिकता न दे तो क्या करोगी तब तुम?

दीना : क्यों नहीं देगा बुआ? मैं यहाँ की इतने बरस की बाशिंदा हूँ। मेरा पति, संतान सब यहीं के हैं। मैं नागरिकता क्यों नहीं पाऊँगी?

जिन्ना : तुम्हारी सामाजिक स्थिति पाकिस्तान में क्या होगी उसे लेकर मुझे सोचने दो। तुम्हारे सोचने से कुछ नहीं होगा। पहले मुझे वहाँ पहुँचने दो, स्थिति सँभालने दो, उसके बाद मैं ठीक एक व्यवस्था करूँगा।

दीना : मैं पाकिस्तान नहीं जाऊँगी अब्बू। जरूरत पड़ने पर मैं न्यूयार्क चली जाऊँगी या लंदन। मैं इस भयावह भाग-दौड़ के बीच पड़ना नहीं चाहती हूँ। इसके अलावा मेरे नस का क्या होगा? नेभिल उसे छोड़ेगा नहीं।

जिन्ना : ठीक ठीक, मैं भूल जाता हूँ कि नेभिल के साथ विवाह-विच्छेद होने के बाद भी आप मिसेस वाडिया हैं। आपका पति जरायूथ धर्म छोड़कर क्रिश्चियन धर्म स्वीकार करने के बाद भी आप मिसेस वाडिया। आपके पिता एक सम्पूर्ण नए देश के जन्मदाता होने के बाद भी आप मिसेस वाडिया।

दीना : नेभिल इस बार फिर जरायूथ धर्म स्वीकार कर लेगा अब्बू। उसने मुझे एक दिन कहा था। वह क्रिश्चियन नहीं रहेगा।

जिन्ना : क्या यह सही है? तो तुम्हारा पति मिस्टर वाडिया एक जंक्शन लाइन के ट्रेन की तरह बार-बार धर्म क्यों बदलता है?

दीना : नेभिल को आप नहीं जानते अब्बू। वह धर्म को इतना महत्त्व नहीं देता। वह खोजी व्यक्ति है। वह सभी धर्मों तथा मत को जानना चाहता है।

फातिमा : तब तुम उसे इस्लाम धर्म ग्रहण करने के लिए कहो, जिससे उसकी सारी समस्या समाप्त हो जाएगी।

दीना : वह क्या करेगा उसका मामला है। मैं इस बात को उसे क्यों बोलने जाऊँ? उसके इस्लाम स्वीकार करने पर भी मैं इस्लाम स्वीकार नहीं करूँगी। जिसके कारण पाकिस्तान में मेरी स्थिति संशय वाली बनी रहेगी।

जिन्ना : मैंने तो कहा है उसे लेकर मुझे सोचने दो।

फातिमा : तुम क्यों नहीं स्वीकार करोगी इस्लाम को? तुम्हारा पूर्व पति एक पारसी होकर धर्म बदल सकता है। और तुम एक तलाकशुदा होकर भी अपने धर्म को नहीं बदल सकती?

दीना : नहीं, नहीं कर सकती। मेरी अम्मी पारसी से मुसलमान हुई थी, मैं मुसलमान से पारसी हुई हूँ। मैं अपनी अम्मी की तरफ से पारसी समाज की ऋण चुका रही हूँ।

जिन्ना : यह सब तुम्हारे ऊपर तुम्हारी अम्मी का प्रभाव है जो ऐसी बातें बोल रही हो। किन्तु तुम भूल रही हो, जिस समय तुम बड़ी हो रही थी उस समय तुम्हारी अम्मी स्वस्थ नहीं थी। यदि इस प्रकार से ऋण चुकाने की भावना तुम्हारी अम्मी ने तुम्हें बोला हो तो यह समझना उनका अस्वस्थ मन का विलाप था या मेरे प्रति जटिल बदला की भावना।

दीना : *(उत्तेजित होकर)* इस प्रकार आप इस बात को हल्के में नहीं ले सकते।

[फातिमा उठती है।]

फातिमा : रात हो रही है। तुम खाकर जाओ दीना। मैं रसोईघर में जाती हूँ। गौहर को तुम्हारे लिए रात का भोजन तैयार करने के लिए कहती हूँ।

दीना : मैं कुछ नहीं खाऊँगी बुआ। अभी जो खाया रात के लिए काफी है।

फातिमा : थोड़ा सूप पी लो। रुको देखती हूँ।

[फातिमा भीतर चली जाती है। दीना उठकर अपने गिलास में थोड़ा शराब डालती है। खिड़की के पास जाती है।]

दीना : मेरा शहर बड़ा सुन्दर है। बॉम्बे, इस मालाबार पहाड़ के ऊपर टिमटिमाता हुआ प्रकाश जल रहा है, बीच-बीच में एक-दो गाड़ियाँ मुड़-मुड़ कर चल रही हैं, नीचे शान्त अरब सागर, जिसके किनारे बैठकर कई लोग गप्पें लड़ा रहे हैं, बीच-बीच में खारे पानी की लहरें उन लोगों को भीगोकर चली जाती हैं, तब याद आती है कि सही मायने में पृथ्वी पर कहीं भी किसी प्रकार की कोई हिंसा, कोई युद्ध, नहीं हो रही है।

जिन्ना : किन्तु यह तो सत्य नहीं है। तुम्हारी कविता क्या पृथ्वी के भीतरी चीज को घुमा सकती है? नहीं घुमा सकती। जो लोग इस समय समुद्र के किनारे बैठकर गप्पें लड़ा रहे हैं उनके सर पर पृथ्वी के किसी प्रान्त से उड़कर कोई बम गिर सकता है। तुम्हारा देखना जितना सत्य है, ठीक उतना ही सत्य उसके पीछे भी है।

दीना : अब्बू, मेरी अम्मी यदि कभी भी आपके खिलाफ़ मुझसे कोई शिकायत की हो तो उसके लिए आप उनको दोष मत दीजिएगा। याद रखिएगा उनके साथ जब आपका विवाह हुआ था उस समय उनकी उम्र अट्ठारह थी और आपकी उम्र बयालीस।

जिन्ना : उनके साथ जब मेरी मुलाकात हुई तब उनकी उम्र सोलह थी मिसेस वाडिया।

दीना : जानती हूँ। अम्मी ने मुझे सब बताया है। माता-पिता की बातें, वे आपकी मुवक्किल थी और आपकी अच्छी मित्र यही बात तो, अम्मी की कम उम्र और आप लोगों के साथ मिलकर दार्जिलिंग घूमने वाली बात, वहाँ पर आपको अम्मी का अच्छा लगने की बात, उस अच्छा लगने पर आपको बताने वाली बात...सब कहा है मुझे। अस्वस्थ होने के समय अम्मी ने सब बताया है। मैं छोटी थी उस समय बहुत कुछ नहीं समझती थी फिर भी मेरे मन में होता मेरी अम्मी ही मेरी बेटी है, और मैं अपने अम्मी की अम्मी। मुझे सब बताकर उन्हें शान्ति मिलती थी। मैं सब कुछ

न समझकर भी चुपचाप उनकी बातों को सुनती रहती और बातें करती। या तो उन बातों का कोई अर्थ नहीं होता, या वे बातें बहुत साधारण होतीं फिर भी उन साधारण बातों से मेरी अम्मी को शान्ति मिलती।

जिन्ना : वही तुम्हारी अम्मी का सबसे बड़ा अस्त्र था। वे सबके भीतर एक ऐसी भावना पैदा कर देती कि वे सही मायने में बहुत असहाय और बहुत भोली हैं।

दीना : अम्मी तो वही थी अब्बू। और बड़ी ही भावुक। आप तो सब जानते ही हैं। नहीं तो आप जरा सोचिए, सोलह बरस की एक लड़की जिसके जन्मदिन के अवसर पर केक काटने के लिए आत्मीय स्वजन और लोग आए हुए हों उनके सामने कहती हैं कि यदि मैं किसी से शादी करूँगी तो 'जे' से करूँगी। भारतवर्ष के श्रेष्ठ वकील मोहम्मद अली जिन्ना से मैं शादी करूँगी।

जिन्ना : *(अस्पष्ट स्वर में)* हाँ। ताजमहल होटल में। कुछ दिन पहले अपने मित्र तथा भविष्य में होने वाले ससुर दिनेश पेटिट को बोला था कि दो विपरीत धर्मों के बीच अन्तर्जातीय विवाह करने में आपकी कोई आपत्ति नहीं हो, यदि यह आपकी उदारता सिर्फ दिखावटी न हो तो मैं आपकी बेटी रतन बाई जिन्ना पेटिट से शादी करना चाहता हूँ।

[शराब ढालते हैं।]

उदारता। हाँ। सेक्युलर! मेरे साथ इतने दिनों का सम्बन्ध हमेशा के लिए एक दिन में ही नष्ट कर दिया सेक्युलर दिनेश पेटिट ने मेरे इस विवाह के प्रस्ताव को सुनकर।

दीना : यह इसलिए कि आपकी उम्र अम्मी की उम्र से बहुत अधिक थी। नहीं तो वे राजी हो सकते थे।

जिन्ना : तब तो हमारे विवाह के बाद या तुम्हारे जन्म लेने के बाद हम लोगों का सम्बन्ध स्वाभाविक हो जाता। लेकिन नहीं हुआ।

तुम्हारी अम्मी के मरने के चार बरस बाद भी तुम्हारे नाना जिन्दा थे। एक दिन भी उन्होंने एक फोन मुझे नहीं किया। *(रुकते हैं)* तुम्हारा यह देश मुझे बचपन से ही बहुत बार समझाया है कि तुम्हारा जीवन बहुत प्रतिष्ठित हो जाए या बहुत धनवान बन जाओ या बहुत पढ़ाई-लिखाई करने से भी कुछ होता नहीं है, तुम भूलना नहीं कि असल में तुम एक मुसलमान हो। मैंने उन सब अपमान तथा घृणा को प्रकट होने नहीं दिया। किन्तु जिन दो-तीन घटनाओं को मैं भूल नहीं पाता हूँ मिसेस वाडिया उनमें से यह घटना भी एक है। अर्थात बहुत अच्छे व्यक्ति

थे तुम्हारे नाना दिनेश पेटिट, बहुत मजेदार तथा खुलेमन के व्यक्ति, सिर्फ एक मुसलमान उनका दामाद बनेगा यह सुनकर...

[रुकते हैं। दीना जिन्ना के पास जाती है।]

दीना : ठीक है अब्बू। आप तो मेरे ग्रे उल्फ हैं। आप दुखी न हों, मुझे खराब लगता है। *(आवाज बदलते हुए)* अच्छा अब्बू, अम्मी का सोलह बरस से लेकर अट्ठारह बरस तक आप लोगों की मुलाकात बन्द हो गई थी तो फिर कैसे आप लोग एक-दूसरे से सम्पर्क में थे?

जिन्ना : क्या होगा वो सब सुनकर। पिछली बातों को। भूल भी गया हूँ मैं वो सब दिन।

[हँसते हैं। अन्यमनस्क होकर बोलते हैं।]

तुम्हारी अम्मी फोन पर मुझसे बातें करती थी, जब उनके घर में कोई नहीं रहता था तब। मेरे घर के फोन पर मिस्ड कॉल देती थी। पहले से बता देती थी कि किस समय पर फोन करना है। मैं इन्तजार में रहता था। तुरन्त मैं मिस्ड कॉल का जवाब देता था। दो बरस तक इसी तरह चलता रहा। एक बार जब हम लोग बातें कर रहे थे तुम्हारे नाना ऑफिस से वापस लौटकर तुम्हारी अम्मी को रँगे हाथों पकड़ने जा रहे थे किन्तु मैंने आवाज बदलकर बात की। अरे भाई मैं तो लंदन में बैरिस्टरी पढ़ाई करते समय प्रत्येक दिन शेक्सपियर के नाटकों को देखता था, मैं अभिनेता बनूँगा इस बात की बहुत चर्चा करता था, इस बात को दिनेश पेटिट नहीं जानते थे। इस तरह मैंने अभिनय की कला को प्रदर्शित किया।

[जिन्ना हँसते हैं। फातिमा और दीना भी हँसती हैं।]

फातिमा : *(दीना को)* तुम्हारे लिए एक हल्का सूप तैयार करने के लिए कहा है। साथ में हल्का ब्रेड जरूर खाकर जाओगी।

[जिन्ना की तरफ देखती है।]

भाईजान आपका स्टेक प्राय: तैयार हो चुका है। *(दीना सिर हिलाती है)* क्या बोल रही है दीनु आपको भाईजान?

जिन्ना : *(फातिमा की तरफ देखते हैं उसके बाद दीना की तरफ)* तुम अपनी अम्मी का पक्ष लेकर इतनी बातें कह रही हो, क्या तुम जानती हो

नौ बरस तक तुम्हारा एक अच्छा नाम नहीं रखा गया था। हम लोग खुशी नाम से तुम्हें पुकारते थे। तुम्हें स्कूल में दाखिला कराते समय मैंने देखा तुम्हारा अच्छा नाम नहीं है। अन्त में तुम्हारी नानी के नाम को ही तुम्हारा नाम बना दिया गया। तुम्हारी अम्मी ने ही चाहा था। किन्तु तुम्हारा कोई अच्छा नाम नहीं है, इस बात को मैंने ही समझा।

दीना : यदि आपने ध्यान ही दिया तो इतने बरस बाद, पहले ही ध्यान देते। जिससे आप अम्मी को दोषी नहीं ठहरा सकते। है न?

जिन्ना : जानता हूँ, जानता हूँ। मरा हुआ व्यक्ति हमेशा अच्छा हो जाता है। और जीवित व्यक्ति अपराधी। यह कौन नहीं जानता? तुम्हारे बचपन में यदि मैं मर जाता और तुम्हारी अम्मी जिन्दा होती तो तुम्हारा विचार उलटा होता?

फातिमा : क्या बकवास कर रहे हैं भाईजान!

जिन्ना : *(उत्तेजित होते हैं)* मिसेस वाडिया, याद रखना, मैं जिन्दा रहना नहीं चाहता था फिर भी मुझे इतिहास के लिए जिन्दा रहना पड़ा। परसों मैं नए देश पर अपना कदम रखने जा रहा हूँ उसके लिए। इतिहास मनुष्य के ये सब छोटे-मोटे उसके दुख-सुख का हिसाब नहीं रखता। उसका काम यह सब सुख-दुख, यह सब अनुभूति, इन सभी को पार करके जाना है।

दीना : यह इतिहास का दुर्भाग्य है। मैं नहीं मानती इतिहास इतना निष्ठुर और अन्धा है। वह सब याद रखता है, लेकिन सब समय कहना नहीं चाहता।

फातिमा : कृपया करके दोनों चुप रहो। भाईजान तुरन्त गुस्सा हो जाएँगे। उन्हें दया करके छेड़ना मत।

जिन्ना : *(उत्तेजित हैं)* आप तो बड़ी अजीब हैं मिसेस वाडिया। मेरे साथ किसी प्रकार का सम्बन्ध नहीं रखा, मैं जिन्दा हूँ कि मर गया इसका भी खयाल नहीं रखा, आपकी अम्मी की कब्र पर फूल देने गया था सिर्फ इस खबर को सुनकर इतने दिनों बाद मेरे घर आप बात सुनाने चली आईं।

दीना : मैंने नहीं अब्बू, बल्कि आपने मेरे विवाह के पश्चात् सम्पर्क नहीं रखा। और मैं आज आपको कोई बात सुनाने के लिए नहीं आई हूँ।

फातिमा : दीना, मेरी अम्मी चुप हो जा।

जिन्ना : बात सुनाना नहीं तो क्या? बिना किसी भेंट-मुलाकात के मेरे घर आकर कहती हो मेरे द्वारा बनाए गए देश में आप नहीं जाएँगी, मेरे दुश्मन के देश में आप रहेंगी। जरूरत पड़ने पर आप विदेश चली जाएँगी किन्तु मेरे द्वारा तैयार किए गए देश में नहीं जाएँगी। यह किसके विरुद्ध जेहाद है? आप क्या जानती हैं कि मैं कुछ नहीं समझता?

फातिमा : भाईजान आप चुप रहिए।

जिन्ना : जब आपकी उम्र दस वर्ष की थी तब आपकी अम्मी मर गई थी। उसके बाद भी तीन बरस तक आप अम्मी को छोड़कर संसार के किसी अन्य विषय पर कुछ नहीं सोचती थी मिसेस वाडिया।

दीना : और मैं उस वक्त कभी भी आपको लगातार दो दिनों तक अपने जीवन या घर में आपको नहीं पाया।

जिन्ना : कोई उपाय नहीं था। इसके कारण मेरे ऊपर गुस्सा करने लायक कुछ नहीं है। इसके बाद ही आपका मन मेरे बारे में गलत धारणा बना लिया है और यह धारणा कभी ठीक नहीं हुआ। इसी मन से आपने अपनी अम्मी का ब्रीफ़ ले लिया। और वह हमेशा मेरे खिलाफ़। आप अपने पिता के विरुद्ध।

दीना : नहीं—सुनिए ऐसा नहीं है।

जिन्ना : आपका साहस कैसे हुआ कि आप इतनी बातें मेरे घर आकर मुझे बोल सकती हैं? याद रखिएगा मैं कायद-ए-आजम हूँ। सारा संसार मुझे देख रहा है। और आप मुझे आकर बता रही हैं मेरे साथ पाकिस्तान नहीं जाना चाहती।

दीना : अब्बू, मेरी अम्मी, अर्थात आपकी पत्नी अगर जिन्दा होती तो आपको यही बातें कहती।

जिन्ना : *(क्रोध में आकर)* दीना।

दीना : अन्ततः मेरी यही धारणा है। और आप भी जानते हैं कि मैं सही कह रही हूँ।

[फातिमा अवाक् रह जाती है। जिन्ना बेटी की तरफ देखते रहते हैं। उसके बाद खुद को सँभालते हैं। टेबल के पास फोन रखने के लिए जाते हैं।]

जिन्ना : ऑपरेटर। आप छोड़िए मैं सीधे सम्पर्क करता हूँ।

[एक नम्बर डायल करते हैं। इन्तजार करते हैं।]

हैलो, नेभिल बोल रहे हैं? नेभिल वाडिया? मैं जिन्ना बोल रहा हूँ, मोहम्मद अली जिन्ना।

: हाँ, सुनिए, आपकी पूर्व पत्नी मेरे घर आई हुई है। मुझे आपसे कुछ जरूरी बातें करनी हैं। उन बातों को मैं आप दोनों के सामने कहना चाहता हूँ। दया करके अभी मेरे मालाबार हिल साउथ कोर्ट के घर पर आ सकते हैं क्या? आशा करता हूँ कि समस्त बॉम्बे वासियों की

तरह आप भी मेरे घर को पहचानते होंगे,...हाँ धन्यवाद। आइए। मैं आपका इन्तजार करता हूँ।

[फोन रखते हैं। दीना उठकर खड़ी हो जाती है।]

दीना : यह क्या किए?

जिन्ना : यदि आप उसे फोन करके उसे आने से रोकती हैं, तो मैं कल फिर उसे फोन करके गुजारिश करूँगा, परसों करूँगा, करता रहूँगा, जब तक आप दोनों मेरे सामने नहीं आते और मैं आपके अम्मी के सम्बन्ध में आपको नहीं समझा पाता।

दीना : नेभिल अब मेरा पति नहीं है अब्बू। तीन बरस हो गया। उसका हम लोगों के बारे में और कुछ जानने की जरूरत नहीं है। हम लोगों का सम्बन्ध खत्म हो चुका है।

जिन्ना : मिसेस वाडिया आपकी अम्मी भी तो मर चुकी है। वह यदि अभी भी मेरे और तुम्हारे बीच आकर खड़ी हो जाती है तो मैं भी आपके पूर्व पति को बुला सकता हूँ, और अपनी कुछ समस्याओं को कह सकता हूँ। यही तो?

दीना : अब्बू, आप मुझसे बदला लेना चाहते हैं? छोटे-छोटे बदला से आप आज भी ऊपर नहीं उठ पाए हैं अब्बू?

जिन्ना : क्या आप ऊपर उठ पाई हैं? कौन ऊपर उठ सका है इस संसार में? कौन अपमान भूल सकता है? हम लोग कोई भगवान नहीं हैं मिसेस वाडिया। हम सब मनुष्य हैं—हाड़-मांस से बने हुए, हम लोग कोई पाक साफ नहीं हैं। सारा संसार यह सब अपमान, उसको याद रखना तथा बदला लेने के लिए ही टिका हुआ है। जो लोग कुछ अन्य प्रकार की बातें बोलना चाहते हैं, वे लोग शायद अपनी सच्चाई पर पर्दा डालना चाहते हैं।

दीना : आप नेभिल को आने से रोकिए अब्बू। उसे अभी बुलाकर आप ठीक नहीं कर रहे हैं।

जिन्ना : मैं उसे नहीं रोकूँगा। नेभिल का यहाँ आना जरूरी है।

दीना : आप एक बच्चे की तरह आचरण कर रहे हैं अब्बू। जाइए उसे रोकिए। उसे हम लोगों की जरूरत नहीं है।

फातिमा : भाईजान, उसे रोकिए। उसकी जरूरत नहीं है यहाँ। आप और भी अस्वस्थ हो जाएँगे।

[जिन्ना दोनों की ओर देखते हैं। फिर फोन की तरफ जाते हैं। फोन करते हैं।]

जिन्ना : हैलो ऑपरेटर, जिस नम्बर पर मैंने फोन किया था उस नम्बर से फिर सम्पर्क कराइए।

[जिन्ना इन्तजार करते हैं हाथ में रिसीवर लेकर। फातिमा और दीना जिन्ना की तरफ देखती रहती हैं। मध्यान्तर होता है/हवा चलती है। पर्दा गिर जाता है।]

मध्यान्तर

द्वितीयार्द्ध

[मध्यान्तर के बाद पर्दा उठता है। कुछ देर में रात। वही दो मंजिला घर। दीना सोफ़े पर बैठकर एक पुस्तक पढ़ रही है। फातिमा आती है। दीना और फातिमा का पोशाक एक ही है।]

फातिमा : अरे, बोलो तो गौहर कैसा खाना बनाता है?

दीना : बहुत अच्छा। सूप को कितना हल्का बनाया था बुआ। मसाला इतना हल्का दिया था कि पता ही नहीं चला कि इसमें मसाला है।

फातिमा : कितना अच्छा बनाता है खाना। क्या पढ़ रही थी?

दीना : मुल्कराज आनन्द का नया उपन्यास 'विशाल हृदय' आपने पढ़ा है?

फातिमा : कब प्रकाशित हुआ यह? मैंने नहीं देखा!

दीना : यही कुछ दिन पहले। मैंने लंदन से खरीदा था।

फातिमा : मैंने एक किताब पढ़ी थी। 'काली सलवार'। उसे हम लोगों को राणा ने पढ़ने के लिए कहा था। सआदत हसन मंटो नामक एक व्यक्ति के द्वारा लिखा गया। अत्यंत ही अश्लील। मैंने भाईजान से कहा है, इस प्रकार के लिखने वाले लेखक को आज़ाद पाकिस्तान में प्रतिबन्ध किया जाए।

दीना : आपको वह पुस्तक अश्लील लगी?

फातिमा : हाँ? प्रत्येक पंक्ति में गन्दे शब्द और गन्दे परिवेश और वेश्या केन्द्रित कथा लिखने की क्या जरूरत?

दीना : मुझे तो बहुत अच्छा लगा 'काली सलवार'। उस लेखक का एक

और कथा-संग्रह मैंने पढ़ा है 'धुआँ'। अत्यंत ही यथार्थ वर्णन। लगता है लेखक कम उम्र का है। उस रचनाकार में एक आक्रामकता है।

फातिमा : नहीं मालूम मुझे। लेखन को इतना आक्रामक बनाने की क्या जरूरत।

[जिन्ना प्रवेश करते हैं। शेरवानी पहने हुए हैं। माथे पर जिन्ना टोपी।]

जिन्ना : कौन इस बार किस पर आक्रमण किया?

फातिमा : कोई नहीं। वही एक कथाकार।

जिन्ना : तुम लोगों के पास बहुत समय है कहानी पढ़ सकते हो। मेरे पास इतना समय नहीं है। मुझे अपने कानून की किताबों को पढ़ने में काफी समय बीत जाता है। लेकिन दीना बहुत कम उम्र से साहित्य वगैरह पढ़ती है।

दीना : क्या करूँ? खाली समय नहीं कटता था। यह पुस्तक ही मेरे अकेले की सहेली थी।

जिन्ना : *(पीछे के कैबिनेट के पास)* कोई शराब पीएगा क्या? मेरे पास एक बहुत अच्छी शराब है। पिछले वर्ष एक मुवक्किल ने दिया था। थोड़ा ही पिया था इसे।

फातिमा : मैं नहीं पीऊँगी। दीनु को दीजिए भाईजान।

[जिन्ना अपने लिए और दीनु के लिए शराब ढालते हैं और दीना को देते हैं।]

जिन्ना : *(फातिमा को)* शराब देते हुए कहते हैं पीओ न फाति। जानती हो इटली में इस समय इस शराब को मौभुरा तैयार करते हैं।

फातिमा : हाँ, वे लोग करें। मुझे अच्छा नहीं लगता है। आपने क्या स्नान कर लिया भाईजान?

जिन्ना : कर लिया। *(दीना को)* तुम्हें किसने बताया कि मैं तुम्हारी अम्मी के कब्र पर गया था।

दीना : *(हँसती है)* नेभिल से ही सुना था। उसने फोन करके मुझे बताया।

जिन्ना : जानता हूँ। उसे भी किसी ने बताया होगा।

दीना : हाँ, ऐसा ही हुआ होगा।

जिन्ना : बाईकुल्ला स्टेशन के उस तरफ जैसा का तैसा है। विशेष कुछ बदला नहीं है।

[रुकते हैं।]

आजकल तुम क्या एक ही प्रकार का गलाबन्द कोट पहनती हो?

दीना : हाँ, क्यों? मैं तो हमेशा ऐसे ही कपड़े पहनती हूँ जो शरीर को ढका रखे, आप तो जानते हैं। बचपन से ही, क्यों?

जिन्ना : *(हँसते हैं)* वह तो जानता हूँ। इस मामले में तुम अपनी अम्मी के विपरीत हो। जानती हो इस बॉम्बे में एक घटना घटी थी।

दीना : क्या?

जिन्ना : कुछ दिन पहले विलिंगटन उस समय बॉम्बे के राज्यपाल थे। मुझे सपत्नी आमंत्रण किए थे। तुम्हारी अम्मी गई थी मेरे साथ। सही मायने में वह एक अति आधुनिक, स्पष्टवादी और प्रगतिशील महिला थी। वह एक भड़कीला कपड़ा पहनकर गई जिसे देखकर राज्यपाल और उनकी पत्नी का सर चकरा गया। मेम साहेब ने कहा, एक शॉल लेकर आओ और रुक्ति *(तुम्हारी अम्मी)* के शरीर को ढक देने के लिए कहा। इस बात को सुनकर मेरा दिमाग गरम हो गया। दुस्साहस के साथ मैंने राज्यपाल से पूछा, शॉल क्यों? राज्यपाल ने घबड़ाकर कहा कि ऐसा लग रहा है कि मिसेस जिन्ना को ठंड लग रही है। मैं भी तो मुँहफट व्यक्ति था, कह दिया, "मिसेस जिन्ना को अगर ठंड लगेगी तो उन्हें मालूम होगा, उसे लेकर महामहिम राज्यपाल को चिन्तित होने की जरूरत नहीं है।" कुछ देर तक दोनों में तर्क-वितर्क चलता रहा। उसके बाद ही मैं उस पार्टी में खचाखच भरे हुए लोगों के बीच तुम्हारी अम्मी को लेकर वहाँ से चला आया।

दीना : बहुत अच्छा। बहुत अच्छा।

फातिमा : क्यों बहुत अच्छा? क्यों? पार्टी में जाने के समय क्या पोशाक नीति को नही मानना चाहिए।

दीना : क्यों नहीं मानना चाहिए? सही मायने में राजभवन में ऐसा कोई नियम नहीं था। और वहाँ पर कोई नियम मानने की बाध्यता नहीं है। कोई भी आमंत्रित व्यक्ति अपने अनुसार कपड़ा पहनकर जा सकता है और महिलाओं को तो अधिकार है ही। मैं तो सिर्फ अपनी अम्मी को ही नहीं बल्कि पिता का भी अभिनंदन करती हूँ कि उन्होंने महिला को समाज में किसी भी प्रकार का कपड़ा पहनने का अधिकार दिया। उसे लेकर विवाद करने की जरूरत नहीं है।

जिन्ना : अरे तुम्हारी अम्मी उस वक्त कम उम्र की लड़की थी। और पूरे बॉम्बे में उस समय उनके जैसा चतुर महिला कम थी। मैं उनकी स्वाधीनता में भला हस्तक्षेप क्यों करूँगा?

फातिमा : स्वाधीनता? अच्छा अच्छा *(दीना को)* तो तुम इस प्रकार गलाबन्द पोशाक क्यों पहनी हो?

दीना : वह तो मैं बचपन से दब्बू स्वभाव की हूँ इसलिए। *(हँसती है)* मेरा पोशाक भी तो मेरे स्वभाव के मुताबिक होगा।

फातिमा : तुम्हारी अम्मी ठीक तुमसे विपरीत थी। हर प्रकार से।

दीना : हो सकता है। फिर भी एक अन्तर्मुखी मनुष्य के भीतर भी एक छिपा हुआ ऊर्जा रहता है, जिस प्रकार एक बहिर्मुखी मनुष्य के भीतर ठीक उसी प्रकार बुआ एक बहिर्मुखी मनुष्य के भीतर छिपी हुई खिन्नता रह सकती है।

फातिमा : इतना मैं नहीं बोल सकती रे दीनु। फिर भी मुझे याद है, मैं भाईजान के शादी के कुछ दिन बाद ही प्रति रविवार तुम्हारे पिता और अम्मी के घर रहना शुरू की थी, मेरे जोर-जोर से कुरान पढ़ने पर रुक्ति मेरे ऊपर गुस्सा कर बैठती।

मुझे उसने एक बार बुलाकर कहा था, कुरान आलोचना करने की पुस्तक है, जोर से पढ़ने की नहीं।

[दीना जोर से हँसती है। जिन्ना भी थोड़ा हँसते हैं। फातिमा गुस्सा हो जाती है।]

तुम लोग हँस सकते हो, मैं थोड़ा भी नहीं हँस सकती। और भाईजान आप रुक्ति के उस व्यवहार को प्रश्रय देते। यह सब दीनु को लग रहा है कि यह बहुत बड़ी आधुनिकता है।

दीना : अम्मी को तुम समझा नहीं सकती थी बुआ। हो सकता है तुम समझना नहीं चाहती हो।

फातिमा : इतना मुझे क्या समझना? तुम लोगों का ही मन बहुत बढ़ गया है। मैं बोल रही हूँ—

जिन्ना : *(फातिमा को रोकते हैं)* बात को तुमने गलत नहीं कहा फाति। लेकिन प्रश्रय शब्द बोलना ठीक नहीं, यह सब कह सकती हो कि इन सब मामलों में हम दोनों लोग एक-दूसरे को प्रश्रय दे सकते थे। *(दीना से)* तुम्हें मैं एक मजे की बात बताता हूँ। मैं तो बचपन से कभी भी मस्जिद नहीं गया। धार्मिक नियम-कानून बिलकुल नहीं जानता। तो लाहौर में पाकिस्तान का प्रस्ताव पास होने के बाद देश के जितने मौलवी हैं वे लोग मेरे पास आकर विभिन्न धार्मिक अनुष्ठानों में मुझे ले जाना शुरू किए। स्वाभाविक रूप से मुझे अनेक मस्जिदों में जाना पड़ा। लेकिन नमाज पढ़ने के समय उन लोगों ने देखा कि उन लोगों के कायद-ए-आजम नमाज नहीं पढ़ सकता। मैं भी सूट-कोट पहनकर कैसे नमाज पढ़ पाऊँगा

सोच भी नहीं सकता था। मैंने तो जीवन में कभी भी नमाज नहीं पढ़ी।

फातिमा : इस बात को पहले भी आपने बताया है। बात को घुमाइए मत भाईजान।

जिन्ना : *(फातिमा की बात को अनसुना करते हुए)* पिछले बरस इलेक्शन जीतने के बाद भी यही मामला। मैंने दोपहर में दावत दिया। देखा, लीग के प्रायः कोई भी नेता कुछ भी नहीं खा रहा है। क्यों? मेरा सेक्रेटरी चागला ने कान में कहा, क्या कर रहे हैं सर, अभी रमजान का महीना है। सभी रोजा रखे हुए हैं। दावत पाकर सबने आश्चर्य भी किया था किन्तु मेरी दावत थी किसी ने अस्वीकार नहीं किया इसलिए सभी चले आए थे। इस प्रकार दावत देने वाले को खुद भी नहीं मालूम कि रमजान, रोजा रखना क्या होता है? जीवन में मैंने रोजा भी नहीं रखा कभी।

[जिन्ना हँसते हैं। दीना भी। फातिमा अभी तक उत्तेजित है।]

फातिमा : भाईजान, सीधी बातों का सीधा उत्तर दीजिए। आप ही बताइए कि उस दिन रुक्ति मुझसे क्या कुरान के विषय में सही बातें कर रही थी।

जिन्ना : देखो फाति, हम लोग एक पुश्त से मुसलमान हैं। मेरे पिता पुंजा भट्ट ठाकुर मेरे नाना के विरुद्ध अन्याय के प्रतिवाद में इस्लाम को स्वीकार किया था। क्यों? क्योंकि मेरे नाना का मछली का व्यापार था। मछुआरों के हाथ से थोक भाव में मछली लेकर बिक्री करते थे और काठियावाड़ के ग्राम में मेरे नाना रहते थे, सब लोग थे निरामिष हिन्दू। मजे की बात यह है कि मेरे नाना भी एक निरामिष व्यक्ति थे। मछली का व्यापार नहीं कर सकते। इस व्यापार को करने पर अलग कर दिया जाएगा। नाना मछली का व्यापार छोड़कर अपनी जाति में लौटना चाहते थे फिर भी उन्हें नहीं आने दिया।
आश्चर्यचकित करने वाला फतवा।

फातिमा : *(असहिष्णु भाव से)* हाँ, मैंने सुना है वह सब। उससे क्या हुआ?

जिन्ना : हम लोगों ने इतना नियम-कानून मानने तथा कुरान पढ़ने का काम कभी भी नहीं किया। हमारे किसी भी भाई-बहन ने नहीं किया। तुम किस प्रकार छोटे समय से इतना धर्मप्रयाण हो गई यह मेरे लिए आज भी रहस्यमय है।

फातिमा : इसका अर्थ यह है कि आप कह रहे हैं रुक्ति उस दिन सही बोली थी और मैं गलत।

जिन्ना : ऐसा कुछ भी नहीं बोला फाति।

फातिमा : आप बोले थे। आप भूलिए मत भाईजान, पच्चीस वर्ष पहले और आज दो अलग-अलग व्यक्ति नजर आते हो। धर्म को लेकर आप खुलेआम इस प्रकार नहीं कह सकते।

दीना : *(रोकती है)* आपकी क्या समस्या है बुआ? जिसके साथ आप झगड़ा करना चाहती हैं वह तो मर गई है।

जिन्ना : फाति मुझे समझाओ मत। मैं क्या था और क्या हूँ यह तुमसे जानने की जरूरत नहीं है मुझे।

[फातिमा उठकर खड़ी हो जाती है। दीना उनके पास जाती है।]

दीना : बैठिए। बैठिए बुआ अभी।

[फातिमा होंठ काटती है। उसके बाद बैठती है। निस्तब्धता।]

दीना : मैं वाशरूम से आती हूँ। अब्बू मैं थोड़ा लिकर लूँगी।

[दीना भीतर चली जाती है। निस्तब्धता। फातिमा फफककर रोना शुरू करती है।]

जिन्ना : क्या हुआ? क्यों रो रही हो?

फातिमा : रुक्ति ने कभी भी मेरे साथ अच्छा व्यवहार नहीं किया भाईजान। आपके साथ भी नहीं।

जिन्ना : अच्छा तो ठीक है। इस विषय पर बाद में बात किया जाएगा।

फातिमा : वो मुझे सहन नहीं कर पाती थी। मुझे दुश्मन मानती थी।

जिन्ना : अभी इस मामले को लेकर बात करना ठीक नहीं है फाति।

फातिमा : आपकी बेटी भी अपनी अम्मी की तरह हुई है भाईजान। अत्यंत ही जिद्दी और उद्दंड।

जिन्ना : यह स्वभाव अपनी अम्मी से नहीं, बल्कि मुझसे पाई है। याद रखना फाति उसकी अम्मी उसके दस बरस की उम्र में मर गई थी। शादी होने तक वह मेरे साथ ही रही है। सच कहा जाए तो मेरे पास नहीं बल्कि तुम्हारे हाथों पलकर बड़ी हुई है। वो हम लोगों से भी बढ़कर तुम्हारी बेटी है।

फातिमा : वह नहीं मानती। अभी भी वह मन ही मन में रुक्ति और मेरी तुलना

करती है। वह अभी भी यह मानती है कि आपकी तरह मैंने भी उसकी अम्मी के साथ अच्छा व्यवहार नहीं किया।

जिन्ना : वह क्या सोचती है यह सोचने से दुनिया नहीं चलती। मैं जानता हूँ कि तुम कभी भी रुक्ति के साथ गलत व्यवहार नहीं की हो।

फातिमा : सही मायने में आपने इतना विश्वास किया है भाईजान? आप इतना विश्वास करते हैं तो भाईजान? सच में तो? मैं इसी से खुश हूँ।

जिन्ना : मैं निश्चित रूप से मानता हूँ। मैं इससे ज्यादा सन्तुष्ट हूँ फाति। हम लोगों के सपने का पाकिस्तान अन्ततः हम लोगों के हाथ में आ गया। इस समय इन सब व्यक्तिगत बातों पर आलोचना न करना ही अच्छा होगा। तुम भी अब एक राजनीतिक व्यक्ति हो। किस प्रकार तुम इन छोटी-छोटी बातों से इतनी प्रभावित हो जाती हो?

[दीना लौटकर आती है।]

दीना : वाशरूम नया बनवाया गया है क्या बुआ?

जिन्ना : हाँ, वह टाइल्स उस समय ऐसे ढंग से लगाए गए थे जो मुझे पसन्द नहीं था। तीन बरस पहले ही बदलवाया गया है। और भी कुछ-कुछ... यह लो तुम लोगों का लिकर।

[लिकर ढालते हैं। दीना पीती है।]

दीना : मैं अजीब बात सोच रही थी जानते हैं अब्बू। *(जिन्ना देखते हैं)* सोच रही थी, इस समय देश के जो प्रधान नेता हैं वे सब प्रायः विधुर हैं। आप, गांधी जी, जवाहरलाल नेहरू, वल्लभभाई पटेल, मौलाना अबुल कलाम आज़ाद प्रायः सभी की स्त्रियाँ मर गई हैं।

जिन्ना : हाँ, इससे क्या?

दीना : नहीं, कुछ नहीं। अर्थात आप लोग प्रायः सब स्त्री-विहीन हैं, संतान के साथ भी सबका सम्बन्ध स्वाभाविक नहीं है। आप भी मेरे विवाह को नहीं स्वीकार कर सके। जवाहर अंकल भी अपनी बेटी के विवाह को स्वीकार नहीं कर सके। सुना है, गांधी जी के साथ भी उनके बड़े बेटे का सम्बन्ध अच्छा नहीं है।

जिन्ना : *(रोकते हैं)* राजनीति एक सर्वग्रासी विषय है मिसेस वाडिया। अन्ततः इस बड़े देश में तो और भी। तुम हमेशा राजनीति के व्यक्ति बने रहोगे और परिवार के व्यक्ति भी यह दोनों एक साथ नहीं हो सकता। दोनों में से किसी एक का बलिदान देना ही पड़ेगा।

दीना : हो सकता है। लेकिन उसके लिए आप भीतर ही भीतर कुढ़ते रहेंगे।

और वह कुढ़न वाला जीवन अन्ततः कहाँ लेकर जाता है यह देखने की बात है।

जिन्ना : नहीं, अन्तर है, यह सब तुम लोगों का कुढ़न को लेकर सोचने के लिए ज्यादा समय तुम लोगों के पास है। हम लोगों के पास कुढ़न के विषय में सोचने के लिए ज्यादा समय नहीं है। और जीवन अन्ततः किसको कहाँ लेकर जाता है एक दिन आगे तक भी उसे कोई समझ नहीं पाता।

[फातिमा उठती है।]

फातिमा : आपके रात का दवा खाने का समय हो गया है भाईजान।

जिन्ना : तो अबूल को देने के लिए कहो न।

फातिमा : नहीं, मैं ही लेकर आ रही हूँ। इसके अलावा गौहर को कल के ब्रेकफास्ट के लिए बोलना होगा। आ रही हूँ मैं।

[फातिमा चली जाती है। जिन्ना सिगरेट सुलगाते हैं।]

जिन्ना : तुम क्यों आई थी दीना? इसलिए कि मैं इस घर को न बेच सकूँ या कोई और बात थी।

दीना : *(हँसती है)* आप मुझे पहचानते हैं अब्बू और इसी वजह से आप मुझ पर इतना सन्देह भी करते हैं। आप जानते हैं कि आपकी बेटी सिर्फ इस बात के कारण नहीं आ सकती। *(बैग से चिट्ठी को निकालते हुए)* यह मेरी अम्मी ने मुझे दिया था। यह यहाँ के ताजमहल होटल के, मरने से दो दिन पहले की है।

जिन्ना : क्या, क्या उठा?

दीना : आपके और अम्मी की चिट्ठियाँ। अम्मी आपके विवाह के बाद सारी चिट्ठियों को इकट्ठा करके रखी थी। मरने से दो दिन पहले आपको उसने कहा था देने के लिए। मैंने नहीं दिया। क्योंकि मुझे इन चिट्ठियों को पढ़ने का बहुत लालच था। इन सबको मैंने पढ़ा। उसके बाद मैंने अपने पास इन सभी को रखा था। सोचा था इन चिट्ठियों को आपको दूँगी। लेकिन दे नहीं पाई। मैं डरती भी थी। कम उम्र थी मेरी। सोचती थी शायद आप कुछ गलत सोच लें । क्यों मैंने अपने पास इन सबको रखा था।

जिन्ना : रुको। तुमने अभी कहा कि ये सारी चिट्ठियाँ तुम्हारी अम्मी के मरने के पहले की थी और उसने दिया था मुझे देने के लिए।

दीना : हाँ, तो क्या?

जिन्ना : कहाँ दिया था यह सब तुम्हें?

दीना : ताजमहल होटल के अपने सुईटरूम में। कोलाइटिस के दर्द से अम्मी उस वक्त बहुत पीड़ित थी, उसी दौरान इन सब चिट्ठियों को मेरे हाथ में दे दिया।

जिन्ना : रुको। इसका अर्थ होता है कि उसके दो दिन बाद वह मर जाएगी यह मालूम था तुम्हारी अम्मी को।

दीना : *(शान्त भाव से जिन्ना की ओर देखती है)* निश्चित रूप से जानती थी। मेरा मानना है कि आप भी जानते थे अब्बू।

जिन्ना : दीना।

दीना : अम्मी ने नींद की दवाइयाँ लेना उस समय बढ़ा दी थी क्या आप यह नहीं जानते थे? उस समय अम्मी ज्यादा से ज्यादा नींद की दवाइयाँ अपने पास रखती थीं क्या आपको यह भी नहीं मालूम था?

जिन्ना : मैं तुम्हारी अम्मी को कभी भी नींद की दवाइयाँ ज्यादा मात्रा में रखने नहीं देता था। कभी भी नहीं।

दीना : हाँ, किन्तु मेरी अम्मी ताज होटल के किसी व्यक्ति के द्वारा नींद की गोलियाँ मँगा सकती थी यह सोचना भी आपके लिए जरूरी नहीं था। याद रखिएगा अब्बू, अपनी अम्मी को सुबह-सुबह होटल के उस बिस्तर पर मृत अवस्था में पहले-पहल मैंने ही देखा था। उस समय दस वर्ष की थी मैं। मैं नींद में उठकर टॉयलेट गई थी, पिछली रात अम्मी की तबीयत ठीक थी। एकदम शान्त थी उस समय। मुझे अपने पास बुलाया था। एक कविता की पुस्तक पढ़ रही थी। ऑस्कर वाइल्ड का लिखा हुआ। किताब को खाट पर रखकर उन्होंने मुझे बहुत प्यार किया। बहुत समय तक आपके विषय में बातें की। उन्हें नहीं मालूम कि किसे ज्यादा प्रेम करती थी मुझे या आपको। इससे पहले भी जब वो आपकी बात करती थी तब वो रोने लगती थी लेकिन उस दिन आपके बारे में बोलते समय थोड़ा भी नहीं रोई, बल्कि उनका बचपन का रूप एकदम बड़े रूप में प्रकट हो गया था। उसके बाद उन्होंने मुझसे कहा, 'अब तुम जाकर सो जाओ कल निश्चय ही तुम्हारे पिता हम लोगों को अपने घर ले जाने के लिए सुबह-सुबह आएँगे।' कहा, 'इस बार घर वापस जाकर हम लोग कभी भी नहीं झगड़ेंगे, मैं जानती हूँ कि तुम्हारे ऊपर बहुत मानसिक दबाव पड़ता है,' कहा, जाओ तुम सो जाओ।

जिन्ना : *(रुँधे गले से)* तुम उस समय फोन क्यों नहीं की मुझे? मैं उस रात में ही तुम लोगों को होटल से लेकर घर चला आता।

दीना : मैं नहीं समझ पाई थी अब्बू। एकदम नहीं समझ पाई थी।

जिन्ना : बहुत जिद्दी थी तुम्हारी अम्मी, बहुत जिद्दी लड़की। जो इच्छा करता था, वही करती थी। लेकिन तुम जानती हो आखिरी दिन झगड़ा करके घर से निकली थी उस दिन मैंने एक शब्द भी नहीं कहा था। साधारणतः वो प्रायः मुझे बहुत सारी बातें कहती थी, कुछ देर बाद मैं भी धैर्य खो देता, और बदले में बहुत कुछ ऊटपटाँग बोलने लगता। मैं अपने आप को शान्त नहीं कर पाता था। मैं वैसा व्यक्ति नहीं था जो उनकी उलटी-सीधी बातें चुपचाप सुनता रहता। मैं भी तुरन्त उत्तेजित हो जाता था। किन्तु उस दिन मैंने एक शब्द भी नहीं कहा। वह आँधी की तरह आई मेरे घर और जो मुँह में आया वही कहने लगी और उसके बाद बोली, 'मैं यह घर छोड़कर चली जाऊँगी, और लौटकर नहीं आऊँगी।'

दीना : आपने अम्मी को रोका क्यों नहीं?

जिन्ना : मैं नहीं जानता, शायद मैं भी थक चुका था। बार-बार इस तरह से घर छोड़कर जाने वाली बात से...दीना, मेरी अम्मी मेरे उस वक्त की अवस्था को समझने की कोशिश करो। मैं उस वक्त राजनीति में बहुत कच्चा था। मैंने मान लिया था कि एक दिन शायद मुझे राजनीति छोड़ देनी पड़े। राजनीति ही क्यों, मैं अपने किसी भी काम को ठीक से नहीं कर पाऊँगा। मैं उस वक्त एकदम टूट चुका था। एक दिन में प्रायः सौ सिगरेट पी जाता था, पागलों की तरह बॉम्बे में घूमता रहता, बीच-बीच में समुद्र के किनारे बैठ जाता, रात के समय जब घर आता तब देखता मेरा एकमात्र मानसिक सहारा देने वाला व्यक्ति तुम्हारी अम्मी भीतर के घर में बैठकर प्लैनचेट कर रही है, प्रेतों की बातें कर रही है। जले हुए बिल्ली को हाथ में लेकर पाताल लोक के लोगों के साथ सम्पर्क स्थापना करने की कोशिश कर रही है। रोज झगड़ा होता था हम लोगों के बीच। सुबह छह बजे होती थी, दोपहर बारह बजे होती यहाँ तक कि रात तीन बजे होती। और मैं अकेला जब होता तो खुद से कहता कि मैं मोहम्मद अली जिन्ना भारतवर्ष का महत्त्वपूर्ण वकील जिसके घर में पैसों की कोई कमी नहीं, सुख-सुविधा की सारी चीजें उपलब्ध हैं किन्तु एक चीज मेरे पास नहीं है, वह है शान्ति। हो सकता है मेरे भीतर उन्मत्त एक प्रकृति या भीतर की कोई आदत, कोई रहस्यमय चेष्टा जिसे किसी कीमत पर कोई विज्ञान व्याख्या नहीं कर सकता, हो सकता है उसी ने मुझे अशान्ति दिया हो, मेरे जीवन को नर्क बना दिया हो। शायद उसी की आँच में मेरी प्रियतमा रुक्ति, तथा बहुत प्रेम एवं अत्यंत सम्मान देने वाला मेरे

जैसा व्यक्ति जल रहा है। मेरा दाम्पत्य जीवन इस तरह जलकर नष्ट हो रहा है। क्या आश्चर्यजनक चीज थी तुम सोचकर देखो तो।

मैं साथ-साथ अपने आप को भी दोषारोपण कर रहा हूँ, मैं खुद को अभिशाप दे रहा हूँ तुम्हारी अम्मी की बातें सोचकर, फिर भी तुम्हारी अम्मी के साथ झगड़ते समय खुद को शान्त नहीं रख पाता था। वह मुझे कटु वचन सुनाती, मैं भी उन्हें पलटकर जवाब देता। हे भगवान, मेरे मन को शान्ति दे, कभी-कभी मैं सोचता था, क्या उनका हृदय डबलिश के रसोईघर से बनाया गया है?

दीना : अब्बू, प्लीज, आप रोएँ नहीं। मुझे बहुत कष्ट हो रहा है।

जिन्ना : और वह राजनीति। और वह अर्धनग्न फकीर पूरे कांग्रेस को अपनी मुट्ठी में रख लिया था, मेरा अन्तिम भरोसा मोतीलाल नेहरू थे। वह अपने पुत्र के कारण गांधी के प्रभाव से प्रभावित हो गए थे, समस्त भारतवर्ष के निम्न-मध्यवर्गीय हिन्दू तथा मुसलमान गांधी की जनप्रियता के पीछे पागलों की तरह दौड़ रहे हैं और मैं, जिसे हिन्दू-मुसलमान के एकता के अग्रदूत कहा जाता था वही लगातार दिन-प्रतिदिन राजनीति में अप्रासंगिक होता गया। मैंने उस कांग्रेस के लिए सब कुछ दिया। मुझे मुस्लिम लीग के लोगों ने अपने अधिवेशन में आने के लिए कहा था, लेकिन मैं वहाँ न जाकर, कांग्रेस के अधिवेशन में पहले जाता था, किन्तु तुम्हारी अम्मी के मरने के एक वर्ष पहले कलकत्ता अधिवेशन जाकर मैंने देखा मोतीलाल नेहरू द्वारा प्रस्तावित नए भारत के संविधान में मुस्लिमों के लिए सत्ताईस प्रतिशत सीट को सुरक्षित रखा था कांग्रेस ने। मेरा दिमाग गरम हो गया। मैं सारा जीवन हिन्दू-मुसलमान एकता की बातें कहता आया इसका अर्थ यह तो नहीं होना चाहिए कि मुसलमानों को समस्त कार्य-कलापों से वंचित रखा जाए। मैंने मुसलमानों के लिए तैंतीस प्रतिशत माँगा था कांग्रेस इसे मानने के लिए तैयार नहीं हुई। किसी कीमत पर नहीं। मेरे राजनीतिक जीवन में मेरे गाल पर इतना बड़ा तमाचा आज तक किसी ने नहीं मारा था।

पूरी तरह से खाली हाथ बॉम्बे लौट आया, वापस आकर देखा कि तुम्हारी अम्मी ने कोकीन की मात्रा को पहले से ज्यादा लेना शुरू कर दिया है और रोज-रोज का झगड़ा, अशान्ति से मैं बहुत दुखी था दीना। यही एक वर्ष पहले मैं सोचता था कि मेरा एक हाथ राजनीति और दूसरा हाथ तुम्हारी अम्मी है। वही आज दोनों हाथ कट चुका है—

दीना : ठीक है। ठीक है।

[गला में दबाव देकर उत्साह लाती है।]

किन्तु अब्बू आप बताइए अम्मी के मर जाने के बाद इधर-उधर सब कुछ छोड़-छाड़कर लंदन में मुझे लेकर रहने लगे थे। ओह्, हैस्पेस्टेड हिथेर का वही घर मुझे खूब याद आता है। और वह बेंटली गाड़ी भी। ब्राडबेरी उसमें मुझे चढ़ाते थे। उसमें चढ़ने पर मुझे कितना अच्छा लगता था। मालूम पड़ता था मानो किसी देवदूत ने उस गाड़ी को तैयार किया था। भीतर में शान्ति और नरम।

जिन्ना : *(अन्यमनस्क होकर)* किस कारण इतना झगड़ा करती थी तुम्हारी अम्मी मुझसे? याद नहीं आता। या मैं याद नहीं करना चाहता? उन्हें ऐसा लगता था कि मैं उनका नुकसान कर रहा हूँ। वो मेरे बारे में सोचती थी कि मैं उनके जीवन को नष्ट करने वाला व्यक्ति हूँ। मैंने कष्ट दिया है उनको उनसे कम उम्र में प्रेम का अभिनय करके, मैंने कष्ट दिया है उनके साथ सम्बन्ध बनाकर, उनके साथ विवाह करके, उम्र का फासला था और मन का भी, अपने परिवार से सम्बन्ध टूट जाने वाली घटना को रुक्ति कभी हृदय से स्वीकार न कर सकी। पहले उसने अपने मन को समझाया था कि मैं परिवार से कटकर रह सकती हूँ लेकिन बाद में, नहीं रह सकी।

इसके अलावा बाईस वर्षों से मैं राजनैतिक जीवन में व्यस्त हो गया था—वह अपनी अम्मी के साथ लंदन जा रही है और मैं नहीं जा रहा हूँ। वह पेरिस जा रही है मैं नहीं जा पा रहा हूँ बल्कि मैंने चाहा था कि मेरे राजनैतिक जीवन में वह मेरे साथ खड़ी रहे। वह नागपुर के अधिवेशन में मेरे साथ गई भी थी किन्तु इतने लोग, नाना प्रकार की बातें, तथा दमघोंटू कमरे का पार्टी ऑफिस में घंटा दर घंटा बैठना, सभी की बातें सुनना, वह किसी भी कीमत पर इसमें शामिल होने के लिए तैयार नहीं थी। ऐसे माहौल में रहना सम्भव नहीं है।

[फातिमा आती है।]

फातिमा : भाईजान, चमनलाल के एसोसिएशन से कुछ लोग आए हैं। आपको एक फूलों की माला देकर चले जाएँगे।

जिन्ना : इसका क्या अर्थ? नहीं-नहीं, मैं उन लोगों से अभी मुलाकात नहीं करूँगा। करीब नौ बज रहे हैं। इतनी रात को क्यों आए हैं वे लोग? वह भी बिना फोन किए।

फातिमा : अपरिचित लोग होने से मैं आपको नहीं बताती। जाने के लिए कह देती। चमनलाल खुद उन लोगों के साथ बोल रहे हैं। दो मिनट में मुलाकात करके चले जाएँगे।

जिन्ना : ठीक है, जा रहा हूँ। कल के लिए ब्रेकफास्ट बनाने को कहा है?

फातिमा : हाँ। गौहर ने कहा है कि आप टोस्ट और केला खाएँगे। डिनर के लिए क्या कहते हैं? सुबह में फ्लाइट पकड़ना है ज्यादा खाना ठीक नहीं है। दिल्ली पहुँचकर अच्छे से लंच कीजिएगा।

जिन्ना : *(दीना को)* तुम्हें हैस्पेस्टेड हिथेर का घर याद है? कितनी हरियाली थी वहाँ पर?

दीना : याद नहीं रहेगा? क्या कह रहे हैं अब्बू? उस वक्त तो आपका जीवन समय से बँधा था। प्रतिदिन सुबह आपके बिस्तर के पास बैठकर आपके साथ चाय पीना, सुबह नौ बजे आपके साथ बैठकर ब्रेकफास्ट करना, इसके बाद ब्रेडबेरी आती थी। आप कौंसिल के लिए चले जाते थे। मैं भी स्कूल। शाम को घर वापस आकर किताब पढ़ते हुए आपका इन्तजार करती थी, कि आप कब कोर्ट से वापस आएँगे, उसके बाद आपके साथ बैठकर डिनर करूँगी।

जिन्ना : उसके बाद प्रत्येक शनि-रविवार को तुम्हारे साथ मैं टहलने निकल जाता था, यह भी कहो। हिथ से केनऊड। तुम्हें याद है जैक स्ट्रीट दुर्ग के पास के रेस्टोरेंट की बातें। वहाँ पर हम लोग टहलकर आने के बाद बैठते थे और चाय पीते थे।

दीना : याद है? आह कितना सुन्दर। अब्बू आपने मुझे बताया था कि लाइब्रेरी से लौटने के बाद इसी रेस्टोरेंट में बैठकर अपनी पुत्री के साथ कार्ल मार्क्स बियर पीते थे।

जिन्ना : ठीक-ठीक। तुम्हारी अम्मी के मर जाने के बाद भी उस घर को मैं लंदन में क्या बना पाऊँगा, यह मैं सोच भी नहीं सकता था।

फातिमा : वह तो आपके साथ दीनु थी इसलिए। वह तो आपका सौभाग्य लेकर आई थी।

जिन्ना : फिर भी तुम्हारे सो जाने के बाद बहुत बार मुझे नींद नहीं आती थी। मैं अकेला सोचता रहता था।

दीना : क्या सोचते थे?

जिन्ना : वही, क्या करूँगा इसके बाद? इसी तरह जीवन काटूँगा, इसी समृद्धि के बीच, शान्ति के बीच, इसी एकान्त जीवन के बीच या पुन: देश लौटकर राजनीति में कूद पड़ूँगा। और यदि मैं वापस लौटूँगा तो किस रूप में? किस कमीज के आस्तीन में छिपकर राजनीति के मूल स्रोत में वापस

आऊँगा। मैं यह भी चाहता था कि उस अर्धनग्न फकीर के समान मेरे पीछे भी लाखों लोग दौड़ें किन्तु वह किस प्रकार सम्भव हो सकता है? बीच-बीच में रात्रि के समय तुम्हारी अम्मी बहुत याद आती थी, किसी आतंक और दु:स्वप्न से भरा हुआ वह पिछले दिनों की बातें और कब मैं नींद के आगोश में आ जाता समझ ही नहीं पाता। दूसरे दिन सुबह से फिर मैं अलग आदमी। इसके बीच भी वही चिन्ता मेरे सिर में घूमती रहती।

[रुकते हैं। जिन्ना पानी पीते हैं।]

फातिमा : भाईजान, आप जाओ। एक बार चमनलाल से मिल लीजिए। वे लोग बहुत देर से नीचे बैठे हैं।

जिन्ना : ओ हाँ! जा रहा हूँ। बात करते-करते उन लोगों की बातें मैं भूल गया। तुम लोग बैठो। मैं तुरन्त आ रहा हूँ। अजीब आदमी है। इतनी रात को कोई आता है?

[जिन्ना चले जाते हैं। दीना उठकर खिड़की के पास जाती है।]

फातिमा : तुम्हारे ड्राइवर को खिला दिया है दीनु। वह इस समय गौहर के क्वार्टर में बैठकर बातचीत कर रहा है।

दीना : अब्बू जब अम्मी के बारे में बातें करते हैं तो आप उन्हें क्यों रोक देती हो बुआ?

फातिमा : क्या?

दीना : इस बात को मैंने बचपन से देखा है। उस समय मैं समझ नहीं पाती थी, अब मैं समझ पाती हूँ।

फातिमा : क्या उलटी सीधी बातें कर रही हो तुम?

दीना : प्रश्न बहुत सरल है बुआ।

फातिमा : मेरे शादी कर लेने पर तुम्हें बचपन में कौन देखता? तुम्हारे अब्बू को कौन देखता? तुम? और तुम्हारी शादी हो जाने पर कौन देखता उन्हें?

दीना : पिता को सारा जीवन देखना क्या आपका दायित्व बनता हैं? कौन दिया है यह दायित्व आपको?

फातिमा : कौन देगा मुझे? मैंने खुद इस दायित्व को लिया है। भूल मत जाना दीना वाडिया, तुम्हारे पिता बहुत कम उम्र से देश में प्रसिद्धि पा गए थे। उन्हें बहुत लोग जानते थे। उनकी पत्नी के मर जाने के बाद उनके जीवन में अनादर, अवहेलना आया, वह सब सबसे छोटी बहन होने के कारण मुझे निश्चय ही वह अधिकार मिला है।

दीना : आप अब्बू से सत्रह वर्ष छोटी हो, और मैं आपसे सात वर्ष छोटी।

फातिमा : हाँ, उससे क्या हुआ?

दीना : नहीं, कुछ नहीं। इसलिए बोल रही हूँ। *(रुककर)* सुना है अब्बू के शादी से पहले आप अब्बू के घर में ही रहती थी। अब्बू के विवाह के बाद आपने अकेले रहना शुरू किया। बीच-बीच में आप शनि-रविवार को घर आती थी। मैं उस समय छोटी थी, मुझे याद है शनिवार को आप सुबह आती थी, और सोमवार को सुबह चली जाती थी।

फातिमा : हाँ, मेरा डेंटल का चेम्बर पूरी तरह से चालू था। मुझे काम करना पड़ता था। नहीं तो क्या खाती?

दीना : हाँ, अब्बू ने आपके उस चेम्बर को तैयार किया था। आपके कलकत्ता से डेंटल सर्जन होने के बाद तैयार करवाया।

फातिमा : ठीक, उस समय मैं उस चेम्बर के पीछे बहुत मेहनत करती थी, क्योंकि मुझे बहुत जल्द पैसा कमाना था।

दीना : अरे क्या आश्चर्य! अम्मी के मरने के बाद आप चलती चेम्बर को छोड़कर पूरी तरह से इस घर में अब्बू के साथ रहना शुरू कर दिया।

फातिमा : हाँ, इसलिए कि तुम बहुत छोटी थी कौन देखता तुम्हें?

दीना : लंदन में मुझे कौन देखता था? आप तो नहीं गई थी लंदन।

फातिमा : क्या बोलना चाहती हो तुम? खुलकर बोलो न। सिर्फ हवा में तीर मारने से तो लाभ नहीं होगा *(रुककर)* किन्तु तुम भूल मत जाना, मैंने तुम्हें बचपन में अपने हाथों से खाना बनाकर खिलाया है।

दीना : हाँ, मैं जानती हूँ।

फातिमा : तब? क्या बोलना चाहती हो तुम?

दीना : एक दिन इसी बॉम्बे में एक पार्टी में आपकी सहेली राणा अर्थात बेगम लियाकत की पत्नी के साथ मुलाकात हुई। उन्होंने कहा, बहुत दिनों से आपके साथ सम्पर्क नहीं है।

फातिमा : विभिन्न अनुष्ठानों के पार्टियों में मुलाकात होती है। उसके बाहर कई वर्षों से काम का बोझ बढ़ गया है, इससे एक साथ बैठकर बातचीत करने का सुयोग कहाँ? तो राणा ने क्या कहा?

दीना : उनका मन उस दिन कुछ चिड़चिड़ा था। न जाने क्यों? वैसे तो वह बहुत ही आधुनिक और प्रगतिशील महिला है। जानती हो तो डबल एम. एस-सी.? कलकत्ता के गोखले स्कूल में अर्थशास्त्र पढ़ाती थी।

फातिमा : यह सब जानी हुई बातें क्यों कह रही हो?

दीना : नहीं, वह बहुत ही शिक्षित महिला है यही बताना चाहती थी आपको।

उन्होंने मुझसे कहा कि आप कुछ दिन पहले इस तरह से अब्बू को अपने साथ रखती थी कि कोई सोच भी नहीं सकता। क्योंकि मेरे अब्बू के साथ कोई महिला आकर चिपक न जाए इसलिए आप कड़ी नजर रखती थी। क्या यह बात सच है बुआ?

फातिमा : तुम खुद सोचो कि तुम डबल एम. एस-सी. शिक्षित बेगम राणा लियाकत खान की बातों पर विश्वास करोगी या अपनी बुआ पर?

दीना : हाँ, सही कह रही हैं इसलिए आपसे पूछ रही हूँ, आपने शादी क्यों नहीं की?

फातिमा : तुम मुझे अपमानित कर रही हो दीना वाडिया।

दीना : मैं नहीं कर रही हूँ। मैं आपसे सच बातें सुनना चाहती हूँ।

फातिमा : तुम इस तरह मेरा अपमान नहीं कर सकती।

दीना : बुआ— मैं—

फातिमा : मैं अपने बड़े भाई से प्रेम करती हूँ। मैं अपने प्राण से भी बढ़कर उसे मानती हूँ इस प्रकार तुम ओछी बातें नहीं कर सकती। तुम्हारे अब्बू सुनेंगे तो उन्हें कष्ट होगा।

दीना : मैं जानना चाहती थी कि आपका इस तरह प्रेम करना ठीक है?

फातिमा : मैं जानती हूँ कि मैं उनसे प्रेम करती हूँ मिसेस वाडिया। और यह जानना ही मेरे लिए एकमात्र सत्य है। प्रेम और प्रेम का विराट रूप क्या है? अपनी शादी के बाद तो तुम निश्चित होकर नेभिल के पास चली गई। यदि वह अकेले होते तो क्या होता उनका यह सोचकर देखी हो? कौन उन्हें दवा देता? कौन उन्हें निकलते समय कोर्ट के कागज-पत्र को ठीक करता, कौन उनके खाने-पीने का इंतजाम करता? स्नान करते समय बारहों महीने उन्हें गरम पानी की आवश्यकता होती, कौन गरम करके देता उन्हें?

[दीना कुछ बोलने जा रही है।]

जानती हूँ, जानती हूँ। तुम बोलोगी इतने काम करने वाले लोग हैं घर में, किन्तु क्या सेवकों में इतनी आत्मीयता रहती है? वह व्यक्ति सारा जीवन अपने परिवार की शान्ति खोजता था किन्तु उसे नहीं मिली। मेरी बातें बिलकुल बनावटी नहीं हैं। मुझे सही मायने में शादी करने का समय ही नहीं मिला। और मेरी इच्छा भी नहीं हुई। वह मेरे बड़े भाई हैं और मुझसे सत्रह साल बड़े भी हैं किन्तु वे मुझे बचपन से अपने अब्बू के समान लगते थे। इसका कारण यह था कि मेरे अब्बू मुझसे छत्तीस साल बड़े थे। वे अपने काम-काज में बहुत व्यस्त थे। हम लोग

अपने बड़े भाई के हाथों पले-बढ़े। क्या खाऊँगी, कहाँ जाऊँगी, क्या पहनूँगी सब वही तय करते थे। वे हमारे सभी भाई-बहनों में हीरो के समान थे। द रियल हीरो। ऐसे व्यक्ति को क्या मैं छोड़ सकती हूँ? मैं नहीं छोड़ सकी। और कभी भी मैं छोड़कर नहीं जाऊँगी। क्या समाज सब ठीक करेगा? क्या सब कुछ समाज के मर्जी के मुताबिक होगा? इस व्यक्ति ने हम लोगों को यह बातें अपना जीवन देकर सिखलाई है।

[रुकती है। हाँफती है। दीना फातिमा को पानी देती है। फातिमा पानी पीकर गिलास रखती है।]

फातिमा : मैं कभी भी मानसिक रूप से उन्हें छोड़कर नहीं गई। उनके शादी के बाद भी नहीं, तुम्हारे जन्म के बाद भी नहीं। जब वे आज लंदन, कल पेरिस, परसों डबलिन घूम रहे थे तब भी नहीं। उस वक्त भी नहीं। यह तो मैं जानती हूँ परसों मैं उनके साथ पूरी तरह से कराची चली जाऊँगी नए बने हुए एक देश में, उनके शरीर की अवस्था ठीक नहीं है मैं जानती हूँ, डॉ. पटेल उनके एक्स-रे रिपोर्ट को अपने पास रखे हैं, ऐसा क्या है उसमें उन्होंने मुझे भी देखने नहीं दिया, भगवान का भरोसा है मुझे नहीं मालूम कि इस दुनिया में वे कितने दिन रहेंगे अगर सही मायने में उन्हें कुछ हो जाता है तो मेरा क्या होगा उस देश में? तब मैं उस नए देश में, उस नए रूप से तैयार किए गए समाज में अपने आप को कैसे बचा पाऊँगी? कोई मुझे मार तो नहीं देगा न? यह सोचने से मेरे हाथ-पाँव सुन्न हो जाते हैं किन्तु मैं नहीं सोचती। कारण मैं जानती हूँ कि यदि वे एक साल बाद भी कहेंगे, यहाँ मुझे अच्छा नहीं लग रहा है चलो नरक में जाकर रहें तो मैं निःसंकोच बिना दुविधा के उनका हाथ पकड़कर चली जाऊँगी। *(रुकती है)* सब प्रेम को कलंकित मत करो दीना, यह तुम्हारे जीवन के लिए भी अच्छा नहीं है। तुम अभी भी छोटी हो। बड़े होने पर मेरी बातों को शायद तुम समझ पाओगी।

[जिन्ना लौटकर आते हैं। हाथ में एक पैकेट। एक बार उन लोगों को देखते हैं।]

जिन्ना : क्या बात? क्या बातें हो रही हैं तुम लोगों के बीच?

फातिमा : *(आँसू पोंछते हुए)* कुछ नहीं। आपके हाथ में वह क्या है बड़े भाईजान?

जिन्ना : *(बैठते हैं)* चमनलाल उठना ही नहीं चाहता था। आखिर में सबके

सामने मैंने उसे अलग हटाकर कानों में कहा कि मिसेस वाडिया आई है तब वह जाने को तैयार हुआ। कह रहा था क्या मालूम न जाने अब कब मुलाकात होगी।

[हाथ के पैकेट को खड़े होकर खोलते हैं।]

मिसेस वाडिया, मैं आपको एक बात कह सकता हूँ। आपके अम्मी के मरने के बाद इस घर में यदि मैंने कुछ शान्ति, कोई मानसिक धैर्य पाया है, तो तुम्हारे फाति के कारण। उसके नहीं रहने से मैं अपने लक्ष्य पर इतना ध्यान केन्द्रित नहीं कर पाता। मेरा मन पूरी तरह से टूट चुका था या सिर्फ एक परिधि में चक्कर काट रहा था, किसी कीमत पर मेरा मन नियंत्रण में नहीं आ रहा था लेकिन तुम्हारी बुआ ने अपने हाथों से पूरे मामले को ठीक कर दिया है। वह मेरी बन्दूक मैं उसका गोली हूँ। जब मैं इस देश में लौटकर आया था, एक शीशे का टुकड़ा था, विपक्ष के साथ लड़ा, मात्र दस वर्ष में मैंने 'पाकिस्तान' नामक एक देश को जीत पाया, यदि तुम्हारी बुआ न होती तो यह सम्भव नहीं हो पाता।

फातिमा : छोड़ दीजिए। छोड़ दीजिए। और मत बोलिए भाईजान। मुझे अब ठीक नहीं लग रहा है।

जिन्ना : अगर यह सच है तो मुझे बोलना होगा फाति।

दीना : नहीं, आप कुछ समय पहले इस घर से निकलने से पहले आपने कहा था।

[पैकेट की डोरी को खोलकर हाथ में रखते हैं। नीरवता।]

आपका लंदन में रात को जागना आपके कौशल की बात है, सैकड़ों काम के बीच अपने दिमाग को खपाना आगे के काम के लिए कदम उठाना किन्तु क्या वह ठीक था यह नहीं बोले आप। क्या सोच रहे हैं अब्बू आप?

जिन्ना : *(हँसते हैं)* क्या होगा वह सोचकर मिसेस वाडिया?

दीना : सुनने की इच्छा हो रही है। आपने गांधी की बातें कही। उनकी लोकप्रियता की बातें कही। आज इस देश के मुसलमानों के बीच भी आपकी जनप्रियता या लोकप्रियता वैसी ही है। आप जैसे मजबूत धर्म निरपेक्ष भी आज धर्म के पक्ष में चला गया। क्या आपके बेटी के रूप में जानने का कौतूहल नहीं होता?

जिन्ना : छोड़ दो इस कौतूहल को। केस जीतने के बाद उसकी छोटी-छोटी बातों की आलोचना करने की इच्छा नहीं होती।

दीना : मेरी अम्मी आपके साथ कांग्रेस के अधिवेशन में नागपुर गई थी। यह बात मैंने बाद में अपनी अम्मी से सुनी। उस वक्त मेरी उम्र एक वर्ष थी। सुना है उसी अधिवेशन में गांधी जी ने असहयोग आन्दोलन का प्रस्ताव पारित किया। आपने उसका विरोध किया। सुना है आप भाषण देने के बाद वहाँ से उठ गए थे सेभिल रो का बना हुआ आपने थ्री पीस सूट पहना था—

जिन्ना : ठीक। और उस दिन मेरे जूते का रंग आधा बादामी था और आधा सफेद, ऑर्डर देकर अलग से बनाया गया।

मेरे भाषण देने के पहले ही तुम्हारे और मेरे अम्मी के पोशाक को लेकर कांग्रेस के बीच अनेक प्रकार की उलटी-सीधी बातें सुनने को मिलीं किन्तु मैंने उन सब पर ध्यान नहीं दिया। उस वक्त मैं यही सोच रहा था कि कैसे मैं अपने भाषण से ज्यादा से ज्यादा लोगों को अपने पक्ष में ला सकूँ क्योंकि मैं भाषण और युक्ति में उस अर्धनग्न फकीर से ज्यादा ही अच्छा था।

दीना : आपकी तरफ से मूल बातें क्या थीं?

जिन्ना : बहुत ही सहज। मैंने कहा था, इतने बड़े देश में कभी भी अहिंसा व्यापक आन्दोलन नहीं हो सकता, क्योंकि इस विशाल जनता के ऊपर नियंत्रण रखना सम्भव नहीं। स्वाधीनता की लड़ाई लड़नी होगी संवैधानिक पद्धति से, बातचीत-आलोचना और कानूनी दाँव-पेच से।

दीना : इससे आजादी नहीं मिलती। किसी भी देश में नहीं आई है। आन्दोलन की जरूरत होती है।

फातिमा : नहीं, बड़े भाईजान एकदम ठीक बोले थे। उस गांधी ने क्यों चौरीचौरा कांड के बाद आन्दोलन को वापस ले लिया?

जिन्ना : उन सब पुरानी बातों को छोड़ दो फाति। वह सब अतीत हो गया है।

दीना : तब नागपुर का वक्तव्य देने के दौरान क्या हुआ?

जिन्ना : क्या होगा और? मैं उस अर्धनग्न फकीर को महात्मा क्यों कहूँगा? मैंने उसके नाम से बोलना शुरू किया—

दीना : यानी आपने मिस्टर गांधी बोलकर सम्बोधित किया?

जिन्ना : तुरन्त वहाँ की विशाल जनता ने चीत्कार करके मुझे महात्मा बोलने के लिए कहा। 'महात्मा बोलिए'। अरे भाई, मैं महात्मा क्यों बोलूँ?

खिलाफत आन्दोलन के समय मुस्लिम मौलवियों ने मुझसे कहा था कि आप अपने भाषण के आगे उनके नेता सौकत अली के आगे 'मौलाना'

जरूर लगाना होगा। मैंने नहीं कहा। वे लोग मेरे ऊपर गुस्सा हो गए थे, मैंने कहा, हम सब मनुष्य हैं। रक्त मांस के बने हुए। बेवजह उन लोगों को महात्मा, मौलाना यह सब बनाने से क्या लाभ? सिर्फ मनुष्य के बीच देवता खोजने की चेष्टा।

दीना : ठीक है। किन्तु अभी तो आप खुद को कायद-ए-आजम कह रहे हैं अब्बू।

जिन्ना : यही सब तो मैं सितारों से भरे हुए आकाश के नीचे बैठकर सोचता था। सत्य का कोई दाम नहीं, स्पष्टता का कोई मूल्य नहीं, ज्ञान युक्ति का कोई महत्त्व नहीं। क्या पृथ्वी पर असत्य का राज होगा। एक असत्य को रोकने के लिए दूसरे असत्य की जरूरत है? यही सब मैं सोचता था। और सिगरेट के धुएँ से मेरा दिमाग और फेफड़ा सब भर उठते थे आप समझ भी नहीं सकतीं मिसेस वाडिया, क्योंकि आप बगल के घर में निश्चिंत सोई हुई रहती थी।

दीना : असत्य की जीत नहीं हो सकती अब्बू। अन्त में सत्य की ही जीत होती है। असत्य खरगोश की तरह तेज दौड़ता है, जिसे लोग सबसे आगे देखते हैं। सत्य कछुए के समान धीरे-धीरे चलता है जिसे लोग बहुत देर से देख पाते हैं।

जिन्ना : नहीं जानता। मैं सत्य या असत्य के अर्थ को नहीं जानता, मेरे लिए सब कुछ अपेक्षित है। ये सारी चीजें परिस्थिति के अनुसार बदलती रहती हैं।

दीना : अब्बू, मैं आपकी बातों को नहीं मानती। अकाट्य सत्य और असत्य कभी बदल नहीं सकता। जो भी हो, आखिर में आपने क्या निर्णय किया? या किस सिद्धान्त को लेकर चले? किस कला या चतुराई को लेकर आप अन्ततः अपने देश वापस आए?

जिन्ना : छोड़ दो न। मैंने कहा है न, जीते हुए केस के बारे में चर्चा करना मुझे अच्छा नहीं लगता।

दीना : बोलिए न।

फातिमा : हाँ, बड़े भाईजान बोलिए। मुझे भी तो आपने कभी भी इस ढंग से नहीं बताया है।

[जिन्ना एक सिगरेट जलाते हैं। उन लोगों की तरफ देखते हैं। धीरे-धीरे बोलते हैं।]

जिन्ना : यदि तुम कोई बड़ा केस जीतना चाहती हो, तो समझना उसकी एक विशेषता होती है। किसी भी बड़े कानून के विशेषज्ञ से तुम पूछोगी तो

वह यही जवाब देगा। लेकिन बहुत छानबीन करने के बाद विशेषता स्पष्ट दिखाई देती है। कठिन है उस विशेषता को जानना। उस विशेषता को एक बार जान लेने के बाद ब्रीफ़ को सजाने में किसी प्रकार की कठिनाई नहीं होती।

दीना : हाँ, तो बताइए आपके मामले में वह विशेषता क्या थी?

जिन्ना : *(उनकी आँखों में खुशी की लहर दिखाई देती है)* बहुत आसान। मैंने सोचकर देखा, मेरे देश के लोग दो चीजों के पीछे बहुत दौड़ते हैं। एक, आजादी। दूसरा, धर्म। अभी इन दोनों चीजों को मिलाकर अगर मूल स्रोत में लाया जाए तो कैसा होगा? मैंने देखा था वह अर्धनग्न चतुर फकीर सही मायने में इन दोनों को बड़े ही सुन्दर ढंग से मिलाया है, किन्तु बाहरी तौर पर वह धर्मनिरपेक्ष बनता है, राजनीति निरपेक्ष मानव धर्म। मैं अपने मामले में इस मुखौटे को रखना नहीं चाहता था। और क्या...मेरे जैसा अत्यंत धर्म विरोधी वकील को उस वक्त अपने धर्म के साथ खड़ा होना पड़ा। सिर्फ केस तो जीतना था। इतिहास भविष्य में क्या विचार करेगा इसे लेकर वर्तमान में हम लोग जैसे साधारण मनुष्य को दिमाग लगाने की जरूरत क्या है? क्या, परिष्कार हुआ है?

[शान्ति। दीना उनके गिलास में वाइन ढालती है।]

दीना : क्या सोच रहे हैं अब्बू? इतिहास आपके ऊपर किस ढंग से विचार करेगा?

जिन्ना : *(हाथ का पैकेट खोलकर)* आपके द्वारा लौटाए गए पत्रों के लिए धन्यवाद मिसेस वाडिया। मैं भी आपको एक उपहार देना चाहता हूँ।

[पैकेट से कुछ गाउन निकालते हैं।]

आपकी अम्मी का कुछ पोशाक मैंने अपने पास रखा था। बीच-बीच में रात्रि के समय उनको निकालकर देखता था। *(एक सफेद गाउन निकालते हैं)* यह आपकी अम्मी अपने शादी के दिन पहनी थी और इसे लेकर यूरोप में हनीमून मनाने गई थी। और इसे पहनकर मेरे साथ पेरिस के रास्ते में टहलती थी। उस समय उनकी उम्र अट्ठारह वर्ष कुछ महीने...इसे मैं आपको देना चाहता हूँ।

[पैक करके दीना के हाथ में देते हैं।]

दीना : *(जिन्ना के हाथ से पैकेट लेती है)* क्या आपको डर नहीं लगता अब्बू?

जिन्ना : क्यों?

दीना : सही मायने में हम लोग नहीं जानते कि इतिहास किस रूप में आपको याद करेगा, एक स्रष्टा के रूप में या विश्वासघातक के रूप में? एक द्रष्टा के रूप में या एक अवैध जन्मदाता के रूप में? सही मायने में हम एक साधारण व्यक्ति हैं। इतिहास के सम्बन्ध में मेरा दिमाग लगाना ठीक नहीं किन्तु अब्बू मेरे हृदय में एक चीज परेशान कर रही है वह है कि कुछ दिन बाद इस देश में आजादी आएगी, संवर्धना का आयोजन किया जाएगा, बहुत आतिशबाजियाँ की जाएँगी और आप भी परसों दिन देश की सीमा को लाँघते हुए अपने नए देश में वहाँ की संवर्धना ग्रहण करने चले जाएँगे, और उसके कुछ दिन बाद करोड़ों-करोड़ों मनुष्य इस देश की सीमा से बाहर जाएँगे। एक दल इधर से उधर जाएगा दूसरा दल उधर से इधर आएगा। वे लोग अपने घरबार को छोड़कर चले जाएँगे उन लोगों को मालूम ही नहीं होगा कि उन लोगों का असली ठिकाना कहाँ है? वे जहाँ जाना चाहेंगे वहाँ वे पहुँच भी पाएँगे कि नहीं, उस यात्रा के दौरान कितनी लाशों और खून की धाराओं पर चलना होगा वे भी नहीं जानते। वे लोग यह भी नहीं जानते कि उनका नाम क्या होगा शरणार्थी या घुसपैठिया? वे सिर्फ यह जानेंगे कि आजादी के बदले, एक नए देश तैयार होने के साथ-साथ हम लोगों का सारा जीवन बर्बाद कर दिया। यहाँ सिर्फ एक-दो लोग नहीं हैं बल्कि करोड़ों लोग हैं। आप अपने लिए नहीं बल्कि उन लोगों के लिए भयभीत नहीं होते अब्बू?

[जिन्ना उठते हैं। उनकी आँखों में क्रोध उतर आता है।]

जिन्ना : अब आप जा सकती हैं मिसेस वाडिया। बहुत रात हो गई है, आशा करता हूँ कि मेरे अतिथि-सत्कार में कोई कमी नहीं हुई।

फातिमा : बड़े भाईजान।

जिन्ना : फाति, यदि वह अभी नहीं गई या उसकी तरफ से तुम एक भी शब्द बोलोगी तो मैं तुम्हें भी उसके साथ बाहर निकाल दूँगा और कभी मैं तुमसे मुलाकात नहीं करूँगा।

फातिमा : नहीं-नहीं। दीनु तुम जाओ, बड़े भाईजान फिर अस्वस्थ हो जाएँगे। तुम जाओ।

[नीरवता। दीना उठी।]

दीना : धन्यवाद अब्बू। मैं जा रही हूँ। और कभी भी आपसे मेरी मुलाकात नहीं होगी। अम्मी की इस पोशाक के लिए आपको विशेष धन्यवाद। आपके अतिथि-सत्कार में किसी प्रकार की कोई कमी नहीं थी।

[चलते समय जिन्ना बोलते हैं।]

जिन्ना : *(मधुर आवाज में)* मुलाकात नहीं होने से भी आप पर कोई फर्क नहीं पड़ेगा। सिर्फ एक वादा करके जाओ। *(दीना देखती है)* अन्ततः मेरे मरने के बाद मेरे नए देश में तुम जाना। एक बार मेरे कब्र पर मिट्टी देने के लिए यही एक गुजारिश है। सम्भव हो तो अपने वृद्ध ग्रे उल्फ पिता की बातों को रखना।

[दीना पूर्ण रूप से जिन्ना की तरफ देखती है। हँसती है। उसके बाद चली जाती है। फातिमा जिन्ना की तरफ देखकर उसके पीछे-पीछे जाती है। नीरवता। हवाएँ चलती हैं। जिन्ना रुक्ति की बाकी पोशाकों को रखते हैं उनकी आँखों में आँसू भर आते हैं। रुक्ति की चिट्ठियों को उठाते हैं। पढ़ते जाते हैं। फिर कुछ सोचकर रख देते हैं। फोन करते हैं।]

जिन्ना : हैलो चागला। कल सुबह मैं दिल्ली पहुँच रहा हूँ। उस समय मैं सब बातें कर लूँगा। नहीं-नहीं, मैं ठीक हूँ। हाँ, स्वस्थ हूँ। हाँ, मेरा यहाँ का सब काम हो चुका है। सुनो, तुम्हें यह बात विशेष रूप से मैं कह रहा हूँ...

[बात सुनाई नहीं पड़ती। हवाओं के चलने के कारण उनकी आवाज दब जाती है। जिन्ना बात करते रहते हैं। पर्दा गिरता है।]

सहायक ग्रंथ

1. *जिन्ना/पाकिस्तान :* शैलेश कुमार बंद्योपाध्याय
2. *भारतीय उपमहादेशे ब्रिटिश राजत्वेर शेष दशक :* दीपशंकर मुखोपाध्याय
3. *जिन्ना, क्रिएटर ऑफ पाकिस्तान :* हेक्टर बलिथो
4. *जिन्ना ऑफ पाकिस्तान :* स्टेनली वोलपर्ट
5. *रोजेस इन दिसम्बर :* मोहम्मद अली करीम चागला
6. *जिन्ना : इंडिया-पार्टिशन इंडिपेंडेंस :* यशवंत सिंह

एक दिन अलादीन

अनुवाद : *प्रतीक सिंह*

पात्र

माधव
राज्य कर्मचारी
राष्ट्रपति
कुछ पत्रकार
सत्य
रिंकू
सोमनाथ
लक्ष्मी
चित्तो
फारूक
बासू
दो-एक लड़के
नरोत्तम
निखिल
अलादीन
अमर
परितोष
सत्य की माँ
बेला

[संगीतमय ध्वनि के बीच पर्दा हटने पर दिखता है कि मंच पर पीछे एक ऊँचा तख्त है। वहाँ निकुंजपुर की पंचायत के सदस्य माधव मारिक प्रधानमंत्री के पद पर नियुक्त होने के लिए तैयार हो रहे हैं। माधव मारिक की उम्र प्राय: साठ वर्ष है। बगल में एक मेज है जिसके पास माननीय राष्ट्रपति की कुर्सी सहित अन्य कुर्सियाँ खाली हैं। कई लोग माधव गारिक का अभिनंदन कर रहे हैं। प्रेस के द्वारा फोटो खींचते समय उत्पन्न फ्लैश की चमक बार-बार माधव पर पड़ रही है। राष्ट्रपति आते हैं। सामने राज्य कर्मचारियों की आवाज आ रही थी परन्तु अब रुक जाती है। राज्य कर्मचारी कहते हैं—लेडीज एंड जेंटलमैन, ऑनरेबल प्रेसीडेंट। बिगुल बज उठता है। नि:स्तब्धता पसर जाती है। राज्य कर्मचारी घोषणा करते हैं, "अब देश के प्रधानमंत्री पद की शपथ लेने के लिए श्रीयुत् माधव मारिक महोदय का आह्वान किया जाता है।" माधव सामने आते हैं। सरकारी राज्य कर्मचारी माधव से पूछते हैं।]

राज्य कर्मचारी : किस भाषा में शपथ ग्रहण करेंगे। हिन्दी या अंग्रेजी में।

माधव : बांग्ला में। बांग्ला में सर।

[राज्य कर्मचारी राष्ट्रपति की ओर देखता है। राष्ट्रपति सिर हिलाते हैं। राज्य कर्मचारी माधव की ओर शपथ-पत्र आगे बढ़ा देते हैं। राष्ट्रपति शपथ वाक्य का पाठ प्रारम्भ करते हैं।]

राष्ट्रपति : आमी,

माधव : आमी श्री माधव मारिक-क्षेत्र निकुंजपुर, ग्राम खूँटिया, ईश्वर

के नाम पर शपथ लेता हूँ कि मैं राष्ट्रपति के द्वारा प्रदत्त प्रस्ताव पाठ कर, देश के संविधान के प्रति सम्पूर्ण न्यायनिष्ठ रहकर, सभी के प्रति विद्वेषहीन एवं निष्पक्ष होकर, मेरे पास जनसाधारण के हितार्थ लाए गए सभी विषयों को—

[हठात् नेपथ्य की ओर से एक पार्श्व ध्वनि अर्थात् टेपरिकॉर्डर में से एक आवाज आती है 'धोखेबाज'। माधव रुक जाते हैं। राज्य कर्मचारी भी रुक जाते हैं।]

राज्य कर्मचारी : क्या हुआ।

माधव : नहीं, क्या आपने कुछ कहा।

राज्य कर्मचारी : कहाँ, नहीं तो। कुछ नहीं कहा।

माधव : ओह! तो आपने क्या कुछ सुना।

राज्य कर्मचारी : नहीं। कुछ भी नहीं सुना। आप पढ़िए। समय नष्ट न करें।

माधव : तब मैं प्रारम्भ से पढ़ूँ। एक बार बाधित हो गया ना।

राज्य कर्मचारी : *(राज्य कर्मचारी राष्ट्रपति की ओर देखते हैं। राष्ट्रपति सिर हिलाते हैं। माधव फिर पढ़ना आरम्भ करते हैं।)*

माधव : मैं श्री माधव मारिक क्षेत्र निकुंजपुर ग्राम खूँटिया, ईश्वर के नाम शपथ लेता हूँ कि—

[फिर पार्श्व ध्वनि में अर्थात् टेप किया हुआ स्वर उभरता है, 'दंगाबाज', 'गुंडा'। माधव रुक जाते हैं। असहनीय नीरवता छा जाती है।]

: *(राष्ट्रपति से पूछते हैं)* कुछ कहा क्या सर, आपने?

[राष्ट्रपति सिर हिलाते हैं। लगता है माधव के अलावा अन्य में से किसी ने भी नहीं सुना। माधव स्वगत बोलते हैं।]

: आवाज पहचानी-पहचानी सी है। छोड़ो भी। जल्दी-जल्दी समाप्त करता हूँ सर—मैं राष्ट्रपति द्वारा प्रदत्त प्रस्ताव का पाठ करके देश के संविधान के प्रति सम्पूर्ण सत्यनिष्ठ रहकर, सभी के प्रति विद्वेषहीन एवं पक्षपातहीन होकर मेरे सामने जनसाधारण के हितार्थ जो सारे विषय लाए जाएँगे, उन्हें—*(फिर पार्श्व ध्वनि की आवाज आती है)* मिथ्यावादी, चीटिंगबाज, जालसाज। *(अब माधव क्रोधित हो जाते हैं)*

: कौन, कौन हरामजादा मेरे शपथ लेने में अड़ंगा डाल रहा है। कौन है तू। यदि तुझे एक बार देख पाऊँ तो तुझे मारकर मोहन बिल के किनारे ईंट भट्टी के गर्त में गाड़ दूँगा रे सूअर।

[अत्यंत अफरा-तफरी मच जाती है। राज्य कर्मचारी चकित हो गए हैं। राष्ट्रपति क्रोधावेग से बाहर निकल जाते हैं। इसी बीच एक अलग सी पार्श्व ध्वनि आती है। डाउन राइट (नीचे दाईं ओर) स्कूल यूनिफार्म पहने एक 15-16 वर्ष का लड़का आकर खड़ा होता है। माधव उसे देखकर चकित होते हैं। वे ऊपर के तख्ते से उतरकर धीरे-धीरे लड़के के सामने आकर खड़े होते हैं। पीछे का सारा कुछ अँधेरे में गुम हो जाता है।]

: यह क्या, तुम अर्थात्?

लड़का : *(हँसता है)* पहचान नहीं पा रहा?

माधव : अरे रुको-रुको। इसके माने तुम सत्य हो न।

सत्य : यस। सत्य। एक ही स्कूल में क्लास नाइन तक एक साथ पढ़े। मुझे भूल गया तू माधव!

माधव : ठीक। ठीक। सत्य–इसका अर्थ है तू। तू यहाँ।

सत्य : याद आई। वही सत्य। क्लास एइट में घुसने के समय पकड़ा गया था। इसी सत्य ने तुझे हेडमास्टर से बचाया था। उसके बाद क्लास नाइन में तू फेल हो गया। मैंने मैदान के किनारे ले जाकर तुझे कितना डाँटा था। कहा था, क्यों मन लगाकर पढ़ाई तूने नहीं की, माधव? हम लोगों के देश में पढ़ाई न करने पर बहुत खराब भविष्य होता है रे माधव?

माधव : *(हँसते हैं)* कैसा भविष्य। हा-हा। देख, बेटा सत्य देख। पढ़ाई-लिखाई नहीं की तभी तो कितनी दूर आया। हम लोगों के आदर्श पल्लीमंगल स्कूल के किसी ने क्या पाई है यह सफलता। मैंने पाई है रे बेटा, मैंने। तुम लोग जो अच्छे छात्र थे क्या हुए हो? डाक्टर, इंजीनियर, बैरिस्टर, प्रोफेसर, एन.आर. आई. क्या-क्या? क्या मैं और नकलबाज, फालतू, धोखेबाज माधव हूँ। देख प्रधानमंत्री हो गया हूँ रे बेटा! आँखें फाड़कर देख एक बार। और तू, तू क्या है देख। कितने रुपए महीने में पाता है तू। *(रुकते हैं जैसे कुछ याद आता है)* किन्तु सत्य, तू तो, क्लास टेन में पढ़ते—

सत्य : *(हँसता है)* मर गया। याद आया है तुझे? कमलादीघी के बड़े तालाब के जल में डुबकी लगाकर तैरते समय बीच तालाब में पाँवों में मोच आ गई। जल में डूब गया। मछुआरों ने मेरी बॉडी खोजने के लिए जाल फेंका। नहीं पाई गई बॉडी। दूसरे दिन मेरी देह तैरने लगी। यही चार बजे थे तब।

माधव : परन्तु, उससे पहले दिन भी शिवतल्ला पर तुम लोगों से मेरी बात हुई तुम ट्यूशन करके साइकिल से लौट रहे थे।

सत्य : यहाँ, और तुम लौट रहे थे देवानन्द की पिक्चर 'जॉनी मेरा नाम' देखकर। कहा था, इसे लेकर पन्द्रह बार हो गए इस फिल्म को देखते हुए, तूने देखा है। बताया था कि पद्मा खन्ना का नाच देखकर ही पाँच बार फिल्म छोड़कर बाहर निकल आए थे।

माधव : अरे चुप! चुप, लोग सुन सकते हैं। इसका अर्थ है कि हाँ। निकल तो आता ही था। नाच तो सॉलिड था।

सत्य : मैं उस समय तब आठवीं कक्षा के बच्चों को ट्यूशन पढ़ाता था। उसके बाद उसी पैसे से अपनी पुस्तकें खरीदकर पढ़ता था। पिताजी अन्धे थे न। कोई काम नहीं कर पाते थे। और माँ लोगों के घरों में काम करती थी। कितने रुपए पाती थी बताओ तो। *(सत्य थोड़ा बेचैन होता है)* तुम्हें मैंने अपने मरने के पहले दिन भी कहा था स्कूल से भागकर इस तरह सिनेमा देखने मत जा। नहीं तो इस बार भी पास *(उत्तीर्ण)* नहीं हो पाओगे। *(रुकता है)* तुम किन्तु बचपन में देखने में बहुत सुन्दर था रे माधव। और कितने बड़े किसान का बेटा तू। दूध-घी अच्छे से ही खाता *(था तू)*। तेरा मन भी बहुत सरल था। कम उम्र में ही बर्बाद हो गया था, किन्तु फिर भी न जाने क्यों मैं तुझे बहुत प्यार करता था।

माधव : यह सब छोड़ दो। उन बातों की याद न दिला। ओ रे सच में आज मेरी शपथ *(लेने का दिन)* है। मैं आज प्रधानमंत्री बनूँगा।

सत्य : क्या? तू होगा? तू? तेरी तरह एक फरेबी दंगाबाज, फोरट्वेंटी, मिथ्याचारी—और तू प्रधानमंत्री बनेगा?

माधव : अरे, इसीलिए तो मैं ही बनूँगा। मैं नहीं बनूँगा तो और कौन बनेगा क्या सब नाटक के पात्रों में विवेक जैसी बातें कह रहा है तू सत्य?

सत्य : सत्य मरकर बच गया है, देख रहा हूँ।

माधव : सुन, जितना झूठ बोलेगा, उतना बड़ा बनेगा। जितना तोड़-फोड़ करेगा, दंगा करेगा, तुझे लोग सिर पर बैठाकर नाचेंगे। जितना मूर्ख होगा, उतनी ही तेरी कदर इस समाज में बढ़ेगी। अरे छोड़, मैं तो क्या पूरा समाज ही अब ऐसा ही है रे सत्य!

सत्य : आश्चर्य! अभी तो उस दिन हवा देखकर दल बदला *(तूने)* माधव। नए दल में आया। इतने *(समय)* में ही तेरी इतनी उन्नति हो गई?

माधव : वही तो होगा रे सत्य! वही तो होगा। सुन, मैं केवल दलबदलू या चीटिंगबाज ही नहीं मैं चापलूस हूँ, सारी बातों पर हाँ-हाँ करना, निर्लज्ज, मेरुदंड हीन एक भाँड़। ठीक है? खुश? अरे तभी मेरी ही उन्नति होगी। ठीक है? *(रुकता है)* सुन सत्य तू अभी जा। मुझे शपथ लेने दे।

[माधव मंच की ओर बढ़ जाता है। सत्य जरा जोर से कहता है।]

सत्य : जानता हूँ, सत्य मर गया है, यहाँ तक कि अर्द्धसत्य भी अब मृत, मिथ्या ही सिर्फ अब बची है। किन्तु तेरे आज यहाँ शपथ ले लेने पर उस मिथ्या का सौदा अपनी सोलह कलाओं को प्राप्त कर लेगा। मैं यह होने नहीं दूँगा रे! किसी भी भाँति नहीं होने दूँगा।

माधव : *(लौट आते हैं)* क्या? क्या करेगा तू? गड़बड़ी करेगा? मेरा कच्चा चिट्ठा खोल देगा? प्रेस में जाकर शोरगुल करेगा? सुन! इस शपथ के ले लेने पर किन्तु पुलिस से सी.बी.आई. तक सब मेरे अधीन होंगे। तुझे वे सारे एक साथ मिलकर...

सत्य : *(हँसता है)* मरे हुए सत्य को और क्या भय दिखाएगा रे माधव! मत भूल मूर्ख, मैं मृत हूँ। फिर भी मैं सत्य हूँ।

माधव : ओ रे, लोग सत्य नहीं चाहते, रे मरे हुए सत्य, उन्नति चाहते हैं, उन्नति। और मिथ्या बातें सुनना चाहते हैं। मन की बातें। और मीडिया-सीडिया कोई नहीं है रे सत्य! वो सब, सारा कुछ हम लोगों की पॉकेट में हैं। और इसीलिए जाऊँ?

[आँखों के इशारे से शपथ-स्थल दिखाते हैं माधव। सत्य हँसता है।]

सत्य : मैंने तो तुझे कहा माधव, मैं इसे किसी भी प्रकार से नहीं होने दूँगा और तू न घबड़ा। मैं प्रेस में भी नहीं जाऊँगा, शोरगुल भी नहीं करूँगा, प्रतिवाद या विरोध भी नहीं करूँगा। सभी इस समय मरे हुए हैं रे माधव! मेरी ही तरह मैं...

माधव : क्या?

सत्य : देखेगा।

[हँसता है। ताली बजाता है। पूरे मंच पर अन्धकार पसर जाता है। पीछे शोरगुल शुरू होता है। "अरे क्या हुआ, राष्ट्रपति भवन में अन्धकार हो गया लोडशेडिंग।" पार्श्व ध्वनि शुरू होती है। इसी के बीच टेप पर सत्य की आवाज आती है।]

सत्य : मुझे यदि अन्धकार में मृतप्राय होकर रहना है तो तुम लोग भी उसी अन्धकार में रहो। प्रकाश करने नहीं दूँगा मैं। किसी प्रकार भी नहीं। अन्धकार ही रहे बचा। और उसी अन्धकार में तुम लोग भी बचे रहो। सत्य के स्वर और पार्श्व ध्वनि को दबाते हुए माधव का कंठ स्वर टेप से आता है।

माधव : सत्य, इस प्रकार मुझे न फँसा। प्लीज भाई मुझे न फँसा। अच्छे दिन आ रहे हैं भाई। प्रकाश आ रहा है। प्रकाश। प्रकाश। और एक बार विश्वास करो भाई मेरे। और एक टर्म दे भाई। सत्य रे! भाई मेरे। सत्य।

[पार्श्व ध्वनि माधव के स्वर पर भारी हो जाती है। टेप से हटकर मंच से अब माधव की आवाज आती है। 'सत्य। सत्य रे मेरे भाई रे, ओ रे ओ सत्य।' प्रकाश होता है। निकुंजपुर में माधव का घर दीखता है। मिडिल स्टेज पर माधव की खाट दीखती है। मशहरी से ढकी हुई। उसमें माधव छटपटा रहे हैं। समझा जाता है कि वे अभी तक स्वप्न देख रहे थे। भोर का प्रकाश मंच पर पसरता है। माधव की छोटी बेटी रिंकू प्रवेश करती है।]

रिंकू : पिताजी! ओ पिताजी! उठो। क्या सत्य-सत्य कहकर चिल्ला रहे हो। उठो। आठ बज गए हैं।

माधव : *(हड़बड़ाकर उठते हैं)* क्या कहती है रे रिंकू आठ बज गए?

रिंकू : *(मशहरी खोलती है)* हाँ, जी हाँ पिताजी! हंसों को मैं कब का

तालाब में छोड़ आई हूँ। उनके भी जगने का समय हो गया है। सोमू काका कब से आकर दालान में बैठे हुए हैं। मुझे तुम्हें उठाने के लिए कहा।

माधव : जा सोमनाथ को भेज दे। और झट से एक कप चाय भेज दे।

[सोमनाथ प्रवेश करता है।]

सोमनाथ : एक कप नहीं रिंकू, दो कप भेजना। अरे माधव भाई इतनी देर से नींद से उठने पर कैसे चलेगा? ऐसे कैसे जीत का स्वाद ले पाओगे, नौ बजे तक सोने से क्या चुनाव जीता जा सकता है? नहीं।

रिंकू : चाय में चीनी रहेगी न सोमनाथ काका?

सोमनाथ : नहीं-नहीं, बिना चीनी के।

[रिंकू हँसकर अन्दर चली जाती है। माधव धीरे-धीरे उठते हैं।]

माधव : अरे रुको! वोट तो वह नवम्बर महीने में है। अभी समय है सोमनाथ।

सोमनाथ : क्या कहते हो माधव दा। समय? धड़धड़ाकर रेलगाड़ी की भाँति निकल जाएगा। कहावत है, आलसी आदमी चार पहर हगता है। समय देखते-देखते निकल जाता है। चलो आज तो पार्टी-ऑफिस में नरोत्तम दा आ रहे हैं। टाउन के इतने बड़े नेता। इसके अलावा कितने तो काम बाकी पड़े हैं, बोलो तो? वोटर्स स्लिप लिखना है, डोर टू डोर सर्वे करना होगा पब्लिक को विश्वास दिलाना होगा—धन्धेबाजी नहीं, एक आदर्श एक मूल्यबोध, एक-एक अर्थात् एक बहुत बड़े विशेष कारण से तुम यह पलटी मारकर नई पार्टी में आए हो।

माधव : *(देखते हैं)* पलटी?

सोमनाथ : वही हुआ। एक कहावत है कि बुनूँगा क्यों मैं जाल जब रुई, कतला, तट पर भटकें। डुबकी लगा रे मन पलट।

माधव : जघन्य। *(रुके। देखा)* अच्छा यह बात बोलकर तुकबन्दी जो तुम करते हो, यह सारी तुम्हारी ही बनाई हुई है न। सोमनाथ?

सोमनाथ : अरे माधव दा, तुकबन्दियों का ही तो बाजार है अभी। कहते हैं न, लिखूँगा, लिखता हूँ, सोचता हूँ, अन्त में लिखा कुछ नहीं। असल में तो लिखता लालन है लोग सोचें सोमू लिखा साईं।

चलो-चलो माधव दा, पार्टी ऑफिस में जाना होगा। नरोत्तम दा ने किन्तु दोपहर से पहले ही आने को कहा है।

माधव : हाँ चलो चलें। नरोत्तम बाबू ने कल भी मुझे फोन किया था। कहा सुबह ही पार्टी ऑफिस में आ जाएँगे। तुम बैठो, मैं थोड़ा फ्रेश हो लूँ। जानता हूँ सुबह होते ही तुम आ जाओगे इसीलिए कल रात इस बाहर वाले कमरे में ही सोया था। नींद अच्छी नहीं आई। बहुत बुरे-बुरे स्वप्न देख रहा था।

सोमनाथ : स्वप्न न कि दु:स्वप्न?

माधव : वही और क्या? *(रुकता है। सोचता है)* अच्छा सोमनाथ, सत्य के माँ की कोई खबर रखते हो?

सोमनाथ : सत्य की माँ? कौन है सत्य की माँ?

माधव : अरे वही कमलादीघी जिसके पश्चिम दिशा के नस्कर पाड़ा में रहता था, मेरा क्लासमेट सत्य। कमलादीघी के जल में डूबकर मर गए थे उसके पिता और एक-दो वर्ष के बाद मर गया था। क्या तो उनका नाम था—अनाथ था शायद।

सोमनाथ : वो वही सफेद केशों वाली दादी? वह तो बची है अब भी। पिछले वर्ष तुमने उसके लिए विधवा भत्ते की व्यवस्था कर दी थी न। अच्छी ही है बुढ़िया।

माधव : हूँ। थोड़ी खोज-खबर रखा करो। कब खिसक जाए। उसका लड़का सत्य हर वर्ष फर्स्ट होता था। मेरे संग ही पढ़ता था।

[सोमनाथ गर्दन हिलाता है।]

कहता हूँ लोगों के घर-घर तो घूम रहा हूँ, किन्तु लोगों का मन *(मत)* कैसे समझूँगा—बताओ तो सोमनाथ? अर्थात् वो सच में मेरे बारे में क्या सोचते हैं? कहीं धोखेबाज या फोरट्वेंटी जैसा कुछ नहीं न सोचते हैं। इसके अलावा यह पार्टी तो मेरे लिए नई है। अपने दल के लोगों का मन ही अच्छी तरह से नहीं समझ पाता, तो पब्लिक का मन कैसे समझूँ!

सोमनाथ : अरे क्या बोल रहे हो चाचा! तुम्हें समझ में आता है इसे लेकर पाँचवाँ नम्बर वोट है। और मेरा भी ना-ना करते-करते तीन नम्बर वोट है। बातों में कहा है—मन की चोट फुट-फुट। पड़ती है नोट होता है वोट। पूरे इलाके को चूस लूँगा काका। चलो-चलो।

माधव : नहीं, यदि फिर भी कोई मंत्र होता! यदि समझ में आता, कि

लोग मेरे बारे में क्या सोचते हैं। हाँ? *(सोचता है, फिर बोलता है)* पाँच मिनट बैठो। मैं आता हूँ।

[माधव उठने वाला ही था कि एक ओर से माधव की पत्नी लक्ष्मी हाथ में घोल लेकर और दूसरी ओर से रिंकू चाय लेकर प्रवेश करती हैं।]

लक्ष्मी : हाँ जी। शर्बत पी लो। न जाने दिनभर कितनी मेहनत करनी होगी।

रिंकू : सोमू काकू यह लो अपनी चाय पकड़ो। पिताजी जल्दी से चाय पी लो।

माधव : अरे क्या विपद है! चाय भी पीऊँ, घोल भी पीऊँ, दोनों एक साथ ही पीना पड़ता है क्या!

सोमनाथ : पड़ता है माधव दादा। वोट से पहले दोनों ही पीना पड़ता है। कहा जाता है कि खाने को तो गरम दूध भी पी लूँगा, खाऊँगा सभी पैसे को भी, खाने से पीछे जो कभी न हटे उसकी होती नींद हराम।

माधव : उफ़। कुत्सित।

[रोशनी चली जाती है। पार्श्व ध्वनि होती है। फिर प्रकाश होता है। पिछले मंच पर माधव की पार्टी हाँ ऑफिस है। चित्तो बैठा है। चित्तो थोड़ा भारी-भरकम तोंद वाला है। उसके हाथ में एक कागज है। चित्तो के सामने फारूक और बासु बैठे हैं। उनके हाथ में भी कागज है। चित्तो जो बोलता है वे दोनों मिलाते हैं। और भी एक-दो जन सुन रहे हैं।]

चित्तो : *(कागज देखकर पढ़ता है)* तो फारूक देगा सिर्फ सीमेंट, और बासु स्टोनचिप्स। बाकी जो-जो लगेगा स्क्वायर फिट के अनुसार उदिता गिराएगा।

फारूक : जा बाबा! अभी तो परसों ही बात हुई सीमेंट के संग सुर्खी भी मैं दूँगा।

चित्तो : वैसा करने से नहीं होता फारूक। इतने सारे लड़के हैं। सभी को भाग-जोड़ करके देना होगा है न? न कि तुम अकेले ही सब खाओगे?

बासु : तो फिर शेष सारा तुम अकेले क्यों गिराओगे? अन्ततः आयरन

का काम तो तुम राजू और सुमित को दो। वे लोग तो तब पिपली प्रोजेक्ट में तो कुछ भी नहीं कर पाए थे।

चित्तो : अरे मूर्खों की मंडली! मैं रख रहा हूँ अर्थात् क्या मैं अकेला अपने लिए रख रहा हूँ। उधर दीवानहाट के लड़के सारे हैं। उन्हें भी तो कुछ देना होगा कि नहीं?

फारूक : नहीं-नहीं। तुम व्यर्थ बात बोल रहे हो चित्तो दा!पिपली प्रोजेक्ट में भी तुमने यही बात कही थी। तुमने कहा था कि सुर्खी और बालू दीवानहाट देगा। मैंने संतू से बाद में पता लगाया था। बताया कि उन लोगों ने कुछ नहीं पाया। सब उदिता कन्स्ट्रक्शन ने गिराया था।

चित्तो : अरे बोका! वह क्या मेरी कम्पनी है क्या?

बासु : वही हुआ। उदिता कौन है? भाभीजी ही तो? तुम्हारी पत्नी तुमसे अलग है क्या?

चित्तो : तुम लोग नहीं जानते? हमारा डाइवोर्स का केस चल रहा है।

फारूक : यह तो पाँच वर्षों से बोल रहे हो। और उधर एक ही साथ रहते भी हो। गत माह दोनों बच्चों को बंगलोर भेजा मैनेजमेंट पढ़ने के लिए।

चित्तो : हाँ। उन्हें अच्छी ही एजूकेशन दे रहा हूँ। पास करके आने पर दो में से एक को उदिता के व्यवसाय में लगा दूँगा।

बासु : और हम लोगों के लिए क्या। निज पुत्रों को एजूकेशन और ह म लोगों के लिए कन्सेशन!

चित्तो : अबे तुम लोगों के लिए तो सिंहासन है।

फारूक : व्यर्थ। हम लोगों के लिए तुम्हारे पास केवल कटौती करना है। तुम गलत-सलत कर रहे हो चित्तो दा। इस तरह सिंडीकेट नहीं चलता।

चित्तो : माधव दा ने जिस प्रकार डायरेक्शन दिया है मैं उसी प्रकार आगे बढ़ रहा हूँ। इतना पिन मारने से तुम लोग कुछ भी नहीं पाओगे।

फारूक : अच्छा ऐसा ही है क्या?

चित्तो : अरे माधव दा का डायरेक्शन है। मैं क्या करूँगा?

बासु : बेकार बात है। इन सबमें माधव दा की नहीं। यह सारी तुम्हारी कलाकारी है। हम लोग सब समझते हैं।

[चित्तो उत्तेजित होकर खड़ा हो जाता है। उनके बीच एक झगड़ा होने लगता है। नरोत्तम प्रवेश करता है। उसे देखकर सभी रुक जाते हैं।]

नरोत्तम : क्या बात है? तुम लोग। अपने ही बीच ऐसा झमेला क्यों कर रहे हो?

चित्तो : अरे दादा आप? आप आ गए हैं?

नरोत्तम : हाँ, मेरी तो इसी समय आने की बात है। कल रात में भी माधव मारिक के साथ बात हुई। उसने कहा कि नौ बजे तक आ जाएगा तो कहाँ हैं माधव बाबू?

चित्तो : आएँगे भैया। आएँगे। आप बैठिए न। अरे ऐ बासु, भैया के लिए अच्छी चाय के लिए बोलो।

[बासु जोर से चाय के लिए हाँक लगाता है नरोत्तम बैठते हैं।]

नरोत्तम : तो किस बात पर तुम लोग में बहस हो रही थी?

चित्तो : ना-ना, वहाँ झमेला नहीं बल्कि एक आइडियोलॉजिकल फाइट चल रही थी। मैं उन लोगों को समझा रहा था कि क्लास पहले है या मांस।

नरोत्तम : हम्म। माधव बाबू आएगा न?

बासु : आएगा दादा, आएगा। हम लोगों को बोलकर गए हैं कि आप आएँगे, आपको बैठाएँ। बैठिए दादा, बैठिए।

नरोत्तम : बैठने का समय नहीं है। मुझे अभी उस घुघुलिया में जाना होगा। हाँ, इस रास्ते से होकर और साठ किलोमीटर दूर है। हाँ भाई मोनोटरिंग करना होगा। सुना है सब समय बवाल हो रहा है *(चित्तो से)* तुम्हारे हाथ में वो कैसा कागज है भाई चित्तो?

चित्तो : ओ, यह, यह माने, *(सोचता है। उसके बाद जल्दी से बोलता है)* वोटर्स लिस्ट। सुबह से हम लोग बैठे हैं। ताकि ठीक-ठाक से रिवाइज हो। अपोजिशन का विश्वास नहीं है। डाल दिया गर एक-दो नाम बेकार में।

नरोत्तम : यह सही है। देखूँ यह कागज। *(चित्तो इधर-उधर करते हुए नरोत्तम के हाथ में देता है। नरोत्तम देखता है। नीरवता रहती है। इसके बाद नरोत्तम नीरवता भंग करता है।)* वाह! अच्छा काम कर रहे हो तो तुम लोग। अच्छा है, अच्छा है। इसी तरह काम करते जाओ। तुम लोग हम लोग की पार्टी के एसेट हो।

फारूक : नारा लगाता है, सोने का बच्चा सोने का मुकुट चित्तो राय को भूलते नहीं, भूलेंगे नहीं।

[बासु और अन्य आवाज मिलाते हैं, माधव और सोमनाथ प्रवेश करते हैं। नरोत्तम उन्हें देखकर आगे जाता है।]

नरोत्तम : ये हैं माधव बाबू, इतनी देर हुई?

माधव : अरे बैठिए दादा, बैठिए। और न बोलिए। कल बहुत रात को सोया। नौ सभाएँ थीं। ऐ चित्तो, भैया को चाय पिलाई क्या?

नरोत्तम : हाँ, कहा है।

[बाहर से चाय लेकर एक जन प्रवेश करते हैं। सभी चाय लेते हैं। मुझे फिर उसी घुघुलिया में जाना होगा। पार्टी के पास इस नरोत्तम शर्मा के अलावा कोई नहीं है। जो भी है, यही है। सब ठीक-ठाक है तो?]

माधव : नहीं। अभी तो ठीक ही है। लेकिन—

नरोत्तम : लेकिन?

माधव : ऐ चित्तो! ऐ बासु! तुम लोग बाहर जाओ। मुझे दादा के साथ बात करनी है।

[सभी बाहर जाते हैं। केवल सोमनाथ रहता है।]

नरोत्तम : तब पब्लिक का माइंड क्या समझा है? आप चूँकि पार्टी में नए आए हैं इसीलिए कह रहा था।

माधव : पार्टी मुझे फाइनली टिकट तो देगी न दादा भाई! मैं बहुत आशा लगाए बैठा हुआ हूँ।

नरोत्तम : ऑफकोर्स! हाँ! हेड ऑफिस से सिगनल मिल गया है। अन्यथा इतना कष्ट करके आपको हमारी पार्टी में लाया जाता ही क्यों और सुबह होते ही टाउन से मुझे दौड़कर आना ही क्यों होता?

माधव : हाँ। हेड ऑफिस माने? दिल्ली?

नरोत्तम : दिल्ली हो सकती है, दिल्ली हो सकती है, यह बड़ी बात नहीं माधव बाबू। बड़ी बात है यह जो आपके सामने बैठा हुआ है। नरोत्तम शर्मा। वह जब आपको जुबान दे रहा है माधव बाबू, तो आप टिकट पाएँगे। पाएँगे ही।

सोमनाथ : तब भी भैया मामला जब तक सुलझ नहीं जाता *(नरोत्तम देखता*

है) नहीं कहा जाता है न कि खाने के बाद पचाओ/ स्वास्थ्य विधि बचाओ।

नरोत्तम : और यह भी कहा जाता है, विश्वास न हो तो / चम्मच छोड़कर साँस लो। आपका नाम?

सोमनाथ : मैं सोमनाथ हूँ। सोमनाथ बरूई। भैया के साथ बहुत दिनों से हूँ। आपके बारे में भैया बहुत बातें करते हैं। कहते हैं, आपको देखकर ही इस पार्टी में भैया का आना हुआ है।

नरोत्तम : हूँ। इलाके को समझते हो तुम। लोग क्या तुम्हारे भैया को वोट देंगे।

[सोमनाथ कुछ बोलते उसके पहले चित्तो के साथ एक जन बाहर से प्रवेश करते हैं।]

नरोत्तम : कौन?

आगन्तुक : अजी मेरा नाम निखिल है। निखिल हाजरा। मैं उस आगे के मुहल्ले में रहता हूँ। आश्चर्यचकित भाव से कहता है, आगे जा रहा था। देखा आप बैठे हैं। समझा कि टाउन से आ रहे हैं। सोचा कि दो बातें आपको बोलता जाऊँ।

नरोत्तम : मुझे पहचानते हैं आप?

निखिल : अजी आपको कौन नहीं पहचानता भैया *(दादा)* इतने बड़े नेता हैं आप नरोत्तम दा। कितनी बार टी.वी. पर देखा है आपको।

नरोत्तम : *(प्यार)* अच्छा। अच्छा। बोलिए।

निखिल : नहीं, मतलब मैं राजनीति-वाजनीति तो नहीं करता लेकिन खबर-वबर रखता हूँ। बात यह है कि कृपा करके इस बार वोट में टिकट इन्हीं माधव मारिक को ही दीजिएगा। उन्होंने इस निकुंजपुर के लिए बहुत कुछ किया है।

नरोत्तम : *(देखते हैं)* अच्छा—जैसे? क्या किया है?

निखिल : जैसे देखिए, तालाब खुदवाना, इसके अलावा मन्दिर की प्रतिष्ठा, इसके बाद साड़ी-कम्बल का दान—ढेर और सारे अच्छे-अच्छे काम किए हैं। दादा हम लोगों को वही चाहिए। *(या हम लोग उन्हें ही चाहते हैं।)*

माधव : आह भाई, आप अभी जाइए। यह सब न बोलें। मेरे सामने ही बोलना, यह सही नहीं।

निखिल : नहीं भैया *(दादा)* जो सत्य है उसे तो मुझे बोलना ही होगा।

नरोत्तम : नहीं, नहीं। अच्छा है। अच्छी बातें ही तो उन्होंने कही हैं। निखिल भाई आपको अनुरोध नहीं करना पड़ेगा। सुनिए, माधव मारिक

ही हम लोगों के यहाँ के लीडर हैं। ओ के? *(खड़े हो जाते हैं)* ठीक है मैं चलूँ, अभी फिर जाना होगा उस घुघुलिया में। फिर से लगभग साठ किलोमीटर का धक्का है। *(निखिल से कहते हैं)* ठीक है भाई बात होगी। *(माधव से)* अच्छा मारिक जी चलता हूँ। मुलाकात होगी।

[नरोत्तम बाहर चला जाता है। माधव सोमनाथ की ओर देखता है। सोमनाथ निखिल की ओर देखता है।]

सोमनाथ : फैंटास्टिक चित्तो। फैंटास्टिक। क्या कर दिया है तूने? निखिल महान। क्या अभिनय है! क्या डिलिवरी है! सुनकर ताज्जुब हो जाता है। फाड़ दिया। नरोत्तम शर्मा पूरा फिदा हो गया। वो टिकट माधव दा के लिए अब निश्चित हो गया है।

चित्तो : निखिल कलकत्ते में थियेटर करता था दादा। इसके बाद निकुंजपुर पंचायत का टिकट पाने की आस में थियेटर छोड़ राजनीति में चला आया टिकट तो अवश्य ही नहीं पाया।

निखिल : वही पुरानी बुद्धि काम में तो लगा ही दी कहो सोमू दा।

सोमनाथ : काम कहो तो काम। कहते हैं—कौआ, गिद्ध, चील। उससे भी बड़ा शिकारी हमारा निखिल।

निखिल : यह क्या दादा, प्रशंसा है कि निन्दा?

सोमनाथ : जो भी हो रे भाई, तुमने आज अन्तिम एक्का मार दिया है।

[नरोत्तम घुस आता है। सभी स्तब्ध हो जाते हैं। सोमनाथ ने नरोत्तम पर ध्यान नहीं दिया। वह बोलता रहता है। टाउन के नेता को टोपी पहना दिया है।]

और यह न हो तो ऐक्टिंग, यह न हो तो बहाना करना, यह न हो तो घासा। बातों-बातों में कह गया है न...

[कहकर वह घूमता है और नरोत्तम को देख पाता है। स्तब्धता। नरोत्तम स्तब्धता भंग करते हैं।]

नरोत्तम : कहावत में क्या कहा जाता है? *(सभी चुप हैं)* वह जो भी बोले, अरे मैं तभी समझ गया। मन की बात क्या मुँह से कही जाती है। बताओ। क्या चित्तो। तुम्हारे हाथ की

उस कर्मसूची की लिस्ट की तरह, है न? सब ही समझता हूँ। बोलता नहीं। यही जाए। यही न? छोड़ो, जाने दो, मैं लौटकर आया। मेरी गाड़ी के बाईं ओर का टायर पंक्चर हो गया है। माधव दा का गैराज कहाँ है? तो निखिल भाई तुम गैराज के बारे में जानते हो क्या?

[माधव अचानक से उठता है।]

माधव : हाँ! हाँ चलिए। मैं दिखा देता हूँ। यहीं निकट ही है गैराज। अरे ऐ सूरज, कहाँ गया रे?

[माधव और नरोत्तम बाहर निकल जाते हैं। चित्तो आदि सोमनाथ की ओर देखते हैं। सोमनाथ धीरे-धीरे चलता है।]

सोमनाथ : टायर हो गया पंक्चर। और मेरा एक पंक्चर हो गया।

[अन्धकार होता है। पार्श्व ध्वनि आती है। जब प्रकाश होता है माधव का वही बाहर का घर दीखता है। माधव गमछे से हाथ-पाँव पोंछ रहे हैं। समझ में आता है कि थोड़ी देर पहले वे लौटे हैं। माधव की स्त्री लक्ष्मी प्रवेश करती है। उनके हाथ में औषधि और गिलास है।)

लक्ष्मी : लो, दवा खा लो।

[माधव आँखों से टेबुल पर रखने के लिए कहते हैं। लक्ष्मी दवा और गिलास टेबुल पर रखती है।]

रात में जब भोजन नहीं करोगे तो एक गिलास दूध अन्ततः पी लो।

माधव : अरे नहीं! वो चित्तो के घर बहुत ज्यादा खिला दिया है। मैंने कहा कि नहीं खाऊँगा फिर भी जबरदस्ती खिला दिया। खाऊँगा नहीं, कहा है, फिर भी जोर देकर खिलाया।

लक्ष्मी : इतना उलटा-पुलटा मत खाओ। सामने इतनी बड़ी परीक्षा है। मैंने घर में तुम्हारे लिए खीर मूढ़ी रखा था। नहीं, बाहर से खाकर आ गए। *(रुकती है। फिर बोलती है)* ओ सुनो, बेला और अमर कल शाम आ रहे हैं। कहते हैं, कई दिन रहेंगे। रिंकू को बेला ने फोन किया था।

माधव : इस समय? क्या मुसीबत है! और समय नहीं मिला?

लक्ष्मी : आ हा! तुम्हारे दामाद-बेटी घर पर नहीं आएँगे?

माधव : यही तो उस दिन जमाई षष्ठी के दिन आकर गए। इतनी जल्दी-जल्दी आने का क्या है? और एक बार आ जाने पर किसी भी तरह से जाना नहीं चाहते। उस अमर की इच्छा ही है कि घरजमाई होकर इसी घर में रहे।

लक्ष्मी : क्या सब बोलते हो न! अमर के पिता का इतना बड़ा चावल का कारखाना है।

माधव : अरे रहने दो तो। चावल का कारखाना! वह तो अमर के पिता का है! अमर स्वयं क्या करता है? ढाक के तीन पात! ऊपर वह तो ससुर के घर में प्रवेश करके हिलना तक नहीं चाहता। पिछली बार देखा न! तीन दिन रहेगा कहके पन्द्रह दिनों तक रह गया। और प्रतिदिन जलपान करने में प्राय: तीस लूची *(मैदे की छोटी पूड़ी)* खाता है मेरा वह दामाद।

लक्ष्मी : ऐसा न करो। तुम्हारी जो चटर-चटर *(चटांग-चटांग)* बातें हैं। शायद एक दिन उसके सामने ही बोल दोगे।

माधव : अरे नहीं-नहीं। उस तरफ से मैं सावधान हूँ। मेरे मन की बात मन में ही रहेगी। वह अमर नहीं समझेगा जी। *(रुकता है। सोचता है)* अच्छा लक्ष्मी–

लक्ष्मी : बोलो।

माधव : ऐसी एक दवा यदि डाक्टर लोग खोज पाते जिसे खाकर लोग क्या सोचते हैं समझा जा सकता, तब तो यह कितनी सुविधा होती!

लक्ष्मी : क्यों। क्या सुविधा होती?

माधव : अहा! वोट के पहले है इसलिए कहता हूँ। लोगों की इच्छा समझी जा सकती। अर्थात् वे लोग मुझे चाहते हैं कि नहीं। और केवल वोट के लिए ही क्यों कहता हूँ। मानो *(सोचता है)*

लक्ष्मी : क्या हुआ—बोलो।

माधव : मान लो मैं किसी पद पर हूँ। मान लो बहुत ही बड़े एक पद के लिए शपथ लेने जा रहा हूँ—ठीक उसी समय मेरे बारे में कौन क्या सोच रहा है यदि जाना जा सकता।

लक्ष्मी : उससे क्या सुविधा होती है? अशान्ति बढ़ जाती, घटती थोड़े ही न।

माधव : नहीं-नहीं, मान लो मैं शपथ लेने जा रहा हूँ। कोई बड़ा समारोह

है। कोई पुरुष पंडित मंत्र बोल रहा है और मैं भी सुन-सुनकर वही मंत्र दुहराते जा रहा हूँ। ऐसे समय में—

लक्ष्मी : ऐसे समय?

माधव : *(दुखी हो जाता है)* नहीं, कुछ नहीं।

लक्ष्मी : सुनो। लोगों के मन को यदि समझ सकते तब झमेला और अधिक होता। सोचा तो हम लोगों का दामाद यदि व समझ लेता कि उसका श्वसुर उसके बारे में क्या सोच रहा है तो सर्वनाश हो जाता।

माधव : अरे धत् तेरी! श्वसुर और दामाद। ऐसा दामाद रहने पर श्वसुर को कोई दवा खाने की आवश्यकता नहीं पड़ती। अधिकांश लोग तब उस दामाद के सामने देखते ही जो मन में आता वही बोलना आरम्भ कर देते।

लक्ष्मी : फिर। मुझे लग रहा है कि हम लोगों का मान-सम्मान अब दामाद के लिए खत्म हो जाएगा।

माधव : कुछ नहीं खत्म होगा। *(रुकता है)* अच्छा लक्ष्मी मैंने कभी तुमसे सत्य की कहानी बताई है। मेरे स्कूल का साथी। स्कूल में पढ़ने के काल में ही पानी में डूबकर मर गया था। कहा है?

लक्ष्मी : क्या जानूँ। मुझे याद नहीं आ रहा। तुम सो जाओ और रात में गत जगो।

माधव : बहुत प्यार करता था सत्य मुझे। क्यों, कौन जाने। जबकि लिखने-पढ़ने में इतना अच्छा था वो। उसका मुझे न देखना ही स्वाभाविक था और मेरे लिए भी उसे न देखना स्वाभाविक था। क्यों स्नेह करता था। मुझे, बताओ तो लक्ष्मी?

लक्ष्मी : नहीं जानती जी। कौन सत्य और क्यों वह तुम्हें प्यार करता था, कैसे बताऊँगी।

माधव : *(स्वगत)* सत्य मरकर कबका भूत हो गया है। छोड़ो।

[रिंकू प्रवेश करती है। उसके कान से फोन लगा है।]

रिंकू : माँ, दीदी ने फोन किया है। कह रही है, वो लोग कल सुबह ही चले आएँगे। भोर में पहली लोकल पकड़ेंगे।

[लक्ष्मी माधव की ओर देखती है। माधव दीखते ही क्रोधित होते हैं।]

लक्ष्मी : यह क्या रे! अच्छा दे फोन।

[लक्ष्मी फोन लेकर बातें करती-करती भीतर चली आती हैं। माधव रिंकू से कहते हैं।]

माधव : तेरी दीदी अभी सुबह से ही आ हाजिर होंगे रे रिंकू?

रिंकू : हाँ। यही तो कहा। उससे तुम क्यों मुँह फुला बैठे?

माधव : नहीं। कल फिर सुबह से ही कितना काम है। वही सोच रहा था।

रिंकू : तो तुम काम पर जाओ न, इससे क्या। ओ पिताजी, सोमू काका बता रहे थे कि तुमने आज भोर में कितना सुन्दर सपना देखा है। भोर के सपने सच होते हैं पिताजी। क्या सपना देखा जी? बताओ न पिताजी।

माधव : आह, वो कुछ नहीं। सोमनाथ को कुछ बताना भी विपद की बात है देख रहा हूँ। संग-संग फैला देता है।

रिंकू : सुनूँ न क्या था? बताओ न पिताजी। सपना क्या था?

माधव : हम्म! अच्छा मान ले रिंकू—तू तो स्कूल में अभिनय-सभिनय करती थी। मैं तुझे दो-एक भंगिमा दिखाता हूँ। तुम देखकर बताना कि यह क्या है या कौन है? समझ गई?

रिंकू : *(सिर हिलाती है)* नहीं, बढ़िया से नहीं समझी।

माधव : हम्म। अच्छा दिखाता हूँ। अच्छा मान ले।

[एक प्रकार से अद्भुत ढंग से चलते हैं माधव। हाथ हिलाते-हिलाते मूक बातें करते हैं। साथ में पार्श्व ध्वनि में हवाई जहाज की आवाज आती है। पार्श्व ध्वनि रुकती है। माधव रुकते हैं।]

माधव : बोल तो यह क्या किया मैंने?

रिंकू : नहीं जानती।

माधव : मैं जांबिया में प्लेन से उतरा। नीचे वहाँ के असंख्य निवासी थे। मुझे देखकर वे भी हाथ हिला रहे हैं। मैं भी उनकी ओर देखकर हाथ हिलाता हूँ। बताओ तो मैं कौन हूँ?

रिंकू : धुर! पिताजी! क्या सब करते हो न! कौन हो?

माधव : अच्छा यह देख—

[भाषण देने की भंगिमा बनाते हैं। कुछ समय हाथ-पैर झटकते हैं। इसके पश्चात् रुक जाते हैं। पार्श्व ध्वनि में तालियों की आवाज आती है। बताओ, देखूँ तो यह क्या है?]

रिंकू : क्या?

माधव : घरहीन दलितजनों के लिए एक गुच्छ रहने के मकान बना दिया। नाम दिया है—'बस्ती में आश्वस्ति'। कैसा नाम है?

रिंकू : नाम तो बहुत ही अच्छा है पिताजी। इसके बाद? इसके बाद?

[घुटना मोड़कर बैठते हैं माधव। इसके बाद किसी से शून्य में जैसे फुसफुसाकर कुछ बोलते हैं। पार्श्व ध्वनि आती है। थोड़ी ही देर के बाद माधव अन्त में उठते हैं। पार्श्व ध्वनि रुकती है।]

रिंकू : यह क्या था?

माधव : नहीं समझा तो? प्रधान जासूस के साथ गोपनीय बैठक किया। जिसमें उसने पाँचसूत्री दवा दी। सुनोगी रिंकू क्या-क्या दवाएँ हैं?

रिंकू : सुना! सुना! जरा मैं भी तो जानूँ।

माधव : पाँचसूत्री है दवाई। नाम दिया है 'सट्टेबाज का मिट्टी पाँच'। कहता हूँ सुन।
एक, विरोध करते ही थप्पड़ मारो।
दो, तेल न देने पर गैरेज करो।
तीन, आन्दोलन का अर्थ ही है कि लॉक अप *(जेल)* में डालो।
चार, जल्दी-जल्दी का भाव करते ही गोदाम में सटाओ।
पाँच, संस्कृति शब्द सुनते ही मुर्दाघर भेजो।
कैसा है?

रिंकू : बहुत अच्छा पिताजी, बहुत अच्छा। और क्या जाना-पहचाना लगता है तुम्हें। ठीक किसी तरह जैसे? किसकी तरह जैसे? अहा! याद नहीं आ रहा है जी।

माधव : जा, सो रह। रात हो गई है। सोते-सोते सोचो ठीक किसकी तरह मैं लगा। जा रिंकू। कल सुबह ही फिर दीदी और दामाद बाबू आ रहे हैं। बहुत काम है। मुझे भी सुबह उठकर सोमनाथ के साथ उस वातापीतला में जाना है। वहाँ के लोग हम लोगों से सम्भवत: क्रोधित हैं। देखता हूँ, बातें करने से मन के गुस्से को भुलाया जा सकता है या नहीं।

रिंकू : अच्छा। मैं सोने गई। तुम भी सो जाओ पिताजी। कल बहुत सुबह ही उठना है। दवा याद करके खा लेना। *(सोचती है)* किसकी तरह जैसे लगा? किसकी तरह?

[चली आती है रिंकू। बडबड़ाते-बड़बड़ाते। माधव अपनी टावेल अपनी चेयर पर रखते हैं। ड्रॉर से एक पान निकालकर मुँह में रख लेते हैं। बिस्तर पर बैठते हैं। पार्श्व ध्वनि आती है। प्रकाश मन्द होता है। सत्य प्रवेश करता है। माधव सत्य की ओर देखते रहते हैं। सत्य हँसता है। उसके बाद माधव के पास आकर बैठ जाता है।]

सत्य : क्या रे माधव? कितने दिनों से मेरी बहुत बात सोच रहा है न?

माधव : बहुत रे सत्य, बहुत। तेरे उस लड़कपन में मरे हुए चेहरे की बात बहुत याद आती है आजकल। झील के किनारे तेरी बॉडी जब जाल में फँसाकर उठाई गई, तेरी दोनों आँखें खुली हुई थीं जानता हूँ। खुला शरीर। किन्तु आँखें दोनों खुली हुई थीं।

सत्य : होगा शायद, मैं तो अपने को देख नहीं पा रहा था। किन्तु तुझे मेरी याद आजकल क्यों अधिक आ रही है बता तो? तुझे तो मेरी याद आने की बात नहीं। तेरी यह पत्नी-बेटी-दामाद से भरा-पूरा संसार है, गल्लाभरा धान, मछलियों से भरा तालाब, इन सबके बीच मैं कहाँ? बिलकुल नहीं।

माधव : है रे सत्य, तू है। जैसे-जैसे उम्र बढ़ रही है, तेरी बातें याद आ रही हैं भाई रे! बचपन में उस झील के मैदान में फरफराते हुए सफेद नाव के पालों की तरह फड़फड़ाती वर्षा, कमला ताल के ऊपर से अपनी आवाज निकालते हुए उड़कर जाते हुए मछली की रांगार झाँक, फुटबाल मैदान में कीचड़ लगे चमड़े की गेंद को घुटने भर जमे पानी के भीतर से लात मारना, पन्द्रह अगस्त को स्कूल में झंडारोहण के बाद शाल पत्ते में मिले उसी धूप में आलूदम का तीखा कसैला स्वाद, तुम लोगों के बगल के घर के सुभाष काका का हठात् एक दिन अचानक से पागल हो जाना—ये सारे और भी अधिक कर देख पा रहा हूँ रे भाई! क्यों ऐसा हो रहा है बता तो सत्य?

सत्य : अच्छा है। ये बातें याद आनी अच्छी है। तो इतनी जो मेरी बातें सोच रहे हो तो क्या चाहता है तू मुझसे?

माधव : वही तो समझ नहीं पा रहा। क्यों तेरी बातें ही सोच रहा हूँ आजकल इतना?

सत्य : तू असल में मुझसे कुछ चाहता है रे माधव!

माधव : क्या चाहता हूँ? क्या देना रह गया तुझे मुझे। कुछ नहीं।

सत्य : है रे बाबा! मेरा नाम ही तुझे देना है। वही तो प्राय: भूलता जा रहा है आजकल।

माधव : वो सब छोड़। क्या चाहता हूँ मैं तुझसे—तुझे क्या लगता है?

सत्य : बताऊँ? समझ नहीं पा रहे हो तो? मैं जानता हूँ माधव, तू मुझसे क्या चाहता है?

माधव : क्या?

सत्य : *(हँसता है)* तेरी पत्नी ने तुझे जो प्रेसर की दवा दी है वह आज मत खा। उसके बदले यह ले *(पॉकेट से बाहर निकालकर और एक औषधि देता है)* यह खा।

माधव : इसे खाने से क्या होगा।

सत्य : यह खाने से *(रुकता है)* आएगा।

माधव : कौन आएगा?

सत्य : आएगा। अलादीन आएगा।

माधव : अलादीन। कौन अलादीन?

सत्य : माधव तू भूल गया। बंशी जमींदार की टूटी चारदीवारी के किनारे तुझे अलादीन की कहानी क्लास सेवेन में पढ़कर सुनाई थी। मेरे मुँह से वह कहानी सुनकर तू अवाक् हो गया था। भूल से मार दिया? अलादीन और उसका जादुई प्रदीप। क्या, याद आ रह है?

माधव : हाँ-हाँ, याद आ रहा है। वह जादुई प्रदीप उससे जो माँगूँगा वही पाऊँगा।

सत्य : सही है। आज रात अलादीन तेरे घर आएगा रे! सच! सिर्फ यह दवा खाली खा ले एक बार में ही टुक करके।

माधव : अच्छा क्या कहता है? उसके बाद?

सत्य : वह आकर तुझे वही जादुई प्रदीप देगा। उस प्रदीप को हाथ में लेते ही लोग तेरे बारे में असल में जो सोचते हैं तू सब समझ सकेगा। लोक मन देख पाएगा रे माधव! एकदम जल की भाँति निर्मल परिष्कृत रूप में देख पाएगा।

माधव : ऐसा? सच बोल रहा है न सत्य?

सत्य : हाँ रे! फिर उस दीपक के हाथ से उतारकर रखने पर तू फिर लोगों के मन की बात नहीं सुन पाएगा। हाथ में लेते ही फिर सुन पाएगा। किन्तु सावधान, अलादीन किन्तु तुझे वह दीपक एक दिन के लिए ही देगा। कल रात मैं फिर तेरे पास आऊँगा। तब

भी यदि तूने कहा कि वो दीपक तुझे चाहिए तो वह छह महीनों के लिए दूँगा। छह माह फिर आएगा। तब भी यदि तू बोलेगा हाँ, चाहिए, तब वो उस समय उसका समय एक वर्ष बढ़ाएगा।

माधव : बाबा अलादीन रिजर्व बैंक का गवर्नर है क्या रे!

सत्य : हो सकता है। तब ठीक है। जै राम कहकर दवा निगल जा। प्राय: बारह बजे हैं। कल रात फिर मुलाकात होगी। टा टा। चलूँ रे माधव!

[सत्य चला जाता है। माधव बैठकर कुछ क्षणों तक सोचते हैं। पार्श्व ध्वनि आती है। माधव दवा को उलट-पलट कर देखते हैं। इसके बाद जल के साथ दवा खा लेते हैं। उनका सिर चकराना शुरू होता है। वे बिस्तर पर लेट सो जाते हैं। पार्श्व ध्वनि बढ़ जाती है। अलादीन प्रवेश करता है। उसकी देह पर अद्‌भुत एक पोशाक है। वह सम्मोहन करने की मुद्रा में हाथ से माधव को पुकारता है। माधव सम्मोहित हुए आदमी की तरह उठ बैठते हैं। अलादीन अपनी पॉकेट से दीपक बाहर निकालकर माधव के हाथ में देता है। माधव दीपक देखते हैं। अलादीन उसका मंत्र पढ़ता है।]

अलादीन : तुम्हारी छाया हूँ मैं, तुम हो गुरु।
जितना भी काटो न क्यों नहीं होऊँगा गाय मरी॥
इतने दिन रहा झूठ-मूठ का बचकर।
मर जाकर बचूँ फिर मनोयोग देकर॥
किसी बात पर कान न दो सब रह जाती है भूलकर।
अस्थि हाड़ जला दूँगा टूक-टाक योग कर॥
जलकर बच उठूँ लेकर राग अनुराग।
यह लो जला रखो अनन्त चिराग॥

[अलादीन माधव के हाथ में दीपक रख चला जाता है। पार्श्व ध्वनि रुक जाती है। भोर बेला का प्रकाश मंच पर आ पड़ता है। माधव सो रहा है। कुछ क्षणों तक नीरवता रहती है। बाहर से दामाद अमर प्रवेश करता है।]

अमर : पिताजी, ओ पिताजी, पिताजी—

[माधव उठते हैं। देखते हैं। आँखें मीचते हैं।]

माधव : कौन?

अमर : *(माधव को प्रणाम करता है)* मैं पिताजी, आपका दामाद अमर। हम लोग सुबह आ पहुँचे हैं। सोचा थोड़ी देर बाद ही तो काम के लिए बाहर चले जाएँगे आप। इसीलिए एक बार मुलाकात कर लूँ।

[माधव स्थिर दृष्टि से अमर को देखते हैं। हठात् जैसे उन्हें कुछ याद आ गया, टेप से सत्य की आवाज आती है, "उस दीपक को हाथ में लेते ही लोग तेरे बारे में असल में जो भी सोचते हैं तू सब समझ सकेगा। फिर उस दीपक को हाथ से उतारकर रखने पर तू फिर मन की बात नहीं सुन सकेगा।" टेप रुक जाता है। माधव अमर की ओर देखते हैं। इसके बाद खाट के निकट कुछ जैसे ढूँढ़ते हैं। अलादीन द्वारा दिए हुए दीपक को देख पाते हैं। माधव दीपक को दोनों हाथों से उठाते हैं। अमर की ओर देखते हैं। साथ-साथ टेप पर अमर की आवाज आती है। बुड्ढे राम। आठ बजे तक पिछवाड़ा उठाकर सो रहा है! किसी बात का खयाल है इस व्यक्ति को? माधव विस्मित हो उठते हैं। उनके हाथ से खिसककर दीपक गिर जाता है। अमर मजाक मुद्रा में माधव से कहता है।]

: क्या हुआ पिताजी। तबीयत खराब लग रही है क्या?

[माधव विह्वलता से सिर हिलाते हैं। अमर कहता है।]

: देखिएगा, उम्र हो गई है न, सावधानी से रहिएगा। आपके लिए मुझे बहुत चिन्ता रहती है। सुबह उठकर आप रोज एक गिलास आँवले का शर्बत पीया करें। शरीर पूरा तेज टट्टू की तरह रहेगा।

[माधव दीपक खाट पर ढूँढ़ते हैं। देख पाते हैं। फिर उसे उठाकर अमर की ओर देखते हैं। टेप पर अमर की

आवाज आती है। अमर के मन से निकली आवाज। रुक-रुक कर बातें बोलता है अमर। "इस ओर माल सरकाने का नाम नहीं ले रहा है। ओ रे तेरी उम्र हो गई है। इस बार तो खिसक जा। सम्पत्ति सारी समझ लेंगे! और तुम्हारी बेटी की आदतें जानते हो। आज दस साड़ी खरीदती है तो कल दस भरी गहने। उसकी बात नहीं (समझते) इस उम्र में बूढ़े फिर से वोट लड़ने चले हैं। वो फिर तुरत पलट गया है। बूढ़ा बदमाश है। इधर मुझे घरजमाई बनाकर नहीं रख पाता। ऐसा वह नहीं करेगा हरामी। और इस बारे में तो मुँह से कुछ बोलता ही नहीं।" माधव अब तक विह्वल होकर सुन रहे थे, हठात् वे गरज उठे।]

माधव : वह मतलब मैं क्या तुम्हारा जानता नहीं सोचते हो? मैं सब समझता हूँ। सब की खबर पाता हूँ।

[अमर अवाक् होकर माधव की ओर देखता है।]

अमर : आँ। कुछ कहा पिताजी आपने? मुझसे कुछ कहा?

[टेप पर फिर से अमर की आवाज आती है, "बोल, बोल, क्या बोलेगा, बोल? निश्चित ही गरमी से पागल हो गया है? तुम्हारा दिमाग खराब हो गया है तो? जयगुरु। जय निताई। कर दो गैंडे ससुर का दिमाग खराब, कर दो प्रभु। तुम्हें दस रुपए नहीं पाँच रुपए दूँगा।" माधव जल्दी से दीपक खाट के नीचे फेंक देते हैं। अमर उठाकर माधव को पकड़ाता है।]

: क्या हुआ है? क्या हुआ है पिताजी? आपको कुछ हुआ है।

[माधव फिर अपने दीपक की तरफ देखते हैं। एक बार पकड़ने जाते हैं। किन्तु पकड़ते नहीं। अमर की ओर देखते हैं। उसके बाद पागलों की तरह हठात् हँसना शुरू करते हैं। पार्श्व ध्वनि आती है।]

: पिताजी, पिताजी आपको क्या हुआ? पिताजी।

[थोड़ी देर अमर माधव को झकझोरता है। माधव हँसते ही रहते हैं। अमर माँ, माँ, बोलते हुए विलाप करते दौड़ते अन्दर चला जाता है। नेपथ्य से लक्ष्मी की आवाज आती है। 'क्या हुआ जी' क्या हुआ तुम्हें? माधव हँसी रोकते हैं। विस्मित हो जाते हैं।]

माधव : नहीं, मैं नहीं सुनूँगा। किसी भी प्रकार लक्ष्मी के मन की बात नहीं सुन सकूँगा।

[बोलकर माधव घर के अन्दर दौड़ना शुरू करते हैं। लक्ष्मी प्रवेश करती हैं। वे भी माधव के पीछे दौड़ना शुरू करती हैं। मुँह से बोलती रहती हैं, "अजी तुम्हें क्या हो गया जी/ अजी, तुम क्या पागल हो गए? क्या जी। रुको न! इस तरह दौड़ क्यों रहे हो?" कुछ क्षणों तक दोनों जन दौड़े। उसके बाद माधव हठात् जोर से बोल उठे, 'रुको'। रुको कहकर वे स्वयं रुक जाते हैं। लक्ष्मी भी रुक जाती हैं। पार्श्व ध्वनि भी थम जाती है। लक्ष्मी अवाक् होकर माधव की ओर देखती है। माधव लक्ष्मी को अपने होंठ पर अंगुल रखकर चुप रहने को बोलते हैं। धीरे-धीरे माधव खाट के निकट जाते हैं। दीपक उठाते हैं। लक्ष्मी की ओर देखते हैं। टेप से लक्ष्मी की आवाज आती है। "बार-बार कहा था कि रात में बाहर बेकार की चीजें न निगलना। पेट गरम हो जाएगा। उम्र हो रही है। अब भी यदि अपना खयाल नहीं करेगे तब कब करेंगे। क्या हुआ? यह आदमी क्या पागल हो गया।" माधव लक्ष्मी की ओर देखते हैं। धीरे से दीपक खाट पर उतारकर रख देते हैं। तत्पश्चात् लक्ष्मी को गले लगाकर दबोचते हुए रो पड़े। पार्श्व ध्वनि आती है। लक्ष्मी अवाक् होकर माधव से कुछ बोलती रहती है। पर्दा गिरता है।]

विरति

द्वितीयार्द्ध

[पर्दा उठने पर पिछले मंच पर माधव की पार्टी का ऑफिस दीखता है। एक कोने फारूक और बासु अपने में ही धीमे स्वर में बातें कर रहे हैं। और भी एक-दो जन हैं। एक कोने परितोष नामक एक व्यक्ति बैठे हैं। चित्तो प्रवेश करता है।]

चित्तो : *(फारूक आदि से)* यही तो तुम लोग यहाँ हो। गुड। अटेंशन प्लीज़।

[फारूक के पास बैठे सभी चित्तो की ओर देखते हैं। चित्तो परितोष को देखकर चौंक जाता है।]

आप?

परितोष : मुझे माधव बाबू से थोड़ा काम है। मैं यहाँ पीछे ही रहता हूँ। काबली बागान में। नया-नया आया हूँ। आप लोगों को मैं पहचानता हूँ। आप तो चित्तो बसाक हैं।

चित्तो : हूँ। *(फारूक दल से)* अटेंशन प्लीज़। माधव दा की आज सुबह से तबीयत बहुत खराब है। थोड़ी देर पहले डाक्टर देख गया है।

फारूक : यह क्या? क्या हुआ है?

बासु : ऐसा है क्या? मैं तो जानता नहीं।

और एक लड़का : कल रात में भी तो गुरु एकदम फिट थे। तब?

चित्तो : नहीं-नहीं, चिन्ता की कोई बात नहीं। माधव दा थोड़ी देर बाद ही पार्टी ऑफिस में आ रहा है। सोमनाथ सुबह से माधव दा के घर पर हैं। नहीं, डाक्टर-वाक्टर सब बुला लाया है। वैसा सीरियस कुछ नहीं है। लगता है पेट गरम हो गया है। कल रात में मेरे घर पर थोड़ा अधिक ही पी ली थी माधव दा ने।

बासु : क्या खिलाया था कल बॉस?

चित्तो : वो ठीक है। वैसा कुछ नहीं है। कल मेरे घर चाइनिज बना था। तुम लोगों की भाभी ने टी. वी. देख-देख कर सीखा है। हक्का चाऊ विथ चिकेन। गँवई रेसिपी। *(गन्जो रेसिपी)* हम

लोगों के समय गन्जो प्रिपरेशन सुपर हिट है। *(परितोष से)* आपको माधव दा से क्या काम है?

परितोष : हाँ। वह काम तो है, क्या जानते हैं वह कब आएँगे। एक—

चित्तो : आप तब प्रतीक्षा करें। दादा *(भैया)* थोड़ी देर बाद आएँगे। इसके अलावा हम लोगों के टाउन के नेता नरोत्तम शर्मा भी आ रहे हैं। माधव दा के संग उनसे भी क्या काम है।

बासु : यह क्या? आज फिर *(नर उत्तम नर)* नरोत्तम आ रहा है?

चित्तो : हाँ, कल रात में तो नरोत्तम दा घुघुलिया में रुक गए थे। हम लोगों के ब्लॉक मेम्बर सनातन आचार्या के घर। आज सुबह मुझे फोन किया था टाउन में लौट जाने के रास्ते में एक बार यहाँ झाँकते जाएँगे। ये फारूक आज प्रापर कागज-पत्र रेडी रखना। कल किन्तु थोड़ा सा और हो जाता तो मामला बिगड़ जाता।

बासु : चित्तो दा, मेरा एक प्रपोजल है।

चित्तो : कह डालो।

बासु : आज शाम तो पूर्वपाड़ा में हम लोगों का वो योगा-वर्कशाप का उद्‌बोधन है। वहाँ नरोत्तम शर्मा को ले चलना अच्छा होता न?

चित्तो : नॉट ए बैड आइडिया। उससे ही फीता कटवाया जाए क्या कहते हो? प्लरा वो किसी एक आसन का डेमो दे दे। सुप्तहलासन का।

फारूक : नहीं-नहीं, नरोत्तम से कुक्कुटमार्तंडासन कराओ। उसे देखना भी अच्छा लगेगा।

बासु : मेरे विचार से गुप्तपवन मुक्तासन कराओ। उसके पहले स्टेज पर बैठकर चार-पाँच उठक-बैठक और सपाट मार ले। *(करके दिखाता है)*
अरे-अरे! जम जाएगा।

[परितोष अब तक अस्थिर हो रहा था। वह अब बोलता है।]

परितोष : अच्छा दादा, आजकल इस योगा का, लगता है, बहुत बाजार है। है न?

चित्तो : क्या कह रहे हैं? होल वर्ल्ड इस समय इधर दौड़ रहा है।

परितोष : नहीं, वही सोच रहा हूँ। शेष सारा भागा। रन टू योगा।

फारूक : क्या? क्या सोच रहे हैं?

परितोष : यदि एक एजेंसी खोली जाती?

बासु : किस चीज की? उस योगा की एजेंसी?

परितोष : नहीं-नहीं। योगा गुरु का। वह जैसे ड्राइवर या खलासी होते हैं न। उसी प्रकार विभिन्न टारिफ *(मूल्य)* के योगा गुरुओं की क्लायंट लोगों के लिए सप्लाई करता। सिर्फ आसन, इतने रुपए। आसन प्लस ध्यान प्लस गले से ध्वनि निकालना—

चित्तो : धुत् साब। लोग एजेंसी से गुरु क्यों लेंगे। तब हाँ, योगा का एक सिंडीकेट खोलना शराब नहीं होता। काइंड ऑफ फ्रेंचाइजी। अच्छा आइडिया दिया है भाई आपने।

[पार्श्व ध्वनि आती है। बाहर से माधव और सोमनाथ प्रवेश करते हैं। सोमनाथ ने माधव को पकड़ रखा है। माधव प्रवेश करते ही सभी को देखते हैं। उसके बाद माधव कुर्सी पर बैठते हैं। उन लोगों की ओर देखते हैं। पार्श्व ध्वनि में नाना प्रकार के शब्द, बातें हैं। जैसे एक ही संगमिश्रित होकर एक-दूसरे से लिपट गए हैं। साथ ही एम्बुलेंस की ध्वनि भी साथ है। कुछ ही क्षणों में पार्श्व ध्वनि थम जाती है।]

चित्तो : बैठो, माधव दा बैठो। तबीयत अभी ठीक है।

फारूक : कैसी सूरत बन गई है जी दादा।

बासु : थके हुए लगते हैं दादा, कितनी बार टायलेट गए दादा।

सोमनाथ : नहीं-नहीं, अब ठीक है। कहावत है न! खाएँ खीरा खट्टा दही। पेट न करे जी और कुईं कुईं। क्यों माधव दा?

[माधव उन लोगों की ओर देखते हैं। नीरवता हो जाती है। कुछ सोचते हैं। इसके बाद पॉकेट से दीपक बाहर निकालकर दोनों हाथों में पकड़ते हैं, नेपथ्य से एक गीत सभी के मिले-जुले स्वर में गूँजता है।]

समवेत गीत : गुरु दो। दो। दो
और दो दो दो।
प्रात: उठकर ही बोल पाऊँ
काना खाना गाना धाना।
लेम्चा से लेकर मिहिदाना।

अचार के संग बेल का पना
कैसा लगे मकर का छौना
खाओ खाओ खाओ।
गुरु दो। दो। दो।
सभी मिलकर पत्तल फैलाये
खाओ खाओ और भी खाओ।
गुरु लो। लो। लो।
लोगों को देकर शंकर अधेला
शेष में रख लो, बारह आना
पॉकेट भराओ। भराओ। भराओ।
काना खाना गाना धाना।
लेम्चा से लेकर मीहींदाना।
अचार के संग बेल का पना
कैसा लगे कुम्हड़ा-छेना।
खाओ। खाओ। खाओ।
गुरु दो। दो। दो।

[समवेत ध्वनि जब तक बीभत्स सोच्चार रूप ग्रहण करती है तब माधव जोर से चीत्कार करते हैं 'रुको'। गीत रुक जाता है। नीरवता छा जाती है। माधव फिर चीखते हैं 'रूक जाओ तुम लोग'। उस चीख से माधव का दीपक टेबुल पर गिर पड़ता है। सभी अवाक् होकर एक-दूसरे की ओर देखते हैं।]

चित्तो : दादा *(भैया)* हम लोग तो चुप ही हैं। किसी ने भी तो कुछ नहीं बोला। सभी यहाँ चुपचाप हैं। यह देखिए आपको क्या हो गया?

सोमनाथ : माधव दा। अरे ऐ माधव दा!

[माधव सुधी (संवित) वापिस पाते हैं। शीघ्रता से दीपक को कुर्ते की जेब में भर लेते हैं। उन लोगों की ओर देखते हैं।]

माधव : नहीं, ठीक है। मुझे लगा जैसे बाहर कोई गीत हो रहा है। बहुत ही अश्लील गीत।

बासु : गीत। बाहर?

माधव : हाँ। और अत्यन्त अश्लील। हम लोग जो सांस्कृतिक वातावरण पसन्द करते हैं उसके एकदम ही विरुद्ध था।

फारूक : किन्तु कोई गीत तो हो नहीं रहा है दादा। बल्कि—बहुत चुप्पी है। बीच-बीच में सिर्फ एक बात-बोल पुकारती है। कहती है—

माधव : दो। दो। दो। यही न?

चित्तो : क्या, जो न बोलते हों गुरु। पक्षी क्यों दो-दो करेगा? पक्षी तो मधुर गीत या आवाज सुनाते हैं। कैसे बोल रहा है सुनो।

परितोष : हाँ। वही तो। वही तो पंछी बोल रहा है। बहू-कथा—कहो मेरी ही उसके साथ गाने की इच्छा हो रही है। *(गाने लगता है)*। "तुम्हारी पुकार का जवाब देना रह ही गया। रह ही गया।"

माधव : आह! रुको भाई। परितोष को देखता है माधव कौन हैं, भाई आप?

परितोष : मैं यहीं निकट ही रहता हूँ। कावली बागान में। आपसे थोड़ा काम था सर।

[इसी बीच सोमनाथ माधव के कानों में कुछ कहते हैं। माधव कन्धा उचकाते हैं। सोमनाथ निकल जाता है। माधव परितोष से कहते हैं।]

माधव : हाँ, कहिए।

परितोष : हाँ, कहता हूँ। *(रुकता है। इसके बाद बोलता है)* 'केलिनूदन्त'।

माधव : क्या?

परितोष : वही जो 'पी' टीवी का नया प्रोग्राम है। हँसी का एक शो होता है न। हर शनिवार की शाम आठ बजे। 'केलिनूदन्त।'

माधव : हाँ तो?

परितोष : नहीं, उसमें मेरा लड़का गीत गाने और दो जोक्स बोलना चाहता है सर! इस उम्र में ही वह जितना हँसा पाता है कि क्या कहूँ सर? लोग सुनते ही हा हा हा करके हँसते हुए एक-दूसरे पर लोट जाते हैं। मुहल्ले में उसका नाम ही पड़ गया है खोचू सोना।

माधव : खोचू?

परितोष : माने खच्चर है। बहुत स्वीट खच्चर है मेरा बेटा। और उसका कॉमिक देखकर आपका यह पगला जाना फुल सेटिंग हो जाएगा सर।

माधव : पगला जाना?

परितोष : नहीं। मतलब आपका यह जो पेट गरम हो गया था न? अब

तो आप सर एकदम फिट हैं। फुल फिट हैं न? पूरा मिल्की सफेद की तरह चमक रहे हैं माँ कसम सर!

माधव : ओ! तो मुझसे क्या चाहिए?

परितोष : नहीं। सुना है कि उस 'पी' टीवी के 'केलिनूदन्त' माने उस प्रोग्राम का जो डायरेक्टर है वह आपका परिचित, बहुत परिचित है। तो आप मुझे यदि एक पत्र दे दें तो मेरा बेटा उस प्रोग्राम में एक-दो जोक बोल सकेगा सर! साथ ही गाना भी गा पाएगा।

माधव : तो आपका बेटा कौन गीत गाता है?

परितोष : रवींद्र संगीत, सर! होल सेल रवीन्द्र संगीत। हम लोगों की फुल फेमिली सर! कॉलर ट्यून तक मेरे बेटे ने रवींद्र संगीत का ही सेट कर रखा है सर! *(गाता है)* "ये छोटे-छोटे पाँव चलते-चलते ठीक पहुँचेंगे जाय।"

माधव : आह! यह है रवींद्र संगीत?

परितोष : वही तो जानता हूँ सर! नहीं? जिस तरह बाजार गिरा है, आप भी चाहें तो एक या दो रवींद्र संगीत लिख दे सकते हैं सर! आपके गाने से तो हैवी चलेगा भी। *(रुकता है)* दीजिए सर एक पत्र लिख दीजिए। बेटा मेरा श्यामा संगीत और नजरुल गीति के साथ जो ट्वीस्ट करके नाचता है न, सोच नहीं पाएँगे सर! देखकर पूरा छिटककर छह हो जाएँगे।

माधव : श्यामा संगीत के साथ ट्वीस्ट?

परितोष : और अतुल प्रसाद के साथ ब्रेकडांस। देखेंगे न सर?

माधव : यह क्या? आप भी नाचते हैं क्या?

परितोष : मैं ही तो उसका कोच हूँ सर! बचपन से ही मेरी ट्रेनिंग में तैयार हुआ है। नहीं तो इतनी कम उम्र में इतना बड़ा सिलेब्रिटी होगा कैसे वो? *(उठते हैं)* नाचूँ सर? देखिएगा?

माधव : नहीं-नहीं, रहने दें। रहने दें।

परितोष : दें सर! लिख दें सर! कल्चर के अलावा हम लोग कुछ और सोच ही नहीं सकते सर! हम लोग फुल फेमिली सर कल्चर्ड। मैं, पत्नी, मेरा बेटा, साली, साढ़ू, सभी। कल्चर पर ही हम हैं सर!

माधव : अच्छा, रवींद्र संगीत? कल्चर?

[फिर टेबुल से दीपक ले पकड़ते हैं माधव। साथ-साथ परितोष की आवाज टेप से आती है, "रवींद्र संगीत? कल्चर? उन्हें धोकर क्या पानी पीऊँगा? दो

रुपए नगद घर में आएँगे? मुँह से कहूँगा रवींद्र संगीत, किन्तु अन्दर ही अन्दर चलेगा रम्भा हो हो। अरे भाई रवींद्रनाथ में क्या है? क्या? हुँह। रवींद्रनाथ। वरण पब्लिक जो चाहती है मेरा बेटा वही करेगा रे हरामी। (नाथ गाता है परितोष के मन का) पगले, थोड़ा सा कर ले रोमांस।" दीपक हाथ से उतारकर रख देते हैं माधव। परितोष का गाना रुकता है। माधव थोड़ा-थोड़ा (मन्द) हँसी हँसते हुए शुरू करते हैं।]

परितोष : क्या हुआ, हँस क्यों रहे हैं सर? मेरी बात पर विश्वास नहीं हो रहा? सर, सुनिए सर! मेरा बेटा मन प्राण *(जी-जान)* से आप लोगों का ही बेटा है सर। आप लोगों की ही राजनीति पर विश्वास करता है। आप लोगों का आदर्श, आप लोगों का मूल्यबोध, आप लोगों का त्याग, आप लोगों का वह क्या कहते हैं, दर्शन इन सबके अलावा कुछ नहीं समझता मेरा परिवार। पत्र लिख दें सर, दया करके।

[माधव फिर हँसते हैं। दीपक परितोष की ओर उठाते हैं। टेप पर परितोष का स्वर सुनाई पड़ता है, 'फालतू ', यही विश्वास करता हूँ तेरा। पत्र तो पहले लिखवा लूँ, काम तो हासिल कर लूँ, उसके बाद तुझे वोट देना तो दूर की बात है, तेरा एंटीकैम्पेन करूँगा रे माधो बूढ़े। वोट देना होगा तो तेरे विरोधी को दूँगा। हिन्दू होकर भी मुस्लिमों के संग घूमते हो तब भी तुझे वोट? 'कभी नहीं'। माधव दीपक उतार देते हैं। परितोष की ओर देखकर हँसते हैं। उसके बाद बोलते हैं।]

माधव : वाह! चमत्कार!

परितोष : क्या? क्या सर? नहीं देंगे पत्र?

माधव : निश्चित ही दूँगा। आपको नहीं दूँगा तो किसे दूँगा? इतने बड़े कल्चरल आदमी हैं आप, उस पर से मेरे प्रति इतनी श्रद्धा रखते हैं आप, निश्चित ही दूँगा।

परितोष : तब कब आऊँ सर?

माधव : परसों आइए। घर पर। संध्या के बाद। यही आठ बजे के आसपास।

परितोष : आठ बजे? साढ़े आठ बजे से थोड़ा बाद में आऊँ सर? असल में उस समय मैं और मेरी पत्नी वो सुपरहिट सीरियल 'लोम फोड़ा' को देखते हैं। साढ़े आठ बजे शेष होता है। क्या करती है बताएँ वह लड़की तोतारानी है क्या बात करते ही मेरे परिवार की आँखों में जल *(आँसू)* भर जाता है सर!

माधव : अच्छा है तो। नौ बजे ही आइए। मैं अकेला ही रहूँगा घर पर। असुविधा नहीं है।

परितोष : अकेले? ओ समझा। *(आँख मारता है माधव को। गाना गाता है)* "खेलूँगा होली रंग नहीं लगाऊँगा, ऐसा कभी होता है?" वो सब हो जाएगा सर, सब कर दूँगा। सिर्फ एक सिफारिश है।

माधव : अच्छा! अच्छा। हो जाएगा। चिन्ता न करें। आइए भाई।

बच्चा : दादा! नरोत्तम दा घुघुलिया से आ गए हैं।

परितोष : ओ, ऐसा है क्या? इतने बड़े लीडर टाउन से आए हैं। एक बार देखकर जाऊँ सर?

[माधव के उत्तर देने के पहले ही बाहर से नरोत्तम प्रवेश कर आ गए।]

नरोत्तम : क्या बात है माधव बाबू, आपकी शायद तबीयत खराब है? सुबह चित्तो ने बताया। सोचा, एक बार मिलता चलूँ आपसे। रास्ते में ही तो पड़ता है। चित्तो थोड़ी चाय पिलाओगे क्या?

चित्तो : अवश्य ही दादा।

[आँख से इशारा करता है चित्तो। वह सन्देशवाहक बच्चा और बासु बाहर चले जाते हैं।]

नरोत्तम : सुनिए, माधव बाबू टेंशन न लें। मैं जानता हूँ आप किस बात से चिन्तित हैं। कल तो आपसे कह गया था। मुझे जहाँ बोलना है सब बोल रखा है। अरे मोशाय दिल्ली तक मेरा कंट्रोल है। यह व्यक्ति केवल सोचता है। *(माधव म्लान हँसी हँसते हैं)* उसके बाद दीपक हाथ में नरोत्तम की ओर करके पकड़ते हैं नरोत्तम का स्वर टेप से आता है, "टिकट? पहले माल ढीला कर, तब तो टिकट? दो बेला इतना तेल जलाकर आ रहा हूँ, यह बैल तो कुछ नहीं समझता। अरे कुछ तो अन्तत: एडवांस दे। पार्टी बदला है तो क्या सिर खरीद लिया है। काम के समय

जब मैं भी नजरें फेर लूँगा, तब समझोगे कि यह नरोत्तम शर्मा क्या चीज है? दे भाई अन्तत: कुछ तो खिसका।" माधव दीपक रख देते हैं। नरोत्तम मुँह से बोलता रहता है।

नरोत्तम : सब मेरे कंट्रोल में है। सब। मैं पास के गाँव से जीतकर उठा हूँ माधव भाई। सोचकर देखिए, इस आस-पड़ोस के गाँव-देहात से मैं कितनी दूर गया हूँ। मेरे कैलिवर के बारे में सोचकर देखा है? इसके अलावा आजकल टी वी मीडिया आदि में भी अपीयर हो रहा हूँ। टॉक शो में। अच्छा ही बोल लेता हूँ शायद। लोग तो यही कहते हैं। अब मुझे सभी पहचानते हैं। समझ रहे हैं?

[माधव म्लान हँसी हँसते हैं। उठकर खड़े होते हैं। पार्श्व ध्वनि आती है। नरोत्तम की ओर माधव उँगली उठाते हैं। कहते हैं।]

माधव : गद्दार।

[नरोत्तम बोलता जा रहा था। वह घबड़ा गया। कहता है।]

नरोत्तम : क्या?

माधव : बेईमान। दो नम्बरी हरामी।

नरोत्तम : यह क्या, यह सब क्या बोल रहे हैं?

चित्तो : क्या हो रहा है माधव दा, क्या? आप दादा को कह क्या रहे हैं?

माधव : ठीक बोल रहा हूँ। नेता? नेता हुए हो? हरामी नरोत्तम।

नरोत्तम : बहुत सावधान हो माधव बाबू। जुबान सँभालकर बात बोलिए।

माधव : अच्छा करूँगा, बोलूँगा। गद्दार पलटीबाज।

नरोत्तम : मैं पलटीबाज, न कि आप? खुद पलटी मारकर मुझे पलटीबाज कहते हैं?

माधव : मैंने सबके सामने पलटी खाई है सूअर! सामने से छूरी मारता हूँ मैं और तू तो आदमी को पीछे से मारता है। विश्वासघाती छछूँदर!

[बासु आदि चाय लेकर प्रवेश करते हैं। माधव एक गर्जन से उन्हें रोकते हैं। पार्श्व ध्वनि भी धीमी हो जाती है।]

माधव : ऐ खबरदार! मेरे पार्टी ऑफिस में उसे चाय देना तो दूर की बात है, एक टुकड़ा बिस्कुट तक उसे न दिया जाए।

नरोत्तम : *(उठकर खड़ा होकर छाता समेटता है)*
यह एक बड़ा अपमान है। टिकट की बात भूल जाइए माधव बाबू। टिकट? मैं आपके विरुद्ध कमीशन बैठाऊँगा। मामला करके उत्पीड़ित करूँगा। अरेस्ट कराऊँगा। आप राजनीति करते हैं मैं देख लूँगा।

[शोर-शराबा होता है। चित्तो वगैरह नरोत्तम को बाधा देते हैं। नरोत्तम चीखता है। माधव भी। नरोत्तम को लेकर चित्तो वगैरह बाहर चले जाते हैं। मंच पूरा खाली हो जाता है। कराह भरी नीरवता। खाली मंच से माधव पुकारता है।]

माधव : और कोई है? और कोई प्रत्याशी? कोई विद्वान आदमी नहीं? विद्वान जन? मन की बात उनकी थोड़ी सुनता।

[अन्य एक पार्श्व ध्वनि आती है। सोमनाथ प्रवेश करता है। वह हाथ हिलाकर जैसे किसी को बुलाता है।]

: *(अवाक् हो बोलते हैं)* कौन?

[सोमनाथ फिर हाथ हिलाता है। एक भद्र महिला प्रवेश करती है। माधव सोमनाथ की ओर देखता है। पार्श्व ध्वनि रुकती है।]

सोमनाथ : पहचान नहीं पाए माधव दा? मौसी माँ हैं। तुम्हारे स्कूल के साथी सत्य दा की माँ।

[माधव जल्दी से उठते हैं। जाकर मौसी माँ को पकड़ लेते हैं।]

माधव : मासी माँ। मासी माँ आप?

मासी माँ : हाँ बाबा, यह सोमू बता रहा था कि तुम शायद मुझे ढूँढ़ रहे हो। सोचा जाकर एक बार मुलाकात कर आऊँ। तुम्हारी दया से ही तो जी रही हूँ।

माधव : छी:-छी: यह सब क्या बोल रही हैं मासी माँ। मैं तो कुछ नहीं कर पाया। आपके लिए जानती हैं मासी माँ आजकल सत्य की याद बहुत आती है। आप कैसी हैं।

मासी माँ : यही जैसा देख रहे हो। वैसी ही हूँ। सत्य की बात याद है तुम्हें?

माधव : क्या कहती हैं मासी माँ? सत्य को भूल जाऊँगा? उसके जैसा अच्छा बेटा कितने थे बोलिए हमारे स्कूल में?

मासी माँ : *(निःश्वास छोड़ती है)* हाँ बाबा। वो-वो तुमसे बहुत प्यार करता था/ बहुत बताता था तुम्हारी बातें। तुम्हें देखकर बाबू अच्छा लगता है। कितने बड़े हो गए हो।

[माधव मासी माँ की ओर देखते हैं। पार्श्व ध्वनि आती है। दाहिनी ओर सत्य दिखाई देता है। माधव उसकी ओर देखते हुए जिज्ञासापूर्ण भंगिमा दिखाता है। सत्य कन्धा उचकाता है। अँगूठा दिखाकर 'नड' करता है। उसके बाद सत्य चला जाता है। मासी माँ को छोड़ धीरे-धीरे टेबुल तक जाकर माधव दीपक उठाते हैं। टेप से मासी माँ का स्वर आता है। "कुछ नहीं चाहती तुमसे बाबा। तुम अच्छे रहो, स्वस्थ रहो यही चाहती हूँ। दिमाग ठंडा रखो बाबा। दिमाग गरम न करो। मैं बूढ़ी औरत हूँ। अकेली रहती हूँ। तुम लोगों के बिना हम लोगों का अच्छे से बीत जाएगा। हम साधारण लोग हैं बाबा। अपनी तरह से अच्छे से ही जी रहे हैं। रहेंगी भी। तुम लोगों को हमारे बारे में इतना न सोचकर भी चलेगा। हम लोगों के बारे में सोचने से पहले तनिक अपने बारे में सोचो बाबा। अपने बारे में सोचो। देश के बारे में बाद में सोचें। तभी सभी का मंगल होगा।" टेप रुकता है। पार्श्व ध्वनि भी। माधव दीपक को पॉकेट में रखते हैं। मासी माँ के निकट जाता है माधव।]

माधव : चलिए मासी माँ, आपको घर पहुँचाकर आऊँ। मेरी गाड़ी है बाहर। आपको छोड़कर आऊँ चलिए।

मासी माँ : मेरे घर जाओगे? जब छोटे थे तब मेरे घर जाते थे। बड़े होने पर तो गए नहीं कभी। चलो बाबा चलो। देखना कैसा बगीचा बनाया है। लौकी, कुम्हड़ा, मिर्च सब मेरे उस छोटे बागान में फलते हैं। देखकर प्रसन्नता होगी बाबा। वर्षा काल है तो। मेरा बागान इस समय पूरा हरा-हरा हो गया है। चलो बाबा चलो। तुम्हें दो दाना-मूढ़ी-बताशा खिलाऊँगी। चलो।

[मासी माँ को पकड़कर माधव निकलते हैं। दो जन बातें करते-करते चलते हैं। सोमनाथ सारी वस्तुओं को समेटता है, ठीक से सजाकर रखता है। इसके बाद दर्शकों के निकट आकर कहता है।]

सोमनाथ : कहा जाता है, होकर पेट का रोगी। बजाओ डुगडुगी।

[अन्धकार होता है। पार्श्व ध्वनि होती है। प्रकाश होने पर माधव का घर दीखता है। समय उसी दिन की संध्या में। माधव की बड़ी लड़की बेला, दामाद अमर और स्त्री लक्ष्मी हैं। अमर चहलकदमी कर रहा है। शेष लोग बैठे हैं।]

अमर : पिताजी को क्या हुआ है बताओ तो माँ। वे ऐसा क्यों कर रहे हैं?

लक्ष्मी : कहाँ, अब तो बहुत अच्छी तरह से स्वस्थ लग रहे हैं।

बेला : क्या कहती हो माँ? पिताजी तुम्हें स्वस्थ दीखते हैं? देख नहीं रहीं दोनों आँखें कैसे एक हुई जा रही हैं। कैसा एक अस्थिर पंचम भाव है और कितनी कालिमा जम गई है, माँ रे!

लक्ष्मी : तुम लोगों का फिर बहुत बढ़ा-चढ़ा कर बोलने का समय चल पड़ा। सुबह थोड़ा पेट गरम हो गया था। प्रणव डाक्टर आया तो था सुबह। दवा भी दिया। अब वे पूरा ठीक हो गए हैं।

अमर : अच्छा माँ, उनके पेट में पानी भर जाने वाला रोग तो नहीं हुआ?

लक्ष्मी : क्या?

अमर : अथवा गले का अतिसार।

लक्ष्मी : यह सब क्या है?

अमर : अथवा सूजन? अथवा अम्लीयता?

लक्ष्मी : यह सब क्या कुलक्षणों की बातें करते हो बाबा अमर?

बेला : आह माँ। ये सारी कविराजी बीमारी हैं। तुम्हारे दामाद का इन सब के बारे में कल्चर करने का अभ्यास है। कितने रोगों के नाम जानता है वो, तुम जानती हो?

अमर : ये सारे रोग एक समय मुझे भी होते थे। अब बहुत सँभाल लिया है।

लक्ष्मी : क्या कहते हो बाबा? तुममें ये सारे भयंकर रोग हैं?

अमर : नहीं-नहीं, पहले होता था। तब कविराजी पुस्तकें बहुत पढ़ता था अब तो मैं पूरी तरह से चंगा हूँ। लेकिन *(बेला की ओर देखता है।)*

बेला : ओ हाँ। माँ रात में उसके लिए लूची सादा तेल में तली होने पर अच्छा रहेगा। और क्या *(सोचती है।)*

अमर : डुमो डुमो

बेला : हाँ डुमो। मांस वह छोटी लूची के साथ नहीं खा पाता।

लक्ष्मी : तो तू खानसामा से बोल दे, वो उसी प्रकार से तैयार करेगा।

अमर : नहीं-नहीं माँ, रसोई में उसका जाना उचित नहीं होगा। हम दो दिनों के मेहमान हैं। घरबार की छोटी-बड़ी बातों का उसका अपने हाथों में कंट्रोल करना क्या अच्छा लगेगा? वह भी तब जबकि सिर पर आप हैं।

बेला : सही बात है।

लक्ष्मी : अच्छा अच्छा। मैं ही न हो तो कह देती हूँ खानसामे से। लूची बनाते समय मैं स्वयं ही रसोई में रहूँगी। ठीक है न बाबा!

[रिंकू प्रवेश करती है।]

रिंकू : अमर दा। रात में साफ किए गए कपड़े घर में रख दिया है। दीदी तू देख ले।

बेला : वो, मैंने पहले ही देख लिया है। तू अमर दा के घर में पहनने के लिए चप्पलों की व्यवस्था कर। जल्दीबाजी में हम लोगों के लगेज में नहीं रखे गए।

रिंकू : वह भी घर में रख दिया है। सवेरे तेरे मुँह से उचारने के पहले ही।

लक्ष्मी : रिंकू खानसामे से कह दे लूची को अन्त में बनाएँ। मेरे जाने के बाद, समझी?

रिंकू : समझी माँ। कह देती हूँ।

लक्ष्मी : तुम लोगों के पिता कहाँ हैं?

रिंकू : बाहर वाले घर में। सोमू काका भी हैं। एक जन आए हैं। बात कर रहे हैं।

लक्ष्मी : फिर कौन आया अब?

रिंकू : वोट के पहले अब कितने लोग आएँगे जानती तो हो माँ। नया तो कुछ नहीं।

अमर : मैं इस घर में रहता तो लोगों के आने के बारे में जाँच-पड़ताल, समझी रिंकू। पहले से एक प्लान कर लेता। मान लो सुबह

पच्चीस जन आएँगे सुबह सात बजे से नौ, उसके बाद मान लो सुबह सात बजकर दस से सात बजकर चौदह तक अगले जन। एक छोटी नोट कॉपी रखता। उससे—

रिंकू : किन्तु तुम तो नींद से जगते ही हो ग्यारह बजे के बाद अमर दा।

बेला : जो नहीं जानती, उसके बारे में कुछ न कहा कर रिंकू। बीच में तेरे अमर दा अजीर्णग्रस्त हो गए थे इसलिए नींद से उठने में थोड़ी देर हो जाती थी। नहीं तो—

रिंकू : क्या हुआ था। कौन सा रोग बताई?

बेला : अजीर्ण ग्रस्तता।

लक्ष्मी : क्या कहते हो बाबा अमर। इतना प्राणघातक रोग हो गया था तुम्हें? हम लोगों को तो बताया नहीं?

अमर : अरे वह हुआ था। आपकी बेटी की सेवा से ही तो ठीक हो उठा। इसके बाद फिर चैत महीने में *(चैत्र माह में)* पीलिया हो गई। हर वक्त शरीर ऐंठता रहता था। कुछ भी हजम नहीं होता था। किसी प्रकार से भी नींद नहीं आती थी। अन्त में वायसविक और च्यवनप्राश चूर्ण खाने पर ठीक हुआ। अब मैं पूरा फिट हूँ। सुबह जो प्रणव डाक्टर आए नहीं? बाहर निकलने से पहले प्रेसर दिखा लिया था न? आप तब मुझे फिट करने में लग गईं माँ। मैंने उसी समय प्रेसर दिखा रहा था। मुझसे डाक्टर ने जानना भी चाहा कि इतना अच्छा मैं कैसे हूँ। वायस विकच और च्यवनप्राश चूर्ण की बात बताई। सुबह में दो बार खाली पेट दो चम्मच हॉफ बॉयल दूध में घोलकर खाना पड़ता है।

[माधव प्रवेश करते हैं। साथ में सोमनाथ हैं।]

माधव : औषधि का क्या नाम है? बायस चूर्ण? कौआ मारकर खा रहे हो क्या अमर?

अमर : नहीं पिताजी, नाम सुनने में उस प्रकार है। असल में तुलसी पत्ता और कौवे का पंख, एक हर्रे *(हरतकी)* का फल मिलाकर एक साथ लोहे या पीतल के खल में कूटकर पाउडर बनाना होता है। बहुत जटिल मिश्रण है। खाएँगे पिताजी, मँगाऊँ? खाने पर आपका वात रोग चिर समय के लिए बन्द हो जाएगा।

माधव : क्या कहते हो? ऐसा होगा?

अमर : हाँ पिताजी!

माधव : अच्छा देखा जाएगा।

लक्ष्मी : कौन आया था जी बाहर? रिंकू बता रही थी।

माधव : वही निवारण मास्टर। उनके स्कूल में शायद गड़बड़ी हुई है। मीटिंग बुलाना चाहता है। मैं तो उस स्कूल का प्रेसिडेंट हूँ। समझे अमर।

अमर : केवल स्कूल का ही क्यों बोल रहे हैं पिताजी? स्कूल, कॉलेज, अस्पताल, बाजार सबके शीर्ष पर तो अभी आप ही हैं।

माधव : हाँ वो तो है। परसों कुत्ता नियंत्रण निवारण संस्था से कई लोग आए थे। कह रहे थे कि वे भी एक नई कमेटी बनाएँगे। तो उसे छोड़ो, सुबह-सुबह बेला में तो कोई अच्छी तरह से बात ही नहीं हुई।

बेला : हाँ पिताजी। सुबह तुम्हारी कैसी अवस्था हो गई थी।

माधव : किन्तु मुझे लगा कि तुम मुझसे कुछ कहना चाहती है।

बेला : हाँ पिताजी। किन्तु तुमसे बाद में बोलूँगी। अभी तो कई दिन हूँ। एक समय धीरे से सुस्ताता से—

माधव : कितने दिन हो? अर्थात् ठीक-ठीक कितने दिन?

बेला : चार-पाँच दिन तो हूँ ही। तुम जरा खाली हो जाओ। उसके बाद किसी खाली समय में—

माधव : नहीं-नहीं, अभी ही बताओ न। नुकसान क्या है?

बेला : नहीं-नहीं, बाद में कहूँगी। *(आँख से सोमनाथ को देखते हुए इशारा करती है)* कल सुबह न हो तो बोलूँगी।

सोमनाथ : तब माधव दा, मैं अब न हो तो जाऊँ। रात भी हो गई। तुम लोग खाओ-पीओ। मैं कल सुबह आठ बजे के अन्दर आ जाता हूँ।

माधव : अरे रुको! देखो अमर सोमनाथ हम लोगों के घर का ही लड़का है। बेला या तुम कुछ बोलना चाहो तो उसके सामने ही बोल सकते हो। कोई असुविधा नहीं है।

अमर : नहीं-नहीं, अभी रहने दो। बाद में ही बोलेगी वह। और देखें पिताजी हम लोग की भी तो कोई पर्सनल बात हो सकती है आपसे। सभी के सामने हम आपसे भी नहीं बोल सकते।

सोमनाथ : निश्चित ही। दामाद की बात है। कहते हैं—ससुर की कमाई। ले जाएगा अन्त में जमाई *(दामाद)*।

अमर : क्या कहा आपने?

सोमनाथ : नहीं-नहीं, बातों-बातों में यह भी कहा जाता है।

माधव : आह! कुछ नहीं कहता बातों-बातों में।

तुम चुप रहो। *(बेला से)* तो बाद में ही बोलना यही तो?

अमर : हाँ, उसे बाद में ही बोले। उसके मन की बात तो कब बोलेगी वह तो उसकी ही समस्या है। क्या कहती है माँ?

[निरुपाय लक्ष्मी सिर हिलाती है। माधव हँसते हैं।]

माधव : उसके मन की बात वो कब बोलेगी वह उसकी समस्या है?

अमर : निश्चित ही। चाहने मात्र से ही क्या आप हम लोगों के मन की बात जान लेंगे? अर्थात् लोगों के मन की बात? जिसे कहते हैं मन की बातें। क्या कहती हो बेला?

[माधव थोड़ा हँसते हैं। पॉकेट से दीपक बाहर निकालते हैं। हाथ में लेते हैं। बेला की ओर देखते हैं। पार्श्व ध्वनि आती है। साथ-साथ टेप से बेला का स्वर भी आता है : "नई बात बोलूँगी और क्या! बोलने को है ही क्या? और इस बेगैरत (नालायक) आदमी के साथ बाँधकर मेरा जीवन तो पूर्ण रूप से बर्बाद कर दिया। बाप की चावल मील तक ठीक से नहीं देखता यह आदमी। जानबूझकर इस समय एक खराब साड़ी पहन रखा है मैंने। मेरा बाप ताकता तक नहीं है। और कितना समझाऊँ अपने बाप को? अरे बाबा, दो तल्ला मकान मेरे नाम लिख दोगे कि नहीं—बताओ पहले?" माधव दीपक हाथ से हटा देते हैं। पार्श्व ध्वनि थमती है। माधव हँसते हैं।]

बेला : क्या हुआ पिताजी? वो हाथ में क्या था तुम्हारे?

अमर : बैलेट बॉक्स का डेमो था वह सम्भवत:?

माधव : रिंकू, मेरा छाता दे तो।

लक्ष्मी : यह क्या जी, क्यों? फिर निकलोगे क्या?

माधव : *(हँसी भाव से ही)* अहा दे न।

[रिंकू खाट के नीचे से छाता बाहर कर माधव के हाथ में देती है। पार्टी ऑफिस का वही पार्श्व धनी का संगीत लौट आता है। माधव के शब्द, बातें एवं एम्बुलेंस की आवाज सब एक साथ गड्डमड्ड हुए जा रहे थे। माधव अमर की ओर छाता उठाते हैं।]

माधव : लूची खाओगे? लूची? रुको-रुको? तुम जानते हो मैं कौन हूँ? सुनो, इस पूरे निकुंजपुर के लोग सत्तर के दशक में मुझे गुंडा कहते थे। पच्चीस वर्ष बाद मेरा नाम इसी निकुंजपुर में हुआ—हामीद मेधो। और उसी मैं का नाम अब क्या है जानते हो?

[छाते से अमर को मारते रहते हैं। अमर आर्तनाद करता है। बेला भी। लक्ष्मी हतप्रभ हो जाती है। रिंकू छुड़ाने की चेष्टा करती है। माधव मारते ही रहते हैं।]

माधव : अभी दोनों जन निकल जाओ। इसी क्षण। रात ग्यारह पाँच पर लास्ट ट्रेन है। भागो यहाँ से। निकालो इन्हें यहाँ से।

लक्ष्मी : अजी, तुम क्या पागल हो गए।

[माधव सुनते नहीं हैं। मारते रहते हैं। बेला चिल्लाती है। अमर विरोध करता है। किन्तु दबी आवाज में। माधव मारते-मारते अमर को बाहर निकाल देते हैं। बेला भी पीछे-पीछे रोती हुई जाती है। लक्ष्मी, रिंकू, सोमनाथ छुड़ाने की कोशिश करते-करते निकलते हैं/ माधव सिर्फ मंच पर रह जाते हैं। पार्श्व ध्वनि रुकती है। माधव दीपक के निकट आते हैं। दीपक उठाकर तोड़ने की कोशिश करते हैं किन्तु दीपक टूटता नहीं है। इसके बाद वे दीपक फेंक देते हैं। दीपक बाहर फेंक दिया जाता है। कुछ फिर जाने कौन जैसे भीतर से दीपक को मंच पर उछालकर फेंकता है, सीधे माधव का हाथ उस पर पड़ता है। माधव सिहर उठते हैं। दीपक को खाट पर रखते हैं। काँपते रहते हैं। ऐसे समय में सोमनाथ दरवाजे से प्रवेश करता है।]

सोमनाथ : क्या शुरू किया माधव दा? कहते हैं—

[बात पूरी नहीं कर पाता सोमनाथ। माधव दौड़कर उनका कॉलर पकड़ते हैं।]

माधव : ऐ चुप! एकदम चुप!

सोमनाथ : अरे क्या हुआ माधव दा? क्या हुआ? प्लीज मुझे छोड़ो।

माधव : बोल तू क्या सोचता है मेरे बारे में? बोल, बोलेगा कि नहीं? क्या चाहता है वास्तव में मुझसे? बोल क्या चाहता है? तू क्या

सोचता है *(कि)* मैं नहीं जान पाऊँगा? सुन मैं चाहूँ तो तेरे मन की बात जान सकता हूँ। समझा हरामी?

सोमनाथ : जानता हूँ। वह जो क्या एक वस्तु हाथ में लिए घूम रहे हो। उसे पकड़ते ही मेरे मन की बात जान जाओगे।

[माधव सोमनाथ को छोड़ देता है।]

माधव : *(विस्मय से)* क्या? तू जानता है?

सोमनाथ : क्यों नहीं जानूँगा? सुबह से ही देख रहा हूँ। सारी घटनाएँ तो मेरे सामने हुईं। किसने दिया है वह तुम्हें? छोड़ो इधर उसके बाद मैं कोशिश किए जा रहा हूँ कि तुम्हारे बारे में हर समय अच्छी-अच्छी बातें सोचूँ। मुझे मेरे पिता ने सिखाया था, सोमू हर समय अच्छी बातें सोचना। पॉजिटिव बनोगे। पॉजिटिव। जीवन भर तुझे कोई निगेटिव भाव न रखना। तब ही तू बचा है।

...वो कहते हैं न, पिता की बात है कुरान, बाइबिल, वेद। यदि सुनो मन लगाकर होगा न जीवन में कोई खेद। *(हँसता है)* ठीक समझे हो माधव दा। यह तुकबन्दी सारी मैं ही बनाता हूँ। मैं ही। *(रुकता है, फिर बोलता है)* क्या चाहूँगा तुमसे माधव दा? और चाहना क्या है? तुम्हारे साथ 20 वर्ष हो गए घूम रहा हूँ। कितनी कम उम्र थी मेरी। तब से कभी माँगा है कुछ? पहले माँगता था। सोचता था पंचायत का एक टिकट या कुछ नगद रुपए या मानो एक साधारण नौकरी। घर में इतने सारे लोग। मुझ पर सम्भवतः, वे निर्भर नहीं, फिर भी मेरा तो एक दायित्व है ही। विवाह-शादी नहीं किया, अपनी खुद ही चलाता हूँ, फिर भी तुमने मेरे न चाहने पर भी मुझे बहुत कुछ दिया है। सबसे बड़ी बात है कि प्यार किया है। वही कितने लोग इस दुनिया में देते हैं?

माधव : वह सब व्यर्थ बातें हैं। झूठी बातें हैं। प्यार! साला तू तेरे लिए घूमता है मेरे पीछे-पीछे? तू जानता है चाहने मात्र से ही मैं तेरे मन की बात पढ़ ले सकता हूँ?

सोमनाथ : जानता हूँ, कहा तो। *(माधव की देह पर हाथ से सहलाता है सोमनाथ)* तुम स्वस्थ नहीं हो माधव दा। जल्दी स्वस्थ हो जाओ। और सम्भव हो तो वह बनावटी नकली खिलौना फेंक दो। वही दीपक है शायद। वह अभिशप्त है। बेकार

वस्तु है। लोगों के मन की बातें सुनना तुम्हारा काम है? काम करो *(हँसता है)* और क्या दोगे तुम मुझे? क्या देने लायक है? कुछ नहीं। तुम्हारा दिया हुआ सब शेष हो गया है माधव दा। अब, एक दिन आएगा, देखोगे तुम भी शेष हो जाओगे। सभी को एक ही भाव से मत देखो माधव दा। जो असल है वो है, उसे, उसी प्रकार देखो। तुम्हारा भला होगा। कहते हैं न, कोई इस दुनिया में कुछ नहीं दे सकता। जीवन में जिसको जो मिलना है वह पाएगा ही, तो क्यों बेकार में किसी के पीछे घूमता है। *(रुकता है। हँसता है)* अच्छे रहो माधव दा।

[चला जाता है सोमनाथ। माधव खाट पर बैठ जाते हैं। रिंकू की आवाज आती है। 'पिताजी, पिताजी' (साथ ही पार्श्व ध्वनि आती है। सत्य आकर अपनी जगह खड़ा होता है। माधव सत्य की ओर देखते हैं। सत्य माधव की ओर देखकर अँगूठे से इशारा करता है। उसके बाद चला जाता है। माधव उठता है। छटपट-छटपट करते हैं। उनकी हर बात के साथ पार्श्व ध्वनि बढ़ती जाती है।]

माधव : नहीं-नहीं, सत्य, मैं रिंकू के मन की बात नहीं सुन सकूँगा। नहीं सुन सकूँगा रे भाई। वही एक संबल *(आधार)* है मेरी। अन्तिम संबल। नहीं-नहीं, मैं नहीं सुन सकूँगा। वो मेरे बारे में क्या सोचती है, मैं सुनना नहीं चाहता। मैं तब तो पागल हो जाऊँगा रे सत्य! पागल हो जाऊँगा।

[दरवाजे पर रिंकू आकर खड़ी हो जाती है। वह कुछ अभियोग के स्वर में माधव से कहती है। किन्तु उसकी आवाज सुनाई नहीं पड़ता। कारण पार्श्व ध्वनि ने उसकी आवाज को दबा दिया है। रिंकू बोलती जाती है। कुछ देर बाद लक्ष्मी भी आकर खड़ी हो जाती है। माधव उनकी ओर देखता रहता है। अधिकार हो जाता है। कुछ क्षणों बाद प्रकाश बोलता है। माधव अपनी खाट पर अकेले सो रहे हैं। पार्श्व ध्वनि बदलती है। अलादीन की पार्श्व ध्वनि आती है। नीलाभ प्रकाश के अँधेरे में अलादीन प्रवेश करता है। शरीर पर उसके

वही विचित्र पोशाक है। वह माधव की देह पर हाथ सहलाते हुए पुकारता है। माधव सम्मोहित की भाँति उठ बैठते हैं।]

अलादीन : इतने दिनों तक झूठमूठ के पड़े रहे सोकर।
लिया नहीं सारमर्म मनोयोग दे कर॥
कर्मकांड में मस्त रहो, सिर में केश रहा जटा
उम्र जा रही चली आँखों में पड़ रही धूल॥
एक कान की बातों को हवा में फेंक
अन्य कान से बाहर जाती बातें अनेक॥
इसी क्षण में बोलो तब फेंक कर राग अनुराग
हाथ में जलेगा क्या वही अनन्त चिराग?

[माधव हँसते हैं। वे दीपक लेकर अलादीन को वापस देते हैं। उसके बाद बोलते हैं।]

माधव : मैंने जो किया सो किया अब और क्या आऊँगा भुलावे में अब नहीं पड़ूँगा। अच्छे-बुरे का अन्तर नहीं रखा, देख पाया मैं तुम्हारी गर्म आँच में।
ओ इसीलिए इस दीपक को ले जाओ तुम अलादीन।
लोगों के अन्दर देखूँ, मन की आँख से उन्हें देखूँ
मैं अहो रात दिन॥
मैं तुम दो पक्षी एक पेड़ पर वास
जिस पेड़ पर नरक रहता, रगड़ देखो
पाओगे वही स्वर्गवास।
वही स्वर्ग पा लिया है मैंने अन्त में,
इस प्रकार के चमत्कार रहते हैं सदा जीवन गहन में
इसीलिए डूबूँ अन्त में।

[अलादीन हँसकर सिर झुकाकर दीपक लेकर चला जाता है। माधव उठकर अँगड़ाई लेते हैं। आश्वस्ति भरा निःश्वास लेते हैं। देखते हैं कि सत्य आकर खड़ा है।]

सत्य : तब? रख नहीं पाया एक दिन से अधिक उस दीपक को?

माधव : नहीं रे भाई! जरूरत नहीं है। तब जो शिक्षा मिलती थी इसी एक दिन में पाली है। अब मैं लोगों की ओर देखकर ही उनके

मन की बात समझ जाऊँगा रे सत्य। और उससे जो भी पाऊँ, अमृत या विष, दोनों ही स्वीकार कर चलूँगा।

सत्य : श्योर? तू सकेगा?

माधव : सकूँगा रे सत्य! जो एक पीस अलादीन दिखाया न भाई, न सकने का कोई उपाय क्या है?

सत्य : तब क्या करोगे अब? मेरे साथ कमला तालाब ही चल तब, क्या?बहुत रात है अभी तालाब के काले पानी के पास खूब...। चल माधव जाओगे, मेरी तरह कूदोगे? चल बहुत नीचे जाकर दोनों जन मिलकर सो रहें। वही छोटेपन की बेला में स्कूल में जल्दी छुट्टी हो जाने पर जैसे फकीर बाबा के बरगद के पेड़ के नीचे दोनों जब साथ सोते थे। जाओगे माधव?

माधव : नहीं रे, मैं तो तैरना जानता हूँ। तालाब के पास जाकर कूद पड़ने पर भी हड़बड़-हड़बड़ करते हुए भी नाव पर चढ़ आऊँगा।

सत्य : अहा! तैरना तो मैं भी जानता था रे माधव! किन्तु क्या करूँ बताओ घुटने में क्रेम्प हो गया।

माधव : जानता हूँ। कल मासी माँ माने तुम्हारी माँ कितने सारे पुराने प्रश्न कर रही थी रे सत्य!

सत्य : हाँ! देखा तो। मैं भी निकट ही था। एक चटाई पर घुटने पर ठोढ़ी रखकर मैं भी तुम लोगों की बातें सुन रहा था। माँ ने कितना सुन्दर मूढ़ी-बताशा तुम्हें खिलाया ऐ माधव! तू भी कितने चाव से खा रहा था। देखने में बहुत अच्छा लग रहा था।

माधव : बोलते हो? तू एक बार दिख जाता तो तुझे भी बाँटकर देता रे सत्य!

सत्य : है ही तो। किन्तु तू अब क्या करेगा माधव? कमला पोखर में नहीं कूदोगे? यहीं रहोगे? यहीं रहने पर किन्तु वही—

माधव : क्या? *(सत्य देखता है। हँसता है)*

सत्य : क्या। *(सत्य दो उँगलियाँ चटकाता है। गीत वापस सुनाई पड़ता है)*

["गुरु दो-दो-दो। गुरु दो"। गाने के साथ चित्तो, फारूक, बासु, निखिल, परितोष सभी घुसकर माधव के सामने नाचते हैं। गाना रुकता है। वे सब गायब हो जाते हैं। नीरवता छा जाती है। माधव उठता है।]

माधव : नहीं रे सत्य! इसके बाहर भी जीवन है। मनुष्य भी हैं। मुझे केवल खोजना होगा। यह जो।

सत्य : खोजोगे। फिर इस बुढ़ापे में खोजोगे? नहीं-नहीं, अब वो कुछ खोजने-वोजने की जरूरत नहीं है। घर में बैठ जा। अपनी तरह रहो। रिंकू का अब विवाह कर। उन्हीं व्यवस्थाओं में व्यस्त रहो। बिना काम के जब नहीं रह सकते, तो निजी परिवार और परिजनों को समय दो।

माधव : धुत्त ऐसा नहीं होता।

सत्य : क्यां? क्यों नहीं होता?

माधव : वो सब काम स्वयं ही हो जाएँगे। जो अपने आप हो जाता है वह कोई फिर काम होता है क्या सत्य? इसके अलावा वैसे कार्यों में मैं अधिक दिनों तक व्यस्त भी नहीं रह पाऊँगा। मैं तो अपने को जानता हूँ। यह सारा माया का संसार *(व्यापार)* है। माया। तू भी तो मुझे जानता है।

सत्य : तब क्या करेगा? वही खोजोगे? अच्छा है। खोज तब। मैं तब जाऊँ न, क्या?

माधव : हाँ! तू जा। फिर मत आना तू मेरे पास।

सत्य : *(हँसता है)* नहीं आऊँगा?

माधव : नहीं। तेरी मुझे अब कोई जरूरत नहीं। जो दिखाना था वो सारा तो तूने एक दिन में मुझे दिखा दिया।

सत्य : फिर जब कभी भी तुझे मेरी जरूरत पड़े? तो?

माधव : वाह! वाह! तुम जैसे मेरी पुकार की अपेक्षा में रहोगे? स्वयं ही आकर फिर हाजिर हो जाओगे। मैं तो जानता हूँ। तुझे नहीं जानता मैं? *(माधव सत्य की ठोढ़ी हिलाता है) (यात्रा)* नाटक मंडली के विवेक मेरे!

सत्य : *(हँसता है)* अच्छा, तब अलादीन की तरह मैं भी तुझे एक वस्तु देकर जाऊँ।

माधव : फिर। क्या देगा तू? अरे बाबा!

सत्य : *(हँसता है)* नहीं-नहीं, डर मत। वैसा कुछ नहीं। यह जो एक दिन तेरे जीवन में घट गया उसे मैं *(पॉकेट से रूमाल निकालता है)* इससे मैं दिन के उस समय से पोंछ देता हूँ। बस इस दिन की बात छोड़कर तुझे और कोई बात याद नहीं रहेगी।

माधव : किसी को भी नहीं? उस परितोष को? नरोत्तम को? अमर को?

सत्य : किसी को भी नहीं। तेरे घर के, तेरी पहचान के सभी के मस्तिष्क से यह एक दिन मिट जाएगा। तुम्हारे अकेले के मन में अवश्य रहेगा, किन्तु तुम्हें मन से लगेगा कि ऐसा कुछ कभी घटित नहीं हुआ। यह सब वास्तव में एक स्वप्न की तरह कुछ है। यह एक दिन मैंने महाकाल से मिटा दिया रे माधव!

माधव : बचा लिया भाई। नहीं तो जो-जो किया है कल, लोगों के सामने मुँह दिखाने में बहुत विपद होती।

सत्य : हाँ, वह तो होता। सत्य का मामला बहुत कड़ा और कड़वा है, यही है न रे, बोल? तब चला ही जाऊँ अभी। क्या कहता है?

माधव : हाँ! भाई जा। रात प्राय: गुजर गई, थोड़ा सो लेने दे अब। कल सुबह उठकर कितने सारे काम हैं बोलो, देखता हूँ।

सत्य : हाँ! वो तो है। मेरी बूढ़ी माँ का खयाल रखना माधव।

माधव : रखूँगा। रखूँगा। भला रहना सत्य।

सत्य : हाँ! रे! तू भी अच्छा रहना।

[चला जाता है सत्य। माधव सो जाता है। नीरवता छा जाती है। थोड़ी देर बाद पार्श्व ध्वनि आती है। सुबह की पार्श्व ध्वनि के बाद घर में भोर का प्रकाश आता है। माधव उठता है। जम्हाई लेता है। नेपथ्य से रिंकू का स्वर सुनाई पड़ता है, "अरे माँ, हंसों को तालाब तक ले जाना है न, तुम सोमू काका को चाय दो।" लक्ष्मी की आवाज आती है, "तुम बैठो सोमनाथ। आज फिर बड़ी लड़की और दामाद आ रहे हैं। मुझे बहुत सारे काम हैं। उन सबको निपटाकर ही तुम्हें चाय देती हूँ।" सोमनाथ कहता है, "अरे भाभी जी, भैया को उठाइए।"

...टाउन से नरोत्तम शर्मा आ रहा है। बड़ा नेता है। बैठे रहने पर गुस्सा हो जाएगा। पार्श्व ध्वनि आकर उनके स्वर को ढक लेती है। माधव उनकी बातें सुनते हैं। सुनते रहते हैं। पटाक्षेप।]

इला गुढ़ैषा

अनुवाद : *अंबर कुमार चौधरी*

पात्र

कोरस समूह
कोरस दलपति
पंडित नारायण त्रिलोकदर्शी
प्रद्योत
वीरनारायण
व्रतती
शाणित राय
उमारत्न जैन
पद्मावती

कुलार्णव तांत्रिक
मोदक बर्मन
वृन्देश्वरी
इला
धूर्जटि भट्ट
सुरक्षा दल
प्रहरी
नीलध्वज

प्रस्तावना

कूचबिहार के राजा वीरनारायण की कथा के बारे में मुझे सबसे पहले श्री दिनेशचंद्र सेन महाशय द्वारा लिखित महान पुस्तक 'वृहत् बंग' से पता चला। दिनेशचंद्र बताते हैं कि यह कथा उन्होंने 1842 के राजघराने के मुंशी जयनाथ घोष के हस्तलिखित कूचबिहार के इतिहास से पाया था। जयनाथ ने इस चार सौ उनहत्तर पृष्ठों की पुस्तक को कूचबिहार के तत्कालीन राजा हरेन्द्रनारायणके प्रधानमंत्री कालीचंद्र लाहिड़ी के निर्देश से लिखा था। दिनेशचंद्र ने यह भी कहा है, "अभी तक यह पुस्तक नहीं छपी है।" इसके बाद मैंने प्रामाणिक ग्रंथ के रूप में श्री भगवतीचरण बंद्योपाध्याय की 'कूचबिहार का इतिहास' नामक पुस्तक में लिपिबद्ध सम्बन्धित दस्तावेज को खँगाला। उसमें मोटे तौर पर जयनाथ घोष के हस्तलिखित इतिहास से एक प्रकार की अनुकूलता मैंने पाई। कोच राजा की घटना बहुत दिनों तक मस्तिष्क में मँडराती रही। इसी उपलक्ष्य में 'इला-गुढ़ैषा' लिखी गई। यह एक इतिहास पर आधारित कल्पना से रचित नाटक है जो सम्भवत: मानव जाति के चिरंतन ट्रेजिडी को दर्शाता है। सभी सम्बन्धित जन को धन्यवाद। दिनेशचंद्र को शाष्टांग प्रणाम।

सितम्बर, 2015

—व्रात्य बसु

प्रथम दृश्य

[मंच के खुलने पर कोरस समूह का प्रवेश होता है। पहले दलपति। पीछे शेष सभी। वे मंच के सभी स्थानों पर खड़े हो जाते हैं। नेपथ्य से दुंदुभी की ध्वनि होती है। ध्वनि शनैः-शनैः बढ़ती जाती है। तत्पश्चात् कम होती है। कोरस का दलपति और अन्यान्य संलाप करते हैं।]

कोरस : पथ का अर्थ दुर्गम का।
दुर्गम का अर्थ दुर्ज्ञेय।
आत्मा का अर्थ बधिर।
ज्ञान का अर्थ शून्य।
तब भी हम पराजय स्वीकार नहीं करते।
हम लोग जीतने का नाटक करते हैं।
एक गम्भीर प्रताड़ना से स्वयं के संग स्वयं का खेल चलता है।
स्वयं को समझाते हैं कि औरों का दमन करो।
आक्रमण करो। शोर रूपी चींटियों से औरों के कान और शरीर को विषाक्त कर दो। इन सब के अन्त में दर्पण के सामने
अकेले खड़े होकर अट्टहास करो। एकदम गुप्तघाती की भाँति।
मर जाने के बाद भी खुद से कहो कि देखो कैसे बचे हुए हैं हम।
कैसे जीत हासिल
कर ली है। कहो, अपने आप से कहो कैसे जीता है।

[कोरस के बीच दृश्य का निर्माण होता है।]

स्थान : कूचबिहार राज्य के बाहरी क्षेत्र में राजा शुल्क ध्वज (चिला राय)—के नाम के जंगल का बाहरी भाग।

सन् : 1624 कोचराज वीरनारायण का शासन काल।

समय : दिन का समय ।

[पंडित नारायण त्रिलोकदर्शी की कुटिया। पार्श्व ध्वनि होती है। अनेकों घोड़ों के पैरों की आवाज (टापों की आवाज) और उनकी हिनहिनाहट पार्श्व ध्वनि के साथ मिलती है। देखा जाता है कि पंडित नारायण त्रिलोकदर्शी और उनका छात्र प्रद्योत रस्सी में बँधे खड़े हैं। पीछे वीरनारायण के सैनिक खड़े हैं। दो सैनिकों ने नारायण त्रिलोकदर्शी और प्रद्योत को पकड़ रखा है। वे छटपटा रहे हैं। नारायण त्रिलोकदर्शी के सामने अन्दर से आकर राजा वीरनारायण खड़े होते हैं। दोनों एक-दूसरे की आँखों में देखते हैं। एक मुहूर्त नीरवता छाई रहती है।]

नारायण : काम आपने ठीक नहीं किया महाराज।

वीरनारायण : मैंने एकदम ठीक कार्य किया है पंडित नारायण त्रिलोकदर्शी! व्रतती मुझे ही चाहती है।

प्रद्योत : हो ही नहीं सकता।

वीरनारायण : *(प्रद्योत की ओर देखते हैं। हँसते हैं)* आज का दिन गिद्ध और कौवे के लिए बढ़िया है। यही न प्रद्योत?

प्रद्योत : महाराज आप मेरी हत्या करना चाहें, करें, फिर भी कहूँगा व्रतती आपको नहीं चाहती। आप जबर्दस्ती गुरुदेव की कन्या को ले जा रहे हैं।

वीरनारायण : गुरुदेव की कन्या न कि तुम्हारी बहुइच्छिंत आकांक्षा?

[प्रद्योत चुप रह जाता है। वीरनारायण ताली बजाते हैं। कुटिया के भीतर से नारायण त्रिलोकदर्शी की कन्या व्रतती को दो चौकीदारिणी ले आती हैं। व्रतती आकर वीरनारायण की बाँहों में समा गई। वीरनारायण उसे पकड़ नारायण और प्रद्योत की ओर देखते हुए हँसते हैं। नारायण आर्तनाद करते हैं।]

नारायण : व्रतती, बेटी तू अपनी इच्छा से महाराज के साथ जा रही हो?

व्रतती : हाँ पिता! जा रही हूँ। महाराज वीरनारायण मुझसे प्रेम करते हैं। वे मुझे अपनी पटरानी बनाएँगे।

प्रद्योत : व्रतती, महाराज बहु प्रेमी हैं। उनकी अनेक रानियाँ हैं।

व्रतती : मैं उनकी कनिष्ठा बनूँगी प्रद्योत। इससे क्या?

नारायण : महाराज से तेरी उम्र का अन्तर बहुत अधिक है।

व्रतती : इसके बावजूद भी उन्हें ही मैं प्यार करती हूँ। मैंने उन्हें ही अपना मन समर्पित किया है।

प्रद्योत : कब से?

व्रतती : महाविषुव संक्रांति का दिन। गतवर्ष जिस दिन इस चिलाराय के जंगल के किनारे हम लोगों के राज्य का विशाल उत्सव हुआ। शिकारियों ने शिकार कर बनैले सूअर लाए। कूटे हुए चावल से स्वादिष्ट पुए बनाए ग्रामीण रमणियों ने। हाथों में रंगीन ध्वजा ले नाच उठे थे आबाल-वृद्ध-वनिता सारी-और उसी समय घोड़ों से खींचते रथ पर हमारे बीच उपस्थित हुए थे स्वयं राजा वीरनारायण। चिकने पर्वत के सारे शिखरों पर जैसे मशालें जल उठी हों। राजा की चौकन्नी आँखें, गम्भीर कंठस्वर, सुन्दर मुखमंडल देख लगा कि यदि व्रतती किसी के लिए प्रदत्त बलि है तो वह अठारह कोठों के राजा यही वीरनारायण हैं।

नारायण : विश्वासघातिनी!

व्रतती : पिता पांडित्य और विद्या हर समय ही राजा के अनुग्रह के प्रत्याशी हैं। खाली पेट विद्या-चर्चा नहीं होती पिता। बल्कि आप हम लोगों के इस विवाह को मान लें। आप राजाज्ञा से इस कूचबिहार राज्य के सर्वश्रेष्ठ विद्वान बन जाएँगे।

नारायण : निर्लज्ज भ्रष्ट कन्या। तुझे विद्या दान दिया था। मनुष्य बनाया था। उसके प्रति दान स्वरूप तूने मुझे यह दिया।

वीरनारायण : हे श्रेष्ठज्ञानी नारायण त्रिलोकदर्शी! आप चार वर्ष पहले की बात न भूलें। जब आप नितान्त दीन-हीन अवस्था में इस असहाय कन्या को लिए मेरे मंडपावास में उपस्थित हुए थे। आपके शत-छिन्न मलिन वेश-भूषा और किसी कोटर में पड़ी सी धँसी हुई आँखों को देखकर राज कर्मचारियों-द्वारपालों ने सोचा था कि आप त्रिपुरा से आए हुए वैष्णव भिक्षुक हैं। दो मुट्ठी चावल भिक्षा देकर दरवाजे के बाहर से ही आपको वापस लौटा रहे थे वे। मैं जब जान पाया कि आप ही दिग्विजय पंडित त्रिलोकदर्शी नारायण हैं, तब मैंने आपको इस राज्य में स्थान दिया था। अन्न दिया था। आप न भूलें कि मैं आपका आश्रयदाता हूँ, अन्नदाता हूँ।

प्रद्योत : उसके विनिमय में आज उनकी प्राणों से प्रिय कन्या को इस प्रकार बाज पक्षी की तरह झपटकर लिए जा रहे हैं महाराज?

वीरनारायण : अबोध शिष्य प्रद्योत। तुम व्रतती की आकांक्षा कर ही सकते हो, प्रेम भी कर सकते हो, किन्तु आँखें खोलकर रखो। देख नहीं पा रहे हो कि व्रतती मुझ पर ही न्योछावर है/समर्पित है? मैं अपनी प्राप्य सम्पदा अपने घर ले जा रहा हूँ। यह लो। व्रतती उससे कहो। कह दो।

व्रतती : प्रद्योत मैं जानती हूँ कि तुम मुझे चाहते हो, किन्तु मैंने तो तुम्हें कभी नहीं चाहा। तुम यह जानते हो।

प्रद्योत : *(अस्फुट कंठ)* क्या कहती हो व्रतती? तुम सब भूल गई? उस माघ पूर्णिमा की रात में...कामाख्या मन्दिर के नीचे...तुमने कैसे अपूर्व भाव से मेरी ओर देखा था—वह सारा कुछ तब गलत था, सब छलना मात्र था?

व्रतती : वह तुम्हारी ही कल्पना है प्रद्योत! उसमें मेरी कोई भूमिका नहीं। एक बात याद रखो प्रद्योत कि मैं राजा वीरनारायण का अहंकार हूँ। और इसीलिए उस अहंकार पर कभी आघात मत करो, विद्या का अहंकार कभी भी राज अहंकार से मूल्यवान नहीं होता।

वीरनारायण : प्रहरिणियो! जाओ कनिष्ठा रानी को पालकी में बैठाओ। मैं स्वयं अपने रथ पर सवार होता हूँ। अश्वारोहियो, रानी की पालकी पर मेरा स्वस्ति चिह्न वाला ध्वज फहरा दो। ग्रामवासी सभी देखें, रैयतों के नेतागण देखें—आज से कोच राजा वीरनारायण के अन्तःपुर की नई सम्राज्ञी, रानी व्रतती हैं।

[प्रहरिणियों का दल व्रतती को लेकर आगे-आगे और पीछे से सैन्य दल उन्हें घेरे हुए वीरनारायण के साथ निकल गए। नारायण त्रिलोकदर्शी गिर पड़ते हैं। प्रद्योत उन्हें पकड़ता है।]

नारायण : व्रतती ने ऐसा किया प्रद्योत? इतना लोभ है उसमें? इतनी बुरी है?

प्रद्योत : नहीं, गुरुदेव नहीं। मैं कहता हूँ कि व्रतती ने जो किया है वह सोच-समझकर ही किया है। वह जानती थी कि यदि आज वह राजा वीरनारायण के संग नहीं जाती है तो वीरनारायण निश्चित रूप से हम लोगों की हत्या कर देगा। गत एक वर्ष में कोचराज्य में व्रतती वीरनारायण की पाँचवीं शिकार है। सोचकर देखिए, उनमें मेचवंश की हाड़िया चंदन की पत्नी जीरा भी थी। चंदन ने राजा को बाधा दिया था। जीरा ने भी प्रतिवाद किया था। उसी दिन चिकना पर्वत के नीचे शिव मन्दिर का स्थान चंदन और जीरा के

रक्त में डूब गया था। पूरा कोचराज्य जानता है। और व्रतती क्या यह कहानी नहीं जानती, ऐसा सोचते हैं?

नारायण : विश्वासघाती मेरी मातृविहीन कन्या को—

प्रद्योत : गुरुदेव! आप विचलित न हों।

नारायण : *(अपने को बीमार महसूस करते हैं)* राजा वीरनारायण मुझे कभी पसन्द नहीं कर सकते। आश्रय दिया, अन्न दिया—यह सब ठीक है किन्तु उसके विनिमय में *(बदले)* जो प्रश्नातीत अनुगत्यता मुझसे वे चाहते थे वह मेरे लिए साध्यातीत था।

प्रद्योत : जानता हूँ गुरुदेव। उन्होंने तो चाहा था कि आप मंडप आवास के निकटस्थ किसी कुटी में रहें। ताकि राजा की आँखों के सामने रह सकें। किन्तु आप इस नगर के बाहरी इलाके में आ बसे। इसी शुल्क ध्वज और चिला नामांकित जंगल के किनारे।

नारायण : मैं राजा की आँखों की ओट में *(आँखों से छिपकर)* रहना चाहता था प्रद्योत। ताकि किसी भी प्रकार उनके असंतोष का कारण न हो सकूँ।

प्रद्योत : किन्तु आप हमेशा ही वही रहे गुरुदेव। वे कभी भी आपको स्नेहिल दृष्टि से नहीं देख पाए। आँख के सामने रहें या ओट में राजा की असन्तुष्ट-अप्रेमिल दृष्टि सर्वदा ही आपका पीछा करती रही है।

नारायण : *(स्वमेव)* राजा ने मेरी श्रेणी *(स्ववर्ग)* देखी है, मेरी पाठशाला की सारी व्यवस्था करके दिया है, मेरे पुत्रों को प्रागज्योतिषपुर में उच्च विद्या अध्ययन के लिए भेजा है, मातृहारा कन्या के भरण-पोषण का दायित्व लिया है और साथ ही मेरी साधना को अपने निजी निर्माण में लगाया है। उपकार करते हैं फिर ध्वंस भी चाहते हैं। यह कैसी विस्मयकारी मनोवृत्ति है! वे चाहते थे जिससे कि नियति मेरा सर्वनाश ला दे। और अन्त में मेरी ही जायी मेरी नियति बनकर दीखी।

प्रद्योत : चलिए गुरुदेव प्रतिशोध लेते हैं। दिल्ली के अधीश्वर के पास जाकर उन्हें राजा के विरुद्ध भड़का देते हैं।

नारायण : नहीं प्रद्योत, नहीं। पंडित मुकुंद सार्वभौम की कहानी मत भूल जाना। मुकुंद ने भी ठीक एक काम राजा के पिता लक्ष्मीनारायण के विरुद्ध किया था। दिल्लीश्वर जहाँगीर को वे खींच लाए थे इसी कूचबिहार की मिट्टी पर।

प्रद्योत : जहाँगीर ने तब उस घमंडी लक्ष्मीनारायण को उचित शिक्षा भी दी थी। राजा के पिता सन्धि करने के लिए बाध्य हुए थे। तभी से

हम लोगों के राज्य की नारायणी मुद्रा पर आज भी आधा मुगल-चिह्न है। गुरुदेव चलिए, हम लोग दिल्ली जाएँ। असमराज और भूटियारों ने वीरनारायण को राजा के रूप में नहीं माना है, रैयतों ने भी इसी बीच अपने को स्वाधीन घोषित कर दिया है, घर पर ही आक्रमण से राजा अति व्यस्त हैं। इसी समय यदि जहाँगीर कूचबिहार पर आक्रमण करें तो राजा की पराजय अवश्यम्भावी है। वह दर्प उनका चूर-चूर होगा।

नारायण : नहीं प्रद्योत, नहीं। याद रखो मुकुंद सार्वभौम ने जब जहाँगीर से सहायता की प्रार्थना की थी, जहाँगीर तब पूर्ण युवक था। तरुणाई के तेज से वे तब मध्याह्न के मार्तंड की भाँति थे। किन्तु आज वही दिल्लीश्वर अशक्त है, लाचार हैं। उम्र की दृष्टि से जीर्ण हैं। इसके अलावा अब वे नाम के लिए ही दिल्लीश्वर हैं। राजपाट पूरा देखती हैं अति संदिग्ध, मानसिक जटिलता से रुग्ण कुटिला नूरजहाँ। वे हम लोगों की बात का विश्वास कर कभी भी उत्तर बंग में नहीं आएँगी।

प्रद्योत : तब? प्रतिशोध नहीं लेंगे?

नारायण : लेंगे। उचित समय पर लेंगे। चलो हम लोग अभी तांत्रिक कुलार्णव के पास जाते हैं।

प्रद्योत : वही जाप उत्तम महातांत्रिक कुलार्णव। वे तो सुना है पर्वत के उस पार घने जंगल के बीच रहते हैं। गहन अमावस्या के अलावा उनका दर्शन दुर्लभ है।

नारायण : चन्द्रमा अभी आकाश के मध्य भाग में है वत्स! चलो, चलना शुरू करते हैं। एक माह बाद पूर्ण अमावस्या है। उसी दिन घोर कृष्ण पक्ष की रात में गहन वन के मध्य उनकी कुटी के सामने आविर्भूत होंगे दिवा-रात्रि विधायिनी मन स्तंभकारी अनल स्तंभी तांत्रिक श्रेष्ठ कुलार्णव। चलो वत्स, हम पैदल चलते हैं। जाकर उन्हें बताते हैं कि आज वीरनारायण, प्रजापालक, दक्ष प्रशासक हैं किन्तु उनके द्वारा किए कर्मों में ही पतन का इशारा निहित है। उनके सर्वनाश का भावी संकेत उनके मौलिक स्वभाव के भीतर ही आच्छादित है। कुलार्णव हम लोगों को बता देंगे कि किस पथ से किस राजा की तीर से राजा वीरनारायण शेष होंगे। इस कोचराज्य में एक सर्वनाशक महामारी आकर आग बनकर सर्वत्र जलेगी। चलो वत्स, चलो।

[दोनों जन निकल पड़ते हैं। कोरस आता है। पहले दलपति, उसके पीछे शेष सभी।]

कोरस : मंत्र लाए घोर।
स्मरण लाए क्रिया।
भाषण लाए मिथ्या।
अहं लाए अन्धापन।
तब भी जो केवल मात्र स्वार्थ चिन्ता में रत हैं, उनकी ही जय होगी।
जो केवल मात्र आत्मोन्नति के अलावा कुछ नहीं समझते
वे लोग ही इस भ्रष्ट पृथ्वी के योग्य हैं।
जो श्रमहीन चतुराई से बचे रहते हैं उन्हें ही कालिमाच्छन्न पृथ्वी शस्यफूल से भर देगी।
तब भी आश्चर्य यह है कि वे अपना पतन खुद ही घटित करते हैं। उनका स्वभाव ही उनके आसन्न सर्वनाश की तैयारी कर देता है। और उसी अमोघ पहेली में पृथ्वी इसीलिए अब भी सचल है। अभी भी सचल है।

[कोरस चला जाता है। मंच बदल जाता है। द्वितीय दृश्य का पट तैयार होता है।]

अँधेरा

द्वितीय दृश्य

स्थान : राजा वीरनारायण का मंत्रालय।
समय : दिन का समय

[राजा वीरनारायण और मंत्री शाणित राय खड़े हैं। घर के कोने में हाथ में बल्लम लिये सुरक्षाकर्मी हैं। शाणित राय अधेड़ हैं। राजा और शाणित दोनों गम्भीर मुद्रा में खड़े हैं।]

वीरनारायण : अच्छा। इसका अर्थ है कि मुगल फिर आक्रमण कर सकते हैं?
शाणित : कर सकते हैं, महाराज!
वीरनारायण : किन्तु पिता लक्ष्मीनारायण के साथ उनकी जो सन्धि हुई थी वह तो किसी भी प्रकार से उल्लंघित नहीं हुई है।
शाणित : नहीं, नहीं हुई। किन्तु गुप्तचर बता रहे हैं कि सेनापति मीरजूमला बहुत सी सेनाओं के साथ बंगाल की ओर क्रमशः बढ़े आ रहे हैं।

वीरनारायण : वो चाहते क्या हैं? मेरे कोषागार का धन?

शाणित : और हो भी क्या सकता है? वो जानते हैं कि सुदूर दिल्ली से साम्राज्य दखल करना असम्भव है। बीच-बीच में इसी प्रकार उत्कोच वसूल करने आते रहेंगे।

वीरनारायण : सम्राट अकबर की सेना के अनुभव की बात क्या वे भूल गए हैं? फिर इस राज्य में उसी दृश्य की पुनरावृत्ति होने जा रही है।

शाणित : नहीं महाराज! तब हम लोगों के प्राय: दो लाख पैदल सेना और चार हजार अश्वारोही सेना थी। एक हजार जहाजें थीं। आज हमारी अवस्था उतनी बढ़िया नहीं है।

वीरनारायण : बार-बार पिता से मेरी तुलना करके मेरी व्यर्थता को प्रमाणित करने की चेष्टा न करो मंत्री शाणित राय। *(शाणित चुप रहता है)* यह बात सही है कि पिता के शौर्य से मेरी तुलना नहीं हो सकती। किन्तु पिता की ओर से इस साम्राज्य को पिता के चचेरे भाई जग विख्यात वीर चिला राय ने बनाया था। पिता लक्ष्मीनारायण ने उसी साम्राज्य का भोग किया था। किन्तु पिता भी उस विशाल साम्राज्य को नहीं रख पाए। नहीं तो क्यों उन्हें सम्राट जहाँगीर के दरबार में जाकर सिर झुकाए खड़ा होना पड़ा था? क्यों दक्षिण के घोड़ा घाट से लेकर पश्चिम में त्रिहुत तक विस्तृत कोच साम्राज्य पिता के समय संकुचित हो गया?

शाणित : वह बात सत्य है महाराज।

वीरनारायण : क्यों आज मेरी सहोदरा लीलावती मुगल सेनापति मानसिंह की पत्नी है? क्यों वह उपहार दिया था चिर श्रेष्ठ नृपति लक्ष्मीनारायण ने? लोग कहते हैं कि वे अजेय थे। ऐसे ही अजेय कि मेरी उस सहोदरा लीलावती को आज बीस वर्ष हो गए मैंने अपनी आँखों से नहीं देखा। पिता मरने तक अपनी आँखों से उस बिटिया को नहीं देख पाए थे।

शाणित : जानता हूँ महाराज। मैंने वह बात नहीं कही। मैंने कहा कि मुगल फिर इस कोच राज्य पर धावा बोलने वाले हैं। मैं आपका मंत्री हूँ। आपको पहले ही मुझे मिलने वाली खबर देना या बताना मेरे समुचित कर्तव्य के अन्तर्गत पड़ता है।

वीरनारायण : तब धन की व्यवस्था करो शाणित राय। राजकोष में और अधिक अर्थ नहीं है। प्रजा से और राजस्व नहीं लिया जा सकता। इससे वे क्षुब्ध होंगे। इसके अलावा उन लोगों की और विशेष कुछ देने की सामर्थ्य नहीं है।

शाणित : वह भी जानता हूँ महाराज। प्रजा का मुँह ऐसे ही मलिन है, विवर्ण है।

वीरनारायण : उन्हें आनन्द का साधन दो। अधिक परिमाण में दो।

शाणित : वह भी दिया है महाराज! इसके बाद भी वे सुलग रहे हैं। उधर रैयतों के नेतागण बीच-बीच में ही विद्रोह करने की घोषणा करते रहते हैं। कुल मिलाकर आज हम लोग बहुत परेशान हैं महाराज!

वीरनारायण : वह सब नहीं समझता। धन लाओ, धन। अमीरों-महाजनों को बुलाओ। उनसे इकट्ठा कर लो। मुगलों के लिए कुछ रखकर शेष मेरी विलासिता के लिए जमा रखो।

शाणित : उसी की व्यवस्था हो रही है महाराज!

वीरनारायण : कैसी व्यवस्था?

[शाणित हाथ में बल्लम सँभालते प्रहरी के पास जाता है। प्रहरी गर्दन हिलाकर बाहर जाता है।]

वीरनारायण : कौन आ रहा है?

शाणित : हम लोगों के राज्य में आया एक नया महाजन। उमारत्न जैन।

वीरनारायण : किस वस्त्र का व्यापार करते हैं आप?

उमारत्न : मलमल का महाराज। खाँटी ढाका का मलमल। मैं स्वयं वहाँ रहकर ताँतीयों से खरीदता हूँ। उसके बाद पूरे भारतवर्ष में बेचता हूँ। दिल्लीश्वर नूरजहाँ स्वयं मुझसे खरीदे गए मलमल की विशेष अनुरागिनी हैं। मेरा मलमल देखकर उन्होंने कहा है कि यह किसी मनुष्य के हाथ का बनाया नहीं हो सकता। परियों का काम लगता है।

वीरनारायण : इस बारे में हमारे राज्यवासियों का क्या विचार है? इस राज्य में शुद्ध ढाका के मलमल को खरीदने वाले लोग अल्प हैं। इतना धन उनके हाथ में नहीं है।

उमारत्न : हम लोगों के सम्प्रदाय के अनेक लोग यहाँ रहते हैं महाराज। सुना है कोचराज्य में जैनियों की बहुत खातिर की जाती है। आप लोगों के शैव होने पर भी जैनियों का यहाँ सम्मान है। इसके अलावा मेरे मलमल की कद्र अगल बगल के राज्य, त्रिपुरा, प्रागज्योतिषपुर से सुदूर दक्षिण में ताम्रलिप्त, हरिकेल आदि में। सोचा कि देखूँ कोचराज्य में भी आजमा लूँ? मेरे व्यापार को लेकर आप चिन्तित न हों महाराज यह मेरी ज़िम्मेदारी है ।

वीरनारायण : अच्छा। किन्तु इस राज्य में व्यवसाय करने पर कोषागार में शुल्क देना पड़ता है।

उमारत्न : दूँगा।

वीरनारायण : और वह अग्रिम है ।

उमारत्न : ठीक है दूँगा महाराज ।

वीरनारायण : अच्छा। हम लोगों के राज्य में बहुत बड़ा जैन मन्दिर भी है। उन्हें देखा है?

उमारत्न : देखा है महाराज। सच में ही बहुत सुन्दर है राज्य आपका।

वीरनारायण : आप लोगों का सहयोग पाकर यह राज्य एक दिन विश्व में श्रेष्ठ हो उठेगा ।

उमारत्न : हाँ महाराज! निश्चित ही।

[वीरनारायण इंगित करते हैं। सुरक्षाकर्मी उमारत्न को ले जाता है। शाणित उन्हें आगे बढ़ाकर लौट आता है।]

वीरनारायण : चलो। तब भी कुछ व्यवस्था हुई। और हमारे महाजन-व्यापारी? वे कुछ सहायता नहीं करेंगे?

शाणित : उन्होंने हाथ दबा रखा है महाराज। विशेष रूप से आपके बार-बार *(चुप हो जाता है)*

वीरनारायण : क्या शाणित? चुप हो गए? बोलो। मेरे उस महाजन हरमेश्वर की पत्नी की इज्जत लूट लेने के कारण उनके स्वाभिमान में आघात लगा है, यही न?

शाणित : वे डर रहे हैं महाराज। सोच रहे हैं कि आप उनके घर पर भी आक्रमण करें तो?

वीरनारायण : मंत्री शाणित! इस मामले में आप क्यों नहीं मेरे पिता के साथ मेरी तुलना करते? वे भी मेरी तरह सुदर्शन, कामुक और बहुपत्नीक थे। वे जब अपने राजवंशी प्रजा के घर धावा करके परस्त्री की इज्जत लूटते थे, तो कहाँ, उस समय तो आप लोग कुछ नहीं बोलते थे। *(रुकते हैं)* महाजनों से कहिए कि वो सुन्दर स्त्रियों से विवाह न करें। वैसा होने पर ही वे निरुपद्रव रह सकते हैं। जाइए, उनसे भी कहिए, धन की व्यवस्था प्रस्तुत रखें। मुगल यदि धावा बोलते हैं एवं हमारी सेना का दल यदि हारता है, जो कि वे होंगे ही, तब भी महाजनों को मुझे धन देना ही होगा।

शाणित : ठीक है महाराज! आप जब कह रहे हैं *(तो)* वही होगा।

वीरनारायण : और कवि धूर्जटि भट्ट को खबर करें। वह मेरी और भी अधिक वंदन गाथा लिखे। राज्य में सभी स्थानों पर उसी गाथा का पाठ किया जाए ऐसी व्यवस्था करो।

शाणित : जैसी आज्ञा महाराज!

वीरनारायण : याद रखो मंत्री शाणित राय, मेरे पिता केवल मात्र वीर थे। मेरी तरह उनकी रुचि सुकुमार नहीं थी। वे तलवार का माहात्म्य समझते थे, काव्य-साहित्य संगीत की साधना उनके वश के बाहर की बात थी। पिता से मैंने नारी लोलुपता पाई है किन्तु वह अलंकार सा है। वास्तव में मैं एकान्त रूप से कला-रसिक, संगीत पिपासु और रुचिवान हूँ।

शाणित : महाराज!

[बाहर एक तुरही की आवाज होती है। ये लोग चकित होते हैं। वही बल्लम धारी सुरक्षाकर्मी आता है।]

सुरक्षाकर्मी : महाराज, रानी पद्मावती आ रही हैं।

वीरनारायण : अभी? यहाँ? अभी तो राजकर्म चल रहा है। इस समय उनकी क्या जरूरत है?

सुरक्षाकर्मी : कह रही हैं अत्यावश्यक है। आपको इस समय सारे कार्य कुछ क्षणों के लिए स्थगित कर देने के लिए कह रही हैं।

वीरनारायण : अच्छा। तब तो निश्चय ही आवश्यक है। मंत्री शाणित, आप जाएँ। सभागृह में जाएँ। उन्हें खबर दें कि मध्याह्न भोजनोपरान्त मैं सभागृह में आ रहा हूँ। शेष बातें मैं आपके साथ करूँगा।

[शाणित निकल जाता है। अन्दर से रानी पद्मावती आती हैं। वे गम्भीर हैं।]

वीरनारायण : क्या हुआ है रानी? इस असमय में तुम मंत्रणाकक्ष में?

[पद्मावती इशारा करती हैं। अन्दर से दो प्रहरिणियाँ सफेद कपड़े में लिपटी व्रतती की देह ले आती हैं। उसे सुला देती हैं।]

पद्मावती : आज सुबह उसने आत्महत्या कर लिया है।

वीरनारायण : वही नारायण त्रिलोकदर्शी की कन्या? आत्महत्या कर लिया? आज तो उसके साथ मेरे विवाह का दिन है?

पद्मावती : राजा! तुम्हें लाज नहीं आ रही? तुम्हारे कारण इसे लेकर राज्य में पाँचवीं कुँवारी लड़की मारी गई। और तुम मूर्खों की भाँति विश्वास करते हो *(कि)* ये सारी तुम्हें प्रेम करने के कारण इस महल में आती हैं।

वीरनारायण : मैं तो यही सोचता हूँ । सोचने में वही ही अच्छा लगता है। *(रुकता है)* क्या हुआ था?

पद्मावती : मैं पूजा-घर में थी। सुबह से ही समाचार पा रही थी *(कि)* आज रात इसके संग सम्भवतः तुम्हारी फुलशय्या *(सुहाग रात)* है।

वीरनारायण : हाँ। उसने तो कहा कि एक माह व्रत-पालन करेगी। उसके बाद मुझसे विवाह करेगी। गत कल उसका व्रत शेष हो गया था।

पद्मावती : हाय हतभाग्य—वह समय ले रही थी, तुम यह भी नहीं समझ पाए। मैंने पूजा शेष करके शिव के ऊपर नारियल का दूध अभी डाला ही था कि मुझे हीरा ने आकर खबर दी कि व्रतती दरवाजा नहीं खोल रही है। मैं जल्दी-जल्दी गई। देखा, दरवाजा अन्दर से बन्द था। तब मैंने इसी कंचुकी रक्षकों को बुलाया। उन लोगों ने आकर दरवाजा तोड़ा। देखा, उसने अपनी ही साड़ी अपने ही गले में बाँधकर शहतीर की काठ से झूल रही है। हाय हतभागिनी!

वीरनारायण : ओ, तो इसमें इतना विचलित होने की बात क्या है। उसे जला दो। अच्छा, मैं उसके अन्तिम संस्कार की व्यवस्था करता हूँ। *(बुलाते हैं)* ऐ कौन कहाँ है?

पद्मावती : तुम्हारे अन्दर क्या मानवता लेश मात्र भी नहीं बची राजा? गरीब ब्राह्मण पंडित की लड़की, तुम उसे जबर्दस्ती पकड़ लाए। मूर्खों की भाँति विश्वास कर लिया कि वह स्वेच्छा से आ रही है। वास्तव में वह अपने पिता के मेधावी शिष्य प्रद्योत से प्रेम करती थी।

वीरनारायण : *(चकित हो)* : तुमने कैसे जाना?

पद्मावती : मैं जानती हूँ। उसके व्रत पालन के दौरान एक दिन मैं रात में प्रसाद देने गई थी। देखा, अनिद्रा से, अनाहार से, जल कष्ट से प्रायः सो पड़ी थी। और नींद में बड़बड़ा रही थी। मैं उसके मुँह के पास कान ले गई। देखा नींद में ही बोल रही है, "प्रद्योत! प्रद्योत! तुम मुझे बचाओगे नहीं?"

वीरनारायण : निर्बोध तरुण-तरुणी। कौन आकर बचाएगा उसे? मैं जानता था। जिस दिन व्रतती का हरण कर ले आया उसी दिन उनकी आँखों को देखकर लग रहा—कुछ न कुछ तो गड़बड़ है। दोनों कोई षड्यंत्र रच रहे हैं।

पद्मावती : वही षड्यंत्र—परस्पर को प्रेम करना! वे दोनों एक-दूसरे से प्यार करते थे। विश्वास था कि एक-दूसरे के लिए बने हैं। *(रुकती है)* वो मेरी पुत्री के उम्र की थी राजा! और उसका मुख देखो कुंद फूल की भाँति सुन्दर था। मुझे कष्ट हो रहा है राजा।

वीरनारायण : पुत्री की तरह। पुत्री तो नहीं। देखो पद्मावती मेरी एकाधिक रानियाँ हैं। और कितनी संतानें हैं मेरी, यह भी अच्छी तरह नहीं जानता। एक उम्र तक सुना था। अब और सुनता भी नहीं। कारण मैं जानता हूँ कि तुम मेरी पटरानी हो। मेरी शेष पत्नियों और समस्त संततियों की देखभाल करने का दायित्व तुम्हारा है। मैं राज्य-कार्य में व्यस्त रहता हूँ। अन्त:पुर की ओर सिर खपाने का समय मेरे पास नहीं है।

पद्मावती : राजा, तुमने जब जो कहा मैं आजीवन उसे मुँह बन्द रखकर मानती रही हूँ। मानती रही कारण सोचा कि रानियों का कर्तव्य यही है, भवितव्य यही है। उस छोटी उम्र में तुम्हारा हाथ पकड़कर इस राज घर में प्रवेश किया। इतनी सम्पदा, इतना विलास, इतने संसाधन—फिर भी बन्दी की तरह महल के गवाक्ष से निहारती रही हूँ उस बाहर के बैकुंठपुर वाले रास्ते को—जहाँ सरल मन वाली लड़कियाँ हँसती-हँसती चलती हैं, नाचते-नाचते बचती हैं, भोजन उन्हें एक बेला भी मिलता है या नहीं मिलता, लेकिन उनका जो आनन्द मैं देख पाती हूँ, वह मुझे नहीं है। मैंने लोभी की तरह निहारकर देखा है कि वह जिसके गले में आँचल है, माथे पर सिंदूर लगाकर तुलसी मंडप में पूजा करती है। स्वामी-पुत्र की मंगल कामना में सदैव तटस्थ है, उसके दुख की भाँति पवित्र दुख मेरे भी नहीं हैं। मैं केवल जानती हूँ, यहाँ इसी तरह एक दिन मुझे मरना होगा, मेरे सिर के केश सभी बड़ी नदी के सन के झुंड की तरह झक सफेद हो जाएँगे, मन्दिर के पीछे पारिस्थितिकी गड्ढे के समान इस राजभवन के गर्त में—सूराखों के अन्दर मेरी देह पड़ी रहेगी—और चींटियों के दंश चिह्न से भर जाएगी मेरी देह।

वीरनारायण : यह अच्छा ही तो है। वह विलाप/रोदन यहाँ आकर क्यों कर रही हो? मनुष्य मरणशील है—कौन नहीं जानता। अभी जाओ और इस मूर्ख लड़की के अन्तिम-संस्कार की व्यवस्था करो। और उस पंडित नारायण त्रिलोकदर्शी एवं उसके छात्र प्रेमी प्रद्योत को खबर दो। शायद वे संस्कार करना चाहें।

पद्मावती : तुम नहीं जानते?

वीरनारायण : अब क्या? उन लोगों ने भी आत्महत्या कर ली क्या?

पद्मावती : उनका सर्वनाश करके तुम्हारे चले आने के बाद व्रतती के अनुरोध पर कई दिन बाद मैंने गुप्त रूप से उसके पिता की कुटी पर एक आदमी भेजा था। वे कैसे हैं—यह जानने के लिए। खबर पाई मैंने

कि *(उस घटने के)* दूसरे दिन से आसपास के पड़ोसियों ने उनमें से किसी को नहीं देखा। वे गायब हो गए हैं। कहाँ गए कोई नहीं बता पाया। व्रतती को यह खबर बताने पर वह चुप साधे रही।

वीरनारायण : जाने दो। बच गए। लगता है ये लोग काछार *(वर्तमान में असम)* प्रदेश में भाग गए। तब भी सावधानी भली। मैं अपने लोगों को कहता हूँ कि वे कहाँ गए—इसका पता लगाएँ। नया कोई उपद्रव मैं नहीं चाहता। *(रुकता है)* वह प्रद्योत लड़का घातक है। उसके अन्दर कायस्थों की ज़िद है। संग में उसके गुरु की ब्राह्मण बुद्धि है। पता लगाना होगा अभी जाओ यहाँ से। जाओ। विलम्बहोती जा रही है। *(पद्मावती आँखों का पानी पोंछते-पोंछते चली जाती है। वीरनारायण आगे आ जाते हैं।)* पंडित नारायण त्रिलोकदर्शी और प्रद्योत। कहाँ गए ये? दिल्ली? जहाँगीर के पास? उसी मुकुंद सार्वभौम की तरह?

[राजा चले जाते हैं। कोरस आते हैं। पहले दलपति हैं। पीछे शेष सभी। वे संलाप पकड़ते हैं। पीछे पार्श्व ध्वनि होती है।]

कोरस : हे शिव, हे नटराज
तुम्हारी रुद्रमूर्ति आज विषुव आकाश में है
तुम्हारे तांडव के निमित्त अपेक्षारत
हम लोग अभागे।
तुम जाओ। आविर्भूत होओ।
तुम्हारे नृत्य-छंद से काँप उठे आज सारी धरित्री।
प्रलय आए। तूफान आए।
सब कुछ हिलाकर तुम्हारे अस्थिर पग-चारण से
इस पापीष्ट धरा को बता दे
तुम आज भी देदीप्यमान हो।
आर्त हम सब तुम्हारी ओर देखें।
हाथ जोड़कर करता हूँ शेष जागरण-स्तव
तुम जो। ध्वंस करो।
ध्वंस करके धो दो इस भूमि को।
पाप से मुक्त करो।
प्रकाश दो। शान्ति दो।
ज्ञान दो अपने आकाश पर!

[कोरस रुकता है। तीसरे दृश्य का अवतरण होता है। मंच तैयार हो जाता है।]

अँधेरा

तृतीय दृश्य

[मध्य रात्रि का समय। गहन जंगल के अन्दर तांत्रिक कुलार्णव की कुटिया। कुलार्णव ने अपनी तंत्र साधना की वस्तुओं को सजा रखा है। सामने ही हाथ जोड़े नारायण त्रिलोकदर्शी और प्रद्योत बैठे हैं। कुलार्णव अपनी वस्तुओं को सजाना पूरा कर आहूत प्रार्थना (स्तव) प्रारम्भ करते हैं। नेपथ्य से पार्श्व ध्वनि के रूप में ढाक की आवाज आती है।]

कुलार्णव : ओउम्क्लिंग फट स्वाहा—
काया कहाँ से पाई, कहाँ से हुआ उदय।
पहले बताएँ गुरु का काया-परिचय॥
दूसरे में, बताएँ गुरु इस तन का कारण
अजपा कहते किसे जपता है कौन जन॥
ओउम्क्लिंग फट स्वाहा!

[ढाक की आवाज बढ़ जाती है। कुलार्णव हाथ में त्रिशूल लेकर नृत्य करते हैं। नारायण और प्रद्योत हाथ जोड़कर मंत्र को दुहराते रहते हैं। ढाक की आवाज घटती है। कुलार्णव फिर मंत्रोच्चारण करते हैं।]

कुलार्णव : नवम में—हवा किस उद्देश्य से चलती है।
सभा के लिए भोजन है वायु क्या खाए।
दसवें—समझता हूँ निदान कोई नहीं है देता।
दीप बुझाने पर ज्योति कहाँ जाकर रहे॥

[ढाक की आवाज बढ़ती है। नारायण लोग मंत्रोच्चार करते हैं। ढाक की आवाज घटती है। कुलार्णव त्रिशूल

रख देते हैं। मंद-कंठ से बोलते हैं।]

कुलार्णव : राजा वीरनारायण अणु समान अत्यंत सूक्ष्म हैं। और तुम लोग लघु हो। किन्तु जलाने की शक्ति की वृद्धि चाहिए। अष्टांग क्रिया तुम लोगों की सहचरी बने। दिवा-रात्रि की विधायिका मनस्तवनकारी शक्ति तुम लोगों की सहायक हो। वशकारिणी नहीं, तोयस्तस्तिनी नहीं, तुम लोग वह गूढ़ शक्ति धारण करो जिससे तुम लोगों के सारे गुप्त भाषण, संकल्प, अध्यवसाय एवं क्रियानिष्पत्ति एकमात्र कुलार्णव के अलावा सभी के लिए ध्वंस का आह्वान करे।

[कुलार्णव निकट से पात्र को उठाकर शराब पान करता है।]

कुलार्णव : तुम लोग मत समझो कि मैं किसी आवेग के कारण तुम लोगों का समर्थन कर रहा हूँ। इस पृथ्वी पर आवेग, कृतज्ञता, मनुष्य के संग मनुष्य का स्वाभाविक सम्पर्क—इन सब गुणों की स्वाभाविक मृत्यु हो चुकी है। जो बचा है वह एक ज्वलंत हुताशन है—जिसका नाम कभी लोभ, कभी उसका नाम विकृति है। फिर कभी उसका नाम उन्मत्तता है। आओ हम प्रतिशोध के लिए अपने हृदय को सख्त बनाएँ। आओ अपने मन से समस्त सुकोमल प्रवृत्तियों को घिसकर उसे चिकना पर्वत के चौरस भूमि की तरह सपाट और रूखा बना डालें। अपने भीतर उफनती हुई अग्नि की ज्वाला धधका लें। उसके अन्दर ला पटको अपनी शत्रु-खोपड़ी। चच्चड़ करती केशों भरी खोपड़ी फटे, दिमाग आग के भाप से गल जाए, चूर्ण हो जाए, शत्रु का मस्तक, उबलकर पक जाए, उसका पूरा हृदय और पूरी देह। ओउम् शान्ति ओउम्। स्वाहा-स्वाहा।

[फिर ढाक बजता है। नारायण आदि घुटनों के बल बैठते हैं। कुलार्णव फिर मद्यपान करते हैं। गम्भीर आवाज में मंत्र पढ़ते हैं।]

कुलार्णव : तुम लोग जानते हो मेरे पिता महातांत्रिक सर्वविद्या की हत्या की थी इसी वीरनारायण के पितामह नृपति नरनारायण ने। उस समय नृपति नरनारायण अज्ञातवास में थे। कोचवंश के सिंहासन पर तब एक वर्ष के लिए नरनारायण के भाई शुल्क ध्वज तथा चिला राय थे। इसी गहन-घने जंगल में वह दुष्ट नरनारायण ने मेरे पिता के

संग छद्मवेश धारण कर मिलजुल कर अच्छा आचरण करके उनसे समस्त गुप्त मंत्र सीख लिया। सीखने के बाद मन ही मन पापिष्ट नरनारायण ने निश्चित कर लिया कि वह चुपके से अपने राज्य में भाग जाएगा। भागने से पहले उसने निश्चित कर लिया कि मेरे पिता की भोर के समय हत्या करेगा। किन्तु मेरे पिता ने उसकी बुरी अभिसन्धि को भाँप लिया। सूर्य तब सद्य:पूर्वाकाश में अपना प्रकाश दे रहा था।

नारायण : उसके बाद?

कुलार्णव : उसी सुबह नरनारायण ने पर्वत के नीचे इसी जंगल में दौड़ना शुरू किया। मेरे पिता ने उसके पीछे हाथ में नंगी तलवार लेकर पीछा किया। नरनारायण सहसा खरगोश हो घासों के जंगल में दौड़ने लगा। पिता ने भी उसी क्षण वनैला कुत्ता होकर पीछा किया, नरनारायण मछली बनकर नदी में कूद पड़ा। पिता भी निमेष मात्र में मछली पकड़ने वाले पक्षी का रूप धारण कर उनके पीछे चले। नरनारायण मैना बन आकाश में उड़ा। पिता ने बाज हो उसका अनुसरण किया। और उपाय होने का अवसर न देख नरनारायण एक किसान के घर धान की कोठरी में जा धान का एक दाना बनकर असंख्य दानों में मिल गया। किन्तु पिता भी निमेष मात्र में एक घोर काला कुक्कुट *(कीड़ा)* बनकर धान का प्रत्येक दाना खोजकर उसे पा लिया।

प्रद्योत : इसके बाद?

कुलार्णव : पिता जब उसे वध करने जा रहे थे तभी उस दुष्ट नरनारायण ने मेरे पिता से ही सीखी जादू-टोना विद्या को स्मरण कर निमेष मात्र में एक विशाल चीता बन अपने बघनखों से मेरे पिता की पीठ चीर दिया। पिता, मेरे वृद्ध पिता टुकड़े-टुकड़े होकर पड़े रह गए इस घने बियाबान जंगल में। मैं तब छोटा था। गाँव में माँ के साथ रहता था। जिस दिन खबर गई कि पिता मर गए उसके दो दिन बाद चिला राय के सिंहासन पर फिर से नृपति नरनारायण बैठे। उसके बाद से सात वर्ष बीत गए हैं। नरनारायण मर गए, उनके पुत्र लक्ष्मीनारायण भी—किन्तु जन्म-जन्मान्तर की प्रतिशोध की इच्छा मेरे अन्दर धू-धू कर जल रही है। आज प्राय: मैं मृत्यु के निकट हूँ किन्तु जैसे दैव प्रेरणा से प्रेरित हो इस घने जंगल में इस अमावस्या की घनी काली रात में तुम लोग उपस्थित हो। मैं सम्भवत: अधिक दिनों तक नहीं बचूँगा,

किन्तु तुम लोगों को वह मंत्र दे जाऊँगा जिससे इस वीरनारायण का समूल सर्वनाश हो। उसका विनाश हो।

[नारायण एवं प्रद्योत हाथ जोड़ते हैं। कुलार्णव अग्नि (आग) जलाते हैं। उसी आग पर हाथ रखकर कुलार्णव मंत्र-पाठ करते हैं। नेपथ्य में पार्श्व ध्वनि में तंत्र-मंत्र का पाठ होता है। मंत्र रुकता है। घोर निस्तब्धता है। उसी के बीच कुलार्णव अपनी आँखें खोलते हैं।]

कुलार्णव : इला!
नारायण : प्रभु?
कुलार्णव : *(हँसते हैं)* इला! इला!
प्रद्योत : इला कौन है प्रभु?
कुलार्णव : पता लगाओ। जानो। इला कौन है? पता लगाओ। अपने उत्स को जानो वत्स। जानना सीखो।

[फिर मंत्रोच्चारण प्रारम्भ होता है। साथ ही तेज हवा चलती है। मंच पर सूखा पत्ता उड़ आता है। दीखता है जैसे कुलार्णव नारायण और प्रद्योत के कानों में कुछ बोल रहे हैं। जम से जाते हैं। उनमें से प्रत्येक के हाथ में तलवार है। अँधेरा होता है।]

विरति

द्वितीयार्द्ध

चतुर्थ दृश्य

[पर्दा खुलने पर देखा जाता है कि कोरस खड़े हैं। प्रातःकाल की बेला है। वही एक ही स्थान। पीछे वेदी पर दर्शकों की ओर पीठ करके नारायण त्रिलोकदर्शी और प्रद्योत बैठे हैं। वे जैसे कुलार्णव की अस्थि जंगल में बह रही नदी में विसर्जित कर रहे हैं। कोरस-दलपति संलाप करते हैं। शेष उनके संग बोलते हैं।]

कोरस : प्रकाश बढ़ता है। क्रमवार।
दीखते हैं चराचर।
आकाश में मंथर मेघ जमे
ज्यों उत्तर में बिछी हो चादर।
ये भरे बादल
ये महा बादल
सूना है मन्दिर मोरा।
नदी तट पर नौकाओं पर
जमा पड़ा कुहासा। टेढ़ा बालुकामय तट।
कत्थई पनडुब्बी बैठती
एकबारगी ही सिर के ऊपर।
ऐ भरे बादर!
महा भादर।
सूना है मन्दिर मोरा।
दोनों ओर हवा काँपे
हिया करे थर थर।
टूटी फूटी मन्दिर की दीवार, घना सुपारी का वन
झिलमिल करता ताल।
सब्ज पानीफल फले उसमें
देखकर उसे लगता है
जैसे गाय के दूध की गाढ़ी मलाई
ऐ भरे बादल!
महा भादर।
सूना है मन्दिर मोरा!

[कोरस बाहर निकल जाता है। इसी बीच प्रद्योत और नारायण त्रिलोकदर्शी मंच के सामने आ गए हैं। कुछ पल स्तब्धता रहती है। हठात् नारायण ने कुछ देखा हो।]

नारायण : प्रद्योत। दौड़ो। रुको मत, दौड़ो।

[पार्श्व ध्वनि होती है। तीन सुरक्षाकर्मी आकर नारायण को पकड़ते हैं। प्रद्योत दौड़कर भागता है। वीरनारायण और शाणित प्रवेश करते हैं।]

वीरनारायण : प्रतिशोध की भावना ठंडी होकर मीठे केक की तरह हो जाती है। पुरानी कहावत भूल गए पंडित? मंत्री शाणित, सुरक्षाकर्मियों को प्रद्योत का पीछा करने को कहिए। मेरे पाले हुए वनैले कुत्तों को छोड़ दें। इस गहन जंगल में वे प्रद्योत के देह की गंध सूँघकर वे उसकी स्थिति भाँप लेंगे। एकदम उसके कंठ नली तक वे अपने पैने दाँत घुसाकर उस विषय में मुझे निश्चितता दान करेंगे वे।

[शाणित हँसकर सिर हिलाते हुए बाहर निकल जाता है। वीरनारायण उठकर वेदी के पास जाते हैं। नदी देख लौट आते हैं।]

वीरनारायण : कुलार्णव ने भी हालाँकि शव रखा। अच्छा है। बहुत इच्छा थी कि उस भक्त तांत्रिक को मैं स्वयं अपने हाथों से त्रिशूल में गूँथ देता। जिस प्रकार उसके पिता की हत्या मेरे पितामह नृपति नरनारायण ने की थी।

नारायण : आप—आप लोग विश्वासघाती हैं।

वीरनारायण : नहीं। हम साँप की तरह हैं। फिर ओझा की तरह भी। मैं तुम्हें नाग बनकर डसूँगा और झाड़-फूँक करने वाला बनकर तुम्हें बचाऊँगा। उसके बाद फिर मारूँगा।

नारायण : मुझे मारकर भी तुम्हें मुक्ति नहीं मिलेगी महाराज।

वीरनारायण : वह तो बाद की बात है। नहीं मिली तो नहीं पाऊँगा। किस राजा ने कब मुक्ति पाई है? राजनीति, कूटनीति में राष्ट्रप्रधान को शेषपर्यंत मुक्ति पाना दुरूह है। इस कारण इस पल में साधारण नागरिकों पर अत्याचार या उनका वध नहीं करूँगा, बाद में क्या होगा इस पर दुश्चिन्ता करूँ यह तो नहीं हो सकता पंडित प्रवर। इतनी पुस्तकें पढ़ा और इतना भी नहीं जानते?

नारायण : पापिष्ट! अत्याचारी!

वीरनारायण : जोर से। और जोर से बोलो। वह टूटी दीवाल, उसके भीतर पकाई गई ईंटों के मेहराबों के ध्वंसावशेष और उसके भी अन्दर पार्श्व ध्वनि की आवाज करते घूमते हुए विषैले साँपों के दल केवल तुम्हारी यह फुसफुसाहट सुन पाएगा। चिल्लाओ नारायण त्रिलोकदर्शी। जोर से चीत्कार करो।

नारायण : अत्याचारी! हत्यारे!

[वीरनारायण इशारा करते हैं। दो रक्षाकर्मी नारायण त्रिलोकदर्शी को पकड़कर उनका सिर बलि-काष्ठ

पर रखते हैं। इसी समय लड़खड़ाते हुए शाणित राय प्रवेश करते हैं। उनका शरीर रक्तरंजित है।]

शाणित : आह महाराज! मुझे मारा है। मुझे मारा है। कितनी भयानक बात है।

[शाणित गिरकर मर जाते हैं। नंगी तलवार हाथ में लिये प्रद्योत प्रवेश करता है। पार्श्व ध्वनि होती है। वीरनारायण चौंकते हैं। वे ताली बजाते हैं। दूसरी ओर से विशाल देह वाला मोदक बर्मन प्रवेश करता है। उसके हाथ में भी नंगी तलवार है।]

वीरनारायण : मूर्ख प्रद्योत! मेरे साथ लड़ना चाहते हो। यह लो मेरा सबसे अधिक शक्तिशाली योद्धा मोदक बर्मन। उसके साथ लड़ो, देखता हूँ कैसे लड़ पाते हो।

[पार्श्व ध्वनि में सितार के तार की झनझनाहट बजती है। प्रद्योत और मोदक हाथ में तलवार थामे एक-दूसरे की ओर देखते हैं। वीरनारायण मंच के सामने आते हैं। दर्शकों की ओर पीछे घूमते हैं। उनकी राज पोशाक हवा में उड़ती है।]

वीरनारायण : मूर्ख प्रद्योत! पंडित त्रिलोकदर्शी—तुम लोगों के अन्दर प्रतिहिंसा की आग ताकि और भी धधककर जल उठे इसी कारण यह तथ्य तुम लोगों को बताता हूँ। व्रतती ने परसों आत्महत्या कर लिया। मृत्यु से पहले उसने मेरी पटरानी पद्मावती को बता दिया था कि वह मुझे नहीं, उस प्रद्योत से प्रेम करती थी। मेरे साथ वह प्रणय का अभिनय कर रही थी ताकि तुम लोग बच सको। उसकी इस द्विविध प्रताड़नाओं के लिए एवं उसे अपने हाथों न मार पाने के कारण मैं इस गहन जंगल में तुम दोनों जन को अपने हाथ से मारने आया हूँ। मोदक जाओ—जाओ, उसकी हत्या करो।

[पार्श्व ध्वनि बढ़ती है। प्रद्योत और मोदक नंगी तलवार हाथ में लिये एक-दूसरे की ओर ललकारते हुए बढ़ जाते हैं। दोनों युद्ध करते हैं। अन्त में प्रद्योत अपनी तलवार से मोदक की हत्या करता है। मोदक गिर पड़ता है। ठीक उसी समय पाँच सुरक्षाकर्मी तीर-धनुष

ले मंच के विभिन्न स्थानों पर बैठकर प्रद्योत की ओर बाण संधान करते हैं।]

नारायण : प्रद्योत भागो। भागो। कुलार्णव की विद्या तुम्हें एक जन से नहीं जिता पाएगी। जबकि प्रतिशोध लेना ही होगा। इस राजा का नाश करना ही होगा।

[प्रद्योत दौड़कर पीछे की वेदी पर चढ़ता है।]

प्रद्योत : वीरनारायण! तुम्हारा दिन भी निकट आ रहा है। तुम्हारी प्रवृत्ति, तुम्हारा दम्भ, तुम्हारी स्वार्थपरता तुम्हें शेष कर देगी। करेगी ही।

[वेदी से पीछे दर्शकों की आँखों की ओट में कूद पड़ता है। पार्श्व ध्वनि में जल के प्रवाहित होने की आवाज आती है। समझा जाता है कि प्रद्योत नदी में कूद पड़ा है। दो सुरक्षाकर्मी भी उछलकर वेदी पर चढ़ते हैं। वे घुटने मोड़ बैठकर कंधे से धनुष उतार प्रत्यंचा लगाता है। पीछे घूमकर नदी कि ओर वार डालते हैं। उसके बाद वहीं फ्रीज हो जाते हैं। ...कुत्तों की आवाज आती है। वीरनारायण नारायण के निकट आते हैं।]

वीरनारायण : वह क्या कह गया? कि मेरा अन्त करेगा? *(नारायण उत्तर नहीं देते हैं)* जो भी हो। अपने प्रिय तैरने वाले पालतू कुत्तों को मैंने छोड़ दिया है। वे भी नदी में तैर रहे हैं। उनका वेग तुम्हारे उस निर्बोध शिष्य प्रद्योत से अधिक है।

[नारायण कोई उत्तर नहीं देते।]

ठीक है। वे जब प्रद्योत को पकड़ लाएँगे उसकी हत्या करने के पहले उससे ही मैं जान लूँगा कि कौन मेरे सर्वनाश की जड़ है। मेरे सर्वनाश का मूल कारण क्या है?

[नारायण विचित्र ढंग से हँसते हैं। वे धीरे से उच्चारण करते हैं।]

नारायण : गुढ़ैषा।

वीरनारायण : नहीं समझा। फिर कहो।

नारायण : गुढ़ैषा। गुढ़ैषा।

वीरनारायण : वह अब क्या है?

[नारायण चुप हो रहते हैं।]

गुढ़ैषा? क्या अर्थ है? बहुत जटिल शब्द है। जो भी हो मैं प्रद्योत से ही शब्द का अर्थ जान लूँगा। अभी ब्रह्महत्या के लिए अपने अक्षय नरकवास को निश्चित करता हूँ।

[तलवार, नारायण त्रिलोकदर्शी के सिर पर तलवार उठाते हैं। अँधेरा होता है। पार्श्व ध्वनि में पाँचवाँ दृश्य अवतरित होता है।]

अँधेरा

पंचम दृश्य

[कोरस आकर खड़ा हो जाता है। उनगें से प्रत्येक के हाथ में धान के गुच्छे थे। वे पहले गीत गाते हैं।]

कोरस : *(गीत गाते हैं)*

गंगा पूजा कर आए ले आए नया पीढ़ा[1]।
चंद्रावती ने कराया स्नान।
सोना जड़े देह पे शोभे नाना रत्न उसे
दिव्य वस्त्रों का दिया परिधान।
धारण किया विचित्र वेश परिपाटी से कंधे पर केश
अधिवास किया सब का
बीती बेला, भेजी एक पालकी
पति ले गया छाजन के तले॥
चारों ओर बाजा बजे भ्रातागण रोमानियाई नाचें
बीती रजनी बीता दिन
पूर्व मुँह करके दूल्हा बैठे किस पंडित के दोष से
अपवाद मत जो है प्राचीन॥

[रुकता है। कोरस में बातें करता है।]

यहाँ गंगाजल ले आओ बन्धुओ
सुन्दर सुवेश बनाकर आए राजा की कन्या

1. पीढ़ा—आसन

हाथ में उसके कंगन, बाँह में बाजूबंद
नाक में नथी, चमकीले दाँत, बातों में है छंद॥
कन्या को उसका साथी मिला नैऋत्य कोण में
सर पर उनके तानी चादर
छाजन तले दूध लाय
पाद्य-अरघ आचमन किया
वरमाला गले पहराया!

[कोरस चला जाता है। आँखों के सामने दृश्य जीवंत हो उठता है।]

[कालजानी नामक स्थान। एक गृहस्थ के घर की कुटिया है। सन्ध्या के समय वृन्देश्वरी नामक अधेड़ उम्र की महिला तुलसी के नीचे पूजा कर रही है। शंख फूँकती है। उसके बाद गले में आँचल लपेटकर नमस्कार करती है। पूजा शेष होती है। हाथ में सन्ध्या-आरती लेकर वृन्देश्वरी सामने आती है। कुछ देर चुप रहकर वह पुकारती है।]

वृन्देश्वरी : इला! इला!

[अन्दर से सोलह वर्षी उम्र की अपूर्व सुन्दरी किशोरी बाहर आती है।]

वृन्देश्वरी : पूजा के समय यहाँ क्यों नहीं रहती? घर में बैठी हो।

इला : मैं तो नाडू *(नारियल का लड्डू)* बना रही थी दाई माँ । हो गया है। घिरनी भी बना रखा है।

वृन्देश्वरी : अच्छा किया है। तेरी माँ कहाँ है?

इला : नहाने गई। मैंने मना किया। कहा कि इस कुबेला में मत जाओ। सुना ही नहीं। *(उसने)* कहा कि हर साँझ वह स्नान करती है।

वृन्देश्वरी : हाँ, वह आदत तो तेरी माँ की विवाह से पहले से ही है। जानती है तू, तेरी माँ का पाला हुआ एक तीतर था। रोज उसे शाम के समय चने खिलाकर तेरी माँ धूनी जला सिर चढ़ाती।

इला : *(हँसती है)* गंगाजल! गंगाजल! चुआ *(नदी का नाम)* किनारे नहाने गई है!

वृन्देश्वरी : पान खेत। नेनुआ पेड़। तैरती है वहाँ अचिम मछली।

इला : गंगाजल! गंगाजल!

वृन्देश्वरी : शाक का खेत। गायों का घर। अमलकाँसा! सखी मेरी।

इला : गंगाजल! गंगाजल! मुनिया पाखी उड़ना चाहे।

वृन्देश्वरी : तलुआ*(धान का एक प्रकार)* धान। ऐरावत! खेत किनारे। भाग जा!

[दोनों जन हँसते हैं।]

इला : उफ़। माँ से तुकबन्दी सुन-सुन कर पूरा याद हो गया है।

वृन्देश्वरी : तेरी माँ खूब खेलना पसन्द करती थी। एकदम लड़कों की तरह। हम लोग बचपन में जहाँ गुड़िया से खेलते, उसका विवाह करने में व्यस्त रहते, तेरी माँ कुम्हार टोले में कौड़ी खेलने चली जाती। तेरी माँ के हाथ में जितनी ताकत थी कि कोई भी लड़का तेरी माँ के पास नहीं आ पाता। और तू, तेरी माँ से ठीक उलटी हुई है।

इला : खाली घर में बैठी रहती हूँ। इसीलिए तो? क्या करूँगी दाई माँ। मेरी तो बाहर निकलने का मन नहीं करता। इसके अलावा माँ जब आती है, बार-बार कहती है *(कि)* बाहर एकदम न जाना। दाई माँ के पास ही घर में रहना।

वृन्देश्वरी : *(हँसती है)* तुम्हारे देर तक बाहर रहने पर मुझे भी चिन्ता होती है। तेरी माँ प्रति वर्ष जब तुम्हें देखने-मिलने, मुझसे पूछती है कि तू ठीक-ठाक है कि नहीं। और मैं कहती हूँ कि बेटी माँ के ठीक उलटी है। माँ थी जैसे अदम्य। बेटी वैसी ही शान्त। थोड़ा ज्यादा ही ठीक-ठाक रहती है।

इला : दाई माँ, जाने से पहले माँ को तुम वह बात बताओगी तो?

वृन्देश्वरी : *(कपटी धोखे से)* कौन सी?

इला : फिर मजाक करती हो। नहीं, तुम यदि माँ को नहीं बताओगी तो मैं माँ के साथ नहीं जाऊँगी।

वृन्देश्वरी : उफ़! बताऊँगी रे बाबा, बताऊँगी! तेरा भावी दूल्हा *(वर)* जो जल्पेश्वर जैसा है। वह भी अपने भक्त को देखे बिना अधिक दिनों तक नहीं रह सकेगा।

[इला वृन्देश्वरी को जकड़कर पकड़ती है।]

इला : मैं लेकिन तुम्हारे बिना अधिक दिनों तक रह नहीं पाऊँगी दाई माँ।

वृन्देश्वरी : तुम्हें रहने भी नहीं दूँगी। तेरी माँ तो तुझे सात दिनों के लिए ले जा रही है। आठ दिन होते ही मैं जाकर तुझे ले आऊँगी। वहाँ तुझे रहने ही नहीं दूँगी।

इला : मैं रहूँगी भी नहीं।

[लाल पाड़ की सफेद साड़ी पहने पद्मावती प्रवेश करती हैं। वे हँसते हुए बोलती हैं।]

पद्मावती : तुझे रखूँगी भी नहीं। तेरी दाई माँ के साथ बात थी कि तेरी सोलह वर्ष उम्र होने पर मैं तुझे सात दिनों के लिए राजबाटी तेरे पिता के पास ले जाऊँगी। सात दिनों के लिए ही। परसों तेरी उम्र सोलह वर्ष पूरी हुई है। अब तुझे ले जाऊँगी। तुम्हारे पिता को चौका दूँगी।

इला : माँ, पिता भी नहीं जानते *(कि)* मैं यहाँ दाई माँ के पास बड़ी हुई हूँ?

पद्मावती : नहीं, मेरा व्रत था। तेरे पिता को बताना मना था। तुझे ले जाकर दिखाऊँगी जब, तेरे पिता आश्चर्यचकित हो जाएँगे।

वृन्देश्वरी : वह तू अपने वर को आश्चर्यचकित कर गंगाजल। मेरी बच्ची को किन्तु ठीक सात दिन पूरे होते ही लौट आना चाहिए वापस।

पद्मावती : हाँ रे बाबा, सात दिन बाद ही वापिस पाओगी। कौन तुम्हारी लड़की को उस जगह सात दिनों से ज्यादा रखेगा? मैं ही आकर उसे यहाँ पहुँचा जाऊँगी।

वृन्देश्वरी : सच में हर माह एक बार यहाँ आकर इला से मिलती रहीं, महाराज को सन्देह नहीं हुआ? क्यों तुम प्रति माह पिता के घर जाती हो?

पद्मावती : महाराज के लिए कठिन हो जाता है *(कि)* माह में कितनी बार मैं अपने गाँव जाती हूँ कि नहीं जाती। सुन गंगाजल, महाराजा गणराज्य कार्य में ही व्यस्त रहते हैं, घर की ओर उनकी चिन्ता रहती, तू जैसे जानती ही नहीं ?

वृन्देश्वरी : सच में ही! सोचने पर मुझे अचम्भा होता है। महाराज की कन्या यहाँ कालजानी में मेरे पास बड़ी हुई और महाराज जान भी नहीं पाए कि उनकी इतनी सुन्दर एक कन्या है।

पद्मावती : तुझे तो कई बार बन्धु कहा है गंगाजल, इला के जन्म लेने के बाद ही उसका मुख देखकर मेरे मन में आया था कि उस वैभव, आडम्बर के नीचे उसे बड़ी नहीं करूँगी। उसमें मेरे वाणेश्वर की मनौती थी। मेरी प्रथम संतान बेटी होने पर उसे सोलह वर्ष राजा की दृष्टि से छुपाकर रखूँगी। तू तो सब कुछ जानती है गंगाजल। जो भी हो, कल भोर में निकलूँगी। पालकी ढोने वाले भोर में ही चले जाएँगे। तीन दिन बढ़िया बीता यहाँ। माँ के मर जाने के बाद कालजानी में तुझे छोड़ और अपना कोई न रहा रे गंगाजल!

वृन्देश्वरी : *(इला की ओर देखती है। गला खखारती हैं)* तेरे संग एक बात थी गंगाजल!

पद्मावती : क्या है कहो।

वृन्देश्वरी : तुझसे परिचय कराने के लिए साँझ के समय एक जन को बुलाया है।

पद्मावती : किसे?

[वृन्देश्वरी इधर-उधर देखती टालती है इला बढ़ आती है।]

इला : उदय दा को।

पद्मावती : कुछ दिन पहले ही इस गाँव में आया है।

वृन्देश्वरी : इला के साथ शिवचतुर्दशी के दिन मेले में बातचीत हुई।

पद्मावती : *(कठोर स्वर में)* वृन्देश्वरी! यह क्या कह रही है तू? पहले तो कभी भी इसकी बात नहीं सुना।

वृन्देश्वरी : मैं नहीं जानती भाई। अपनी लड़की से पूछो। हर समय रानी का मिजाज अच्छा नहीं लगता।

पद्मावती : तुझे कब मिजाज दिखाया? मैंने पूछा *(कि)* इस उदय की बात पहले क्यों नहीं सुन पाई?

इला : मैंने ही दाई माँ को तुम्हें बताने से मना किया था। कहीं तुम नाराज न हो जाओ।

पद्मावती : परिचय के कितने दिन हुए?

इला : प्रायः नौ माह के लगभग।

पद्मावती : वह क्या इस कालजानी का ही लड़का है?

वृन्देश्वरी : नहीं। मारिचबाड़ी का लड़का है। शिवचतुर्दशी के मेले में घूमते-घूमते साक्षात् हुआ। एक कोने में बैठकर भावया गीत गा रहा था। इला को गीत सुनकर अच्छा लगा। तब बातचीत हुई।

इला : बहुत अच्छा गाता है रे माँ! गीत सुनकर परिचय किए बिना मैं नहीं रह सकी।

पद्मावती : तुम्हें लगता है कि तुम लोगों के इस सम्बन्ध को तुम्हारे पिता मान लेंगे?

वृन्देश्वरी : सम्बन्ध होने पर तो मानोगी भाई गंगाजल। अभी-अभी तो बातचीत परिचय हुआ है। इतना क्रोध करने लायक कुछ नहीं हुआ है।

इला : नहीं, हुआ है। मैं यदि विवाह करूँगी तो उसी उदय दा के साथ ही करूँगी।

पद्मावती : इला! इतनी बड़ी बात तुम इस प्रकार नहीं कह सकती। *(रुकती*

है) अच्छा ठीक है, तुम राजा-घर से लौटो। उसके बाद न हो तो मैं तुम्हारे उदय दा के संग बातचीत करके इस सम्बन्ध में विचार करूँगी *(सोचूँगी)*।

इला : तुम क्या सोचती हो? वहाँ ले जाकर मेरे मन को भुलवा दोगी? माँ रे माँ, मैं दाई माँ के निकट पली-बड़ी हुई हूँ। राजघराना क्या है—यह मैं जानती भी नहीं। वहाँ जो भी क्यों न हो, हाथी-शाला में हाथी, घुड़शाल में घोड़े, वे मेरे लिए उदय दा एवं दाई माँ से बड़े नहीं हो सकते।

पद्मावती : अच्छा। नहीं होगा। तुम्हारे उदय दा को मैं पहले तो देखूँ। तुम भी अपने बाप के घर की ड्योढ़ी देखो। ऐसा भी तो हो सकता है तुम्हारे पिता को उदय दा ही बहुत पसन्द हो जाए।

इला : मैं जानती हूँ *(कि)* तुम लोग चाहते हो कि मेरा विवाह बहुत दूर हो। उसी सुदूर मारवाड़ में। उदय दा ने मुझे बताया है केवल दिल्ली जाने में दस रातें लगती हैं। वहाँ से और चार रातें लगती हैं मारवाड़ के लिए।

पद्मावती : यह सब उसे तुमने क्यों बताया वृन्देश्वरी?

वृन्देश्वरी : क्यों नहीं बताऊँगी? उसे जानना उचित है *(कि)* उसका विवाह राजा के घर होना निश्चित हो गया है।

पद्मावती : तू असल में चाहती है *(कि)* तेरी लड़की जैसी है रहे। दामाद भी तेरा ही हो *(तेरे पास ही रहे)* उसे दूर नहीं भेजने दोगी। सभी निकट रहेंगे। तुम भूल न जा वृन्देश्वरी, इला राजा वीरनारायण की पुत्री है। वह तेरे यहाँ बड़ी हो सकती है—

[रुक जाती है।]

वृन्देश्वरी : रुक क्यों गई बोलो? लकड़हारे के घर बड़ी होने पर भी राजकन्या राजकन्या ही रहती है। यही कहोगी न?

पद्मावती : मैंने वह नहीं कहा। मैं मानती हूँ कि वो जैसे मेरी बेटी है वैसे ही तेरी भी—किन्तु महाराज यह सब सुनकर क्या कहेंगे, मैं नहीं जानती।

इला : वही तो, उदय दा आए हैं।

[अँधेरे से उदय बाहर आ जाता है। देखा जाता है कि वह छद्मवेशी प्रद्योत है। उसके चेहरे पर दाढ़ी है।]

उदय : प्रणाम हो महारानी। मैं ही हूँ उदय चाँद क्षत्रिय। राजवंशी क्षत्रिय। मेरे

जन्म के समय में वंश-आचार्य का स्पष्ट आदेश था—

[सुर में कहता है।]

हंस, मद, भात, भैंस, सूअर।
कुत्ते बकरे उपहार निरंतर॥
हाँडी नाचे तथा मृदंग बजाए।
सबरों के बीच तुलिलंत देवधाई *(कूचबिहार के दो क्षेत्रीय कवि)*॥

महारानी, मैं उस धान के भंडार की ओट से आप लोगों की सारी बातें ही सुना है। आप निश्चिन्त हो उस इला को महाराज के पास ले जाएँ। उनकी हाँ न हो *(उनका मत न हो)* तो हम लोगों का विवाह नहीं होगा।

इला : क्या कहते हो तुम उदय दा?

उदय : उसकी बातों से आप दुखी न हों महारानी। संतानें बहुत बार माता-पिता की मजबूरी बन जाती हैं। न समझ पाने के कारण होता है ऐसा। बाद में जब वे माता-पिता होते हैं तब समझ पाते हैं कि कम उम्र में भूल की थी।

पद्मावती : देखिए उदय चाँद, मैं आपको नहीं पहचानती। मेरे लिए आप अज्ञात कुलशील व्यक्ति हैं। कल मेरी बेटी की सोलह वर्ष की उम्र हुई है। उसे मैं कल उसके पिता के पास ले जाऊँगी। वहाँ वह सात दिन रहेगी। इन सात दिनों में मेरे व्रत के नियम के अनुसार महाराज जान भी नहीं सकेंगे *(कि)* इला उनकी ही कन्या है। सात दिनों के पश्चात् जब मेरा व्रत पूर्ण होगा, मैं उसके पिता को उसका परिचय बताऊँगी। तब आपकी बात भी उनसे कहूँगी। यदि किसी अज्ञात कुलशील के साथ महाराज अपनी बेटी का विवाह करने के लिए सहमत होंगे तो हों। अन्यथा आप उसे लेकर दूर कहीं भाग जाइएगा।

उदय : *(हँसता है)* आपकी बातें राजघराने के *(चीनी के बने पोले)* लड्डू की तरह मीठी हैं। और उसकी सुगंध मेरे सर्वांग पर नदी के जल में चन्द्र किरण की भाँति फैल रही है। हर ध्वनि मेरे कान पर कम्पन *(पार्श्व ध्वनि)* दे रही हैं। सुनिए महारानी—

[गीत गाता है।]

धन कंगाल प्यारे छैला रे
(अरे मोरा) धनक् नहीं रे जियरा,
घर छोड़ मोरा कच्चा सोना,

ओ मोर बन्धु बना बिदेशिया।
बलिहारी मेरी प्रेम-पियारी।
पेड़ों में पेड़ शिमिला का पेड़,
स्वर्ग में मिला तो बढ़िया,
औरत का जीवन *(ओ मोर बन्धु)* वरना क्या जीवन।
बलिहारी मेरी प्रेम-पियारी से!

[गीत शेष होने पर इला जाकर उदयरूपी प्रद्योत का हाथ पकड़ती है।]

इला : मैं तुम्हें छोड़कर जी नहीं पाऊँगी उदय दा।

उदय : इला, वह जीवन ही खराब जीवन है जिसमें कोई रहस्य नहीं। इला, वह जीवन ही नष्ट जीवन है जिसमें कोई विचित्रता नहीं। इला, वह जीवन ही सड़ी हाँड़ी का जीवन है जिसमें कोई स्फुलिंग नहीं। वह भी नहीं, केवल एकरसता भोगना है। तुम जाओ। राजगृह में जाओ। मैं तुम्हारे निकट ही हूँ। तुम्हारी पालकी के पीछे-पीछे मैं दौड़ लगाऊँगा। तुम हर क्षण मुझे देख पाओगी। किसान के घर में हाँड़ी में जलमिश्रित अन्न के भीतर, बालू से अँटे चर में उगे कास के फूलों के भीतर जूही के फूल के अंश पर बैठे भौंरे के भीतर, हरे जंगल के अन्दर उड़ते जाते वनैले तोते के भीतर, सिंहमारी नदी के साफ जल में से चली जा रही चकोतर मछली के भीतर, सरसों के रंग से भरे धान खेत में...तुम मुझे पाओगी इला। मुझे सर्वत्र पाओगी।

[पार्श्व ध्वनि आती है। कोरस आकर खड़ा होता है। वे गीत गाते हैं।]

कोरस का दल : आब का पाटन, घर खाक का बंधन।
उसके बीच खेल रहा है श्याम निरंजन॥
पवन चलाए बाण आग और पानी।
रस का ठिकाना, मेरी कुटिया मोम से है बनी॥
उस बीच खिला है पूरन का फूल।
पाताल में जाए तो पति स्वर्ग में उसका मूल॥
दोनों के मुँह से फूल-घर में दीप जल जाए।
प्रेम निरख कर उदय चाँद बोल गए॥

अरी सखी, क्या आज पूरी हुई यह निशि!

[अन्तिम पंक्तियों के पश्चात् धुआँ उठता है, अँधेरा होने के पश्चात् षष्ठ दृश्य का आरम्भ]

अँधेरा

षष्ठ दृश्य

[राजा वीरनारायण के घर की दालान। सायंकाल। वीरनारायण और कवि धूर्जटि भट्ट उपस्थित हैं। धूर्जटि भट्ट काव्य-पाठ कर रहे हैं। वीरनारायण सुन रहे हैं।]

धूर्जटि भट्ट : *(उनके हाथ में भूर्जपत्र खुला है। वे पढ़ते हैं।)*
देख आनंदित हो रहे जितने हैं देवगण।
करते हैं शिव आप नृत्य घनघन *(बार-बार)*॥
त्रिशूल हाथ छाती उससे बिंध-बिंध जाए।
भूमि पर गिरने मात्र से रक्त जिह्वा से उठाए॥
पार्वती उमा छिड़कती है कमंडल से जल।
जल के छिड़कने से भस्म हो जाए सकल॥
करते हैं इंद्रदेव वज्र से प्रहार।
देवगण स्वर्ग में देते महामार॥
शिव के गण मृतमांस फाड़कर खाएँ।
रक्त पान कर अस्थि भी चबाएँ॥
रुधिर करती है पान डाकिनी भी आए।
नशे में चूर शिव जी डमरू बजाएँ॥

वीरनारायण : *(सहसा नाराज होकर काव्य-पाठ बन्द करा देते हैं।)* यह क्या है कवि धूर्जटि भट्ट? इतना बीभत्स रस? यह तो पाठकों के सूक्ष्म, सुकोमलवृत्ति को सम्पूर्ण ध्वंस कर देगा। तुम्हारे जैसे राजभक्त कवि से ऐसी आशा नहीं की जा सकती।

धूर्जटि भट्ट : नहीं महाराज! यह समय ध्वंस का समय है। यह समय आत्महनन का समय है। मैं उसी महावस्या के महासंगीत, उसी महासमय को अपने काव्य में सँजोना चाहता हूँ। इसीलिए...

वीरनारायण : ऐसा है क्या? इसका अर्थ है कि स्वीकृति नहीं चाहते? राज सम्मान नहीं चाहते? उपाधि कि वरमाला तुम्हारे गले से लटके इसमें तुम्हारी अनिच्छा है?

धूर्जटि : वह सब चाहता हूँ। अधिक-अधिक चाहता हूँ। आपके द्वारा दी गई कुटियों में ही तो हूँ। तब भी लिखित रूप में सन्देश चाहता हूँ जिससे महाकाल मेरा विचार स्वतंत्र रूप से करे।

वीरनारायण : इन सारे जटिल शब्दों—महाकाल-समकाल इत्यादि की पहेली में मैं प्रवेश करने में नाराज हूँ धूर्जटि भट्ट! मेरे लिए महाकाल का अर्थ है ऐरावत।

धूर्जटि : क्या?

वीरनारायण : मतलब हाथी। आप दक्षिण बंगाल के आदमी हैं। हम लोगों के उत्तर के लोग हाथी को भय से महाकाल के रूप में जानते हैं न? नाम भी मुँह में नहीं लाते।

धूर्जटि : जी हाँ, महाकाल तो ऐरावत की तरह ही विशाल और महाकाया वाला होता है। वही सन्ध्याभाषा ही मेरे काव्य का निहितार्थ है।

वीरनारायण : अजी नहीं। महाकाल महाकाल ही है। और उसका अर्थ हाथी ही है। उसमें से किसी उपमा को मैं नहीं चाहता। मेरा स्वस्तिवाचक काव्य कहाँ हैं? फरमाइश पर लिखना भी राजानुग्रह पाकर लिखना भूल गए कविवर?

धूर्जटि : नहीं महाराज! नहीं भूला। वह भी लाया हूँ। *(जल्दी से पन्ना पलटते हैं)* यही तो।

[बाहर निकालकर पढ़ते हैं।]

वीरनारायण सृष्टि भर में अमूल रतन
त्रिभुवन में नहीं कोई उनके समान॥
राजा माने हम लोगों के लिए पुस्तक कुरान।
वीरनारायण माने वही तंत्र-मंत्र ज्ञान।
वे ही परम देव हैं वे ही हैं ईश्वर
वे बिना भेद के हैं ठाकुर किंकर॥

वीरनारायण : बाद की दो पंक्तियाँ मैं बोल दूँ?

धूर्जटि : निश्चय ही महाराज। निश्चय ही।

वीरनारायण : *(छंद-राग से पढ़ते हैं।)*
तुम ही जगत के मूल हो तुम्हीं हो माता-पिता।
स्वयं वीरनारायण तुम्हीं हो जगत के पिता

कोटि कोटि तीर्थ सारे म्लान राजा के समान
धूर्जटि कवि कहे सुनो पुण्यवान॥

धूर्जटि : अद्‌भुत! मैं अभी लिख लेता हूँ। अद्‌भुत है।

वीरनारायण : हाँ लिख लें। और सुनिए वह सब ध्वंस के लेख, तांडव रचना एकदम नहीं लिखेंगे। लिखना होगा सुन्दर, मनोरम जैसे कलकल करती रायडाक नदी है। जिसे पढ़कर पाठक के मन में एक दिव्य, पुष्ट भावना जागृत हो उठे। ठीक है?

धूर्जटि : अवश्य महाराज! अवश्य!

वीरनारायण : जाएँ आप अभी। समय हो गया है। मेरा भी स्नानादि और आहार-ग्रहण करने का समय हो गया है। कल राज्य-सभा में मुलाकात होगी।

[धूर्जटि वीरनारायण को प्रणाम कर बाहर निकल जाते हैं। वीरनारायण अपने आप में खोए घर के कोने में से एक छोटा सा वीणा की भाँति एक यंत्र उठा लेते हैं। बजाते हैं किन्तु अनभ्यस्त उनके हाथ के स्पर्श मात्र से तार टूट जाता है। वीरनारायण विरक्त होकर उठ जाते हैं। तार बदलने के लिए अन्दर जाते हैं। विपरीत दिशा से इला आती है। आकर खड़ी हो जाती है। पार्श्व ध्वनि आती है। इला घर में रहती है। कुछ क्षणों बाद घुटनों पर रेंगते हुए छिपते-छिपाते प्रद्योत रूपी उदय प्रवेश करता है। वह इला को बाँहों में जकड़ लेता है।]

इला : यह क्या उदय दा, तुम, तुम आए हो।

उदय : निश्चित ही। मैंने तो तुमसे कहा था सर्वत्र सब समय तुम मुझे पाओगी।

इला : *(खुशी से)* मैं सोच भी नहीं सकी *(कि)* तुम सच में ही पहुँच पाओगे ।

उदय : मैं उस खिड़की के रास्ते सिकुड़ते-फैलते रगड़ खाते आया हूँ। किसी ने मुझे नहीं देखा। तुम्हारी माँ ने जैसे कहा है तुम राजा से अभी अपना परिचय मत देना। तुम चुप रहना। मेरा विश्वास है कि वे मुझे देखकर और मेरी आवाज में गीत सुनकर हमें कार्य करने से रोकेंगे नहीं। यह बात मैं कसम खाकर कह सकता हूँ।

इला : माँ ने भी मुझे परिचय देने से मना किया है, उदय दा।

उदय : मत देना। एकदम मत देना। मैं छुपता हूँ। भूमि-दहलने की आवाज हो रही है। लगता है वे आ रहे हैं।

[शीघ्रता से बाहर निकल जाता है। राजा वीरनारायण आते हैं। इला को देखकर चौंककर रुक जाते हैं। इला हँसती है।]

वीरनारायण : तुम कौन हो बालिका? देखने में कितनी सुन्दर हो तुम। समझा शाणित राय के पश्चात् मेरे नए मंत्री नीलध्वज घोष ने मेरे भोग के लिए तुम्हें मेरे पास भेजा है।

[पार्श्व ध्वनि आती है। इला अवाक् होती है। वीरनारायण आगे बढ़कर उसे पकड़ते हैं।]

भय न करो बालिका। चलो हम लोग राममन्दिर की मूर्तियों के पीछे चलें। मूर्तियों के पीछे अँधेरा है। प्रदीप के तल के समान ही। वहाँ जाकर तुम्हारे सारे वस्त्रों से मैं तुम्हें उन्मुक्त करूँ। उसके बाद चलो सती के तैंतीस आसनों की भाँति मैं तुम्हारे दाएँ बाँह को मोड़कर चट्टलें में फेंक दूँ। दायाँ पैर पीठ की ओर कामाख्या देवी के निकट झुक जाएगी तुम्हारी जननेन्द्री। आओ सती आओ।

[इला प्राणों के भय से दौड़ती है। मंच की वेदी के पीछे जाती है। वीरनारायण उसका पीछा करते हुए जाते हैं। दोनों आँखों की ओट में हो जाते हैं। उदयरूपी प्रद्योत निकल आता है। वह एक गीत गुनगुनाता है।]

उदय : *(खँजड़ी बजाकर गीत गुनगुनाता है)*
पहले सूर्य को करूँ प्रणाम।
पूर्वब्रह्म सनातन देव दिनमणि॥
खर्व स्थल लंबोदर विघ्न विनाशन।
प्रणनामी गणपती गौरी-नन्दन॥
इंद्र आदि दिग्पाल नवग्रह आदि।
सभी का चरण वंदन जीवनावधि॥
जिसकी जो वासना यहाँ करो कामना।
अब सभी काली-काली बोलो सर्वजना॥
दंडवत् हो सभी माँ की चरणों में।
उदय चाँद प्रद्योत यही कहे सुनो सभी जने।
जो सुनो जो कहे, जो प्रसाद चढ़ाए।

माँ के प्रसाद से वह दिन-दिन बढ़ता जाए॥

[गीत समाप्त होता है। पार्श्व ध्वनि आती है। इला का आर्तनाद सुनाई पड़ता है। निःस्तब्धता फैली रहती है। पद्मावती आती हैं। वे उदयरूपी प्रद्योत को देख चौंक जाती हैं। उदय हाथ से पद्मावती को वेदी के पीछे दिखाता है। उसके बाद उठकर निकल जाता है। पद्मावती पीछे जाकर चीख पड़ती हैं। राजा वीरनारायण निर्वस्त्र/खुली अवस्था में वेदी पर आ जाते हैं। पद्मावती अस्फुट/लड़खड़ाती आवाज में बोलती है।]

पद्मावती : राजा। राजा। वह तुम्हारी जात कन्या है। तुम्हारी जन्मायी। इला।

वीरनारायण : *(विचित्र दृष्टि से देखते हैं)* क्या?

[पद्मावती रोते-रोते सिर हिलाती है। वीरनारायण धीरे-धीरे बैठ जाते हैं। कोरस प्रवेश करता है। दलपति अकेले केवल संलाप करते हैं। शेष सभी पीछे अल्प प्रकाश और अन्धकार में खड़े रहते हैं।]

कोरस : अनेक रातों के बाद यह पृथ्वी प्रकाश देती है।

दलपति : शुद्ध जैसा कुछ होता है क्या? समय के सागर में लहरें तट पर टूट पड़ती हैं। इन सभी निरन्तर आहतों-मृत्युओं, भीड़ों, ग्लानियों, मतलियों, रक्तांशों, रतौंधियों को अतिक्रम कर कहीं जाकर अन्तःस्थल को प्रकाश प्राप्त होता है। प्राप्त होता है कि नहीं?

तब भी रक्त अविरल
तब भी हत्या छल का आनन्द
हे हृदय
हे अनंत हृदय
तुम जानते हो ईर्ष्या जीत जाएगी। हिंसा जीतेगी।
जयी होगा विकारों का नख
गहन अरण्य में चीता बाघ दौड़े जाएँगे
मर जाएँगे अनेकों अनेक हरिण-शावक।
सारी आस्था शेष होगी।
होंगी शेष।
आत्म विदीर्ण कर देखता जाऊँगा

वध्यभूमि पर स्तूपाकृति में परिजनों के शव
तब भी इस प्रकाश के काव्य की बलि
नींद के स्वाद से अँटी जीभ पर यह सारा बने।
मृत आश्वासनों का पुल बनाएँ
पार हो जाऊँ फिर एक बार आयु शेष हो जाने से पहले
हे जीवन तुम जानते हो
इन सब विदाइयों की बातें।
हम लोगों के ये सारे घातक मग्न भ्रान्तियों की बातें।
तुम जानते हो ये सारी अन्तहीन हनन कथाएँ
हरि-ध्वनि बनकर नर्तन कर उठती है मेरे अन्तस में।
भय लगता है। नयन अश्रुपूरित होते हैं।
आवाजों में छुपता हूँ, छुपाता हूँ अवसादों में।
एक दिन साक्षात् होगा फिर, जानता हूँ
हम लोगों का निविड़
हे हृदय
हे अनंत हृदय
हम लोगों की मुलाकात होगी गम्भीर प्रमाद में
जानता हूँ!!

अँधेरा

सप्तम दृश्य

[प्रकाश होने पर दीखता है मंच के मध्य में राजा वीरनारायण सिर पर हाथ रखे टूटे हुए मन के साथ बैठे हैं। कोरस के शेष सभी उन्हें घेरकर खड़े हैं। समझा जाता है कि ये सारे अब विभिन्न सचिवों (मंत्रियों) में परिवर्तित हो चुके हैं। वे राजा को सांत्वना दे रहे हैं। कवि धूर्जटि भट्ट भी हैं। राजा विलाप कर रहे हैं। वे इस समय सम्पूर्ण रूप से 'दूसरा व्यक्ति' हो गए हैं। पद्मावती मूर्च्छितावस्था में पड़ी हैं। उन्हें वृन्देश्वरी ने पकड़ रखा है। गहन पार्श्व ध्वनि। उसी के बीच प्रद्योत प्रवेश करता है। राजा वीरनारायण प्रद्योत को

देखकर उठते हैं। उसके बाद उनको निर्निमेष दृष्टि से देखते रहते हैं। कुछ क्षणों तक नीरवता रहती है। सभी इन्हें देखते हैं।]

प्रद्योत : कुछ कहना है?

वीरनारायण : तुम्हारा प्रतिशोध पूरा हो गया न? तुम्हारी आत्मा को शान्ति मिली न?

प्रद्योत : *(विनम्र कंठ से)* राजा जो करना था वो आपने ही किया है। मुझे कुछ करने की आवश्यकता ही नहीं पड़ी। न प्रतिशोध और न अन्य कुछ।

[पद्मावती उसे देखती हैं। निकट आती हैं।]

पद्मावती : तुम! तुम कौन?

प्रद्योत : *(पद्मावती की ओर पलटता है। शान्त आवाज में कहता है)* मैं पंडित नारायण त्रिलोकदर्शी का शिष्य हूँ। मेरा नाम प्रद्योत है।

पद्मावती : तुम! तुम्हीं वह—

प्रद्योत : हाँ! मैं ही व्रतती का वही पुरुष हूँ। व्रतती मेरी वही नारी है। वह शैशवकाल से ही मेरी संगिनी थी।

[पद्मावती सिर पर हाथों से जोर से आघात कर वृन्देश्वरी की जंघाओं पर मूर्च्छित हो गिर पड़ती हैं। वृन्देश्वरी उन्हें सँभालती है।]

वृन्देश्वरी : शठ! प्रताड़क!

प्रद्योत : *(ऊँची आवाज में)* मेरी बाल्यावस्था की सहचरी ने जब इस राजप्रासाद के खम्भों के उदबंधों से लगकर आत्महत्या की तब तो किसी ने उसकी देह पकड़कर नहीं कहा *(कि)* वह कितनी सुन्दर, निष्पाप और निरपराध थी।

वीरनारायण : भूल हो गई थी प्रद्योत। मुझसे बहुत बड़ी भूल हो गई है।

धूर्जटि : राजा इसे मत छोड़िएगा। यही मुख्य अपराधी है। ऐ, कौन कहाँ हो, इसे रस्सी से बाँधो।

[दो सुरक्षाकर्मी आकर प्रद्योत को बाँधते हैं।]

वीरनारायण : नहीं। उसे छोड़ो, उसने मेरी बेटी से अपना परिचय छुपाकर उससे मिला था यह सही है, किन्तु जो जघन्य पाप मैंने किया है उसमें

तो उसकी कोई जिम्मेदारी नहीं।

[सुरक्षाकर्मी प्रद्योत के बंधन खोल देते हैं। वीरनारायण उसके निकट जाते हैं।]

वीरनारायण : मेरी आत्मा को धो डालो। पूर्ण रूप से। तुमसे क्षमा मुझे न मिली तो मरकर भी शान्ति नहीं पाऊँगा।

प्रद्योत : महाराज आप शान्त हों। हम लोगों के विकार और विक्रिया ने आज अपने आवरण को दूर कर परस्पर का दर्शन किया है। हमारी स्पृहा, प्रवृत्ति, स्नायु और उत्कंठा आज स्तब्ध और शान्त है।

[वीरनारायण निःशब्द रुदन करते रहते हैं। कोरस दलपति प्रवेश करता है, उसके पास एक लड़की है। उसके हाथ में एक सोने की बड़ी थाली (परात) है। वह रंगीन कपड़े से ढकी है।]

दलपति : महाराज, एक बड़ी बुरी खबर आपके लिए है।

वीरनारायण : और कौन सी बुरी खबर हो सकती है मेरे लिए?

दलपति : महाराज! आपकी पुत्री इला उस घटना के पश्चात् दौड़कर प्रासाद के प्राचीर पर गई। वहाँ केवलमात्र *(पार्श्ववर्ती लड़की को देखा जाता है)* रानी की यह प्रहरिणी थी। इला दौड़कर प्राचीर पर आती है। इसी प्रहरिणी की कमर से बँधी एक झकझक करती नई तलवार थी। इला पहले अपने विवाह के लिए जो पाँच स्वर्ण कलश और दीपदान रखे थे, उन्हें प्रज्वलित किया। यह हतभागिनी प्रहरिणी पहले तो कुछ समझी ही नहीं। वह विस्मित हो इला के कार्यकलाप देख रही थी। उसके बाद इला ने प्रहरिणी की कमर के कमरबंध से वही तीक्ष्ण धारवाली तलवार बल लगाकर छीन लिया। पहले उसने उस म्यान मुक्त उज्ज्वल तलवार से वहीं अपने स्तनयुगल को काट डाला। उसके बाद अपने हाथों से उन रक्तिम कुचयुगल को उठाकर स्वर्ण-थाल में रखा। रखकर प्रहरिणी से कहा—

[प्रहरिणी की ओर देखता है। वह कहती है।]

प्रहरिणी : पिता को देना। उनके लिए जो वांछित है उसे ग्रहण करें। यही कहकर उसने उस दीपाधार को सिर पर रख प्राचीर की छत पर

चढ़ नीचे नदी में छलाँग लगा लिया। कुमारी नदी इला के रक्त से सराबोर हो गई।

[वीरनारायण थर-थर करते हुए काँपते हैं। उसके बाद बोलते हैं।]

वीरनारायण : हे महादेव, हे मृत्युंजय, हे नटराज—ब्रह्म संध्या के समय मैथुनरत होने की चेष्टा करने के कारण तुमने उठे हुए मस्तक का छेदन किया था, आज क्यों तुम्हारा यह पापघाती त्रिशूल उठाकर मुझ पर आघात नहीं कर रहे। हे शूलपाणि, आज तुम मुझे ग्रहण करो। मैं अपने वीर्य से ही उत्पन्न मेरे ही हाथों घर्षिता कन्या का अनुसरण करूँ।

[कहकर वे दौड़कर बाहर चले जाते हैं। पद्मावती, वृन्देश्वरी, प्रद्योत आदि उनका अनुसरण करते हैं। सिर्फ कोरस रह जाता है। पीछे पार्श्व ध्वनि होती है। पार्श्व ध्वनि रुकती है। मंत्री नीलध्वज प्रवेश करते हैं।]

नीलध्वज : हे दलपति, महाराज वीरनारायण ने कुमारी नदी में छलाँग लगा लिया है। वे सम्भवत: मृत हो चुके हैं। वे अब हम लोगों के मध्य नहीं आएँगे।

दलपति : तब, अब?

नीलध्वज : इस कारण राजकार्य तो रुका नहीं रह सकता। हम लोगों का राज्य बाहरी शत्रु द्वारा जब कभी भी आक्रान्त हो सकता है। राजपुत्र/राजकुमार प्राणनारायण अभी भी बिलकुल बच्चे हैं। तब भी हम लोग उन्हें ही युवराज बना उनका अभिषेक करेंगे। हे दलपति, उम्र की दृष्टि से तुम्हीं इन लोगों में समझदार हो। तुम रिआया को समाचार भेजो। बंगेश्वर को बता दो *(कि)* कोचराज्य के नए राजा के रूप में आ रहे हैं महाराज प्राणनारायण। आगत शुक्ल पक्ष के प्रारम्भ होते ही नये महाराज का अभिषेक उत्सव होगा।

[नीलध्वज बाहर निकल जाते हैं। कोरस एक जगह जम जाता है। दलपति और शेष संलाप पकड़ते हैं। बहुत तेज हवा बहने की ध्वनि आती है।]

कोरस : यह अँधेरा जीवन की तरह है
यह स्मृति आज भी प्रवहमान है।

अनेक विनाशों का अन्त कर
पृथ्वी में नूतन स्पंदन
जन्म लेता है।
फिर नये मांस-हाड़ से पृथ्वी उठे भर
नूतन संकेत, नूतन उत्तेजना
नूतन दौड़ प्रारम्भ हो इसकी प्रजातियों में।
जीवन का अन्त नहीं है।
जीवन अनंत अपार
नष्ट स्वप्न सड़े बार-बार
नवीन जन्मों की मृत्यु का एपिटाफ
लिखता है नया समय।
सारे संकल्प सारे स्वप्न
तुच्छ हो जाते हैं।
पंगु हो जाते हैं।
जगा रह जाता है सिर्फ
अविरल लोभ।
नवीन सफलता अन्वेषण के बाद
देह का हाड़ जान जाएगा
जीवन की हार जान जाएगी
बचा रहता है सिर्फ कीटयुक्त क्षोभ
और है परास्त मानव।
हम तो अदरक के व्यापारी हैं
हैं जीर्ण-शीर्ण कवि।
मृत्यु मानुष की होने पर भी
जाती है प्रकृति,
रहता है नीलिमा का नील।
उड़ते हैं केवल नक्षत्र की ओर
लाखों करोड़ों कीट
और मृत्यु की छवि?
सिर्फ मृत्यु की छवि?
सिर्फ परास्त छवि?

[पार्श्व ध्वनि बढ़ जाती है। कोरस करने वाले निश्चल खड़े रहते हैं। पर्दा गिरता है।]

✪✪✪